本书受到云南省哲学社会科学学术著作出版专项经费资助

钱秉毅 著

明清时期
对云南民族认知的演进
与边疆治理

A STUDY OF THE COGNITIVE EVOLUTION OF
YUNNAN'S ETHNIC GROUPS IN MING AND QING DYNASTIES
AND THE GOVERNANCE OF
FRONTIER AREAS IN SOUTHWESTERN CHINA

社会科学文献出版社
SOCIAL SCIENCES ACADEMIC PRESS (CHINA)

摘　要

　　中国从古至今都是由诸多拥有世居家园的民族组成的多民族国家。作为多民族国家，必然要对民族进行治理。而治理的前提与基础，是要对治理的对象有所认知。本书通过对明清云南所修省志的深入剖析，研究明清王朝官僚体系之内的官员、知识分子对云南民族认知的演进过程，探讨对民族的认知如何成为国家西南边疆治理的基础，差异性的民族认知如何导致差异性的国家治理，而国家对边疆的差异性治理又如何影响对云南民族认知的进一步发展，揭示民族认知在明清国家构建中的重要作用。

　　明代大量汉族移民进入云南，土司制度在云南完善与取缔并存，这是明代国家政权对云南民族认知与边疆治理最关键的两个时代因素。景泰《云南图经志书》在风俗志中对云南各地民族的差异认知、正德《云南志》对景泰志的继承、万历《云南通志·羁縻志》及《滇略·夷略》的创制，再到天启《滇志》创制新的方志体例《种人》来集中收录有关民族认知的内容，明王朝对云南民族的认知有一个数量增多，内容丰富，地域拓展的演进过程。其认知注重于对民族称谓、分布、外貌服饰、饮食居住等表征信息的收集与整理。明代对云南民族的认知，采取以汉族移民区为依托，一方面深入认知在移民区以内的非汉民族；另一方面接触认知移民区周边民族的墨渍浸染式的民族认知模式。采用这种模式进行的民族认知，呈现出内部深化完善、外部边缘拓展，由内而外力度逐步减弱的圈层差异。而以这种圈层化的民族认知为基础，云南的治理呈现出内边与外边政区分野及对内、外政区差异性统治的特点。

　　康熙《云南通志》中有关云南民族的记载，是清前期国家对云南民族认知的反映，其内容是对天启《滇志》的沿袭，反映了清前期对明末云南民族认知的继承。而在皇族为非汉民族，所持民族观与明代有所不同的基础上，以蔡毓荣、刘彬等为代表的清廷云南官员、知识分子对土司问题的深入思考，表明这一时期对云南的民族认知，已经透过表面进入了对具体民族问题思考的阶段。雍正时期进行的改土归流是清中期国家西南边疆治理重大举措，改土归流在滇东北与滇西南所呈现出的不同流程与成效，反

导　论

一　选题缘由

云南西南边疆的特殊区位及复杂多样的自然地理环境，造就了云南民族的众多。今天云南人口在 6000 人以上的世居民族有 26 个，其中非汉民族 25 个。在这 25 个民族中，有 15 个是云南特有的民族。在云南与缅甸、老挝、越南交界的 4061 公里边境线两侧，有 16 个民族跨境而居。在中国历史疆域形成和传统国家构建过程中，明清时期西南边疆的国家治理，除了进入云南的汉族移民及移民土著化发展形成的大量人口外，更重要的是在对云南众多民族逐渐深入的认知基础上，制定并调整边疆治理政策，逐渐实现西南边疆的治理深化，达到巩固边疆、维护统一和民族团结发展的目标。

在明清时期的文献中，对云南的民族，通常冠以"种人"之名，在明末天启《滇志》中，更以《种人》这种创新的方志类目来对云南的民族情况进行记载，清代云南方志继承了这种方志体例的格式。本书正是从历史地理的视角，通过对明清时期云南省志种人志文本的解析，对明清王朝官僚体系之内的官员、知识分子对云南民族认知演进和西南边疆治理进行研究。

"明清"在本选题中，具有双重的含义，既指明代和清代两个朝代所经历的历史时期，也指明王朝和清王朝的官僚体系，有政府官方之意。中国从古至今一直是一个多民族国家，各民族共同创造了中国悠久的历史和灿烂的文化。任何由不同民族构成的国家都有应对多民族事务的方式，中国同样如此。在漫长的历史发展进程中，中国不同历史时期、不同王朝看待处理民族事务的方式是不同的，也有一个不断发展变化的过程。明清是中国历史发展的不同时期，也是在不同历史时期统治中国的王朝，其看待处理民族事务的方式，取得的效果及演变发展的过程，也存在着不同。而国家对民族的治理，一定是以相应的对民族认知为前提与基础的。如果对某一民族，或某一地区的民族一无所知，何来治理之说？因此，国家政权只有对民族有所了解，对其有了认知，才能对其进行治理。

　　随着历史的发展，民族的情况在不断变化，国家政权对民族的认知也随之而不断修订调整，完善补充，并且因为政治、文化、技术等各方面因素的影响，国家对民族的认知在不同时期、不同区域也存在程度深浅、水平高低的不同，对民族认知的本身也存在一个发展变化的过程。中国的国家形成经过了漫长的历史进程，并非一成不变，一蹴而就，而构成中国的民族同样经历了一个漫长而复杂的发展演变过程。国家政权对民族有了解，形成认知，开始了对民族的治理，当民族情况变化，国家政权的民族认知也随之而调整修正，国家治理民族的政策与举措也就会发生相应的变化。民族认知是治理的基础，但治理又会对民族认知产生影响。

　　自元封二年（公元前 109）汉武帝开西南夷，置益州郡，云南一直是中国的西南边疆。云南地处中国西南，地势西北高东南低，呈阶梯递降的态势，东部高原起伏，西部山脉纵横，西南部河谷幽深，地貌高山深谷相间，山地、丘陵、盆地、河谷，高原等错落分布，形成了绚丽多姿的自然地理景观。在适应与改造自然环境的漫长历史实践过程中，生活在云南不同地理环境中的人们不仅使自己的生产方式及生活习惯与环境相适应，而且使自己的信仰、价值理念、社会规范、行为准则等与环境相和谐，逐渐发展出为数众多的民族及其支系。云南复杂多样的自然地理环境，是各个民族在生产方式、生产习俗、语言、社会组织方式、行为规范礼仪、信仰祭祀制度等方面都各具特色的重要原因。云南作为传统的多民族聚集区，也一直是诸多民族固有的历史家园。多个民族在这片大地上生息繁衍，发展出了多姿多彩、各有特色的文化，对云南、对整个中国的历史文化产生了不同的影响。

　　历史上任何王朝对云南的统治和对其采取的各项政策，都必须考虑民族的因素，历代文献对云南的记载都反映出这一状况。汉代《史记·西南夷列传》中，对当时西南的民族就将其大略分成了魋结，耕田，有邑聚；编发，随畜迁徙，毋常处，毋君长，地方可数千里；或土著或迁徙等不同情况类别来记述。① 晋朝的《华阳国志·南中志》曰："滇、濮、句町、夜郎、叶榆、桐师、嶲唐，侯王国以十数，或椎髻耕田，有邑聚。或编发，随畜迁徙，莫能相雄长。"② 唐时的《云南志》记载了诸如爨、独锦

---

① 《史记》卷一百一十六《西南夷列传》，中华书局，1982，第 2991 页。
② （晋）常璩著、任乃强校注《华阳国志校补图注》卷四《南中志》，上海古籍出版社，1987，第 229 页。

蛮、弄栋蛮、青蛉蛮、裳人、长裈蛮、河蛮、施蛮、顺蛮、麽些蛮、朴子蛮、寻传蛮、裸形蛮、望蛮、金齿蛮、绣脚蛮、茫蛮、勿邓、两林、丰巴、崇魔蛮、桃花人等民族。① 元代《云南志略》中的《诸夷风俗》部分对云南当时的诸多民族生产生活情况有丰富的记载，如"土獠蛮……山田薄少，刀耕火种""野蛮……不事农亩，入山林采草木及动物而食。"②

持不同生计方式，处于不同社会形态，各有其文化的众多民族共同生活在云南这片地理空间之内。在这里虽然不同民族人口有多寡之别，势力有大小之分，也有占主体优势地位的民族与次要地位民族的区别，并且在不同的历史时期，主体民族还发生过复杂的变化。但尽管如此，云南也从未出现过只有单一民族构成的局面，它从来都是不同民族共有共存的家园。历代治滇者，所面对的都是云南民族众多，发展形态不一的社会状况。

明代大量汉族移民进入云南，汉族逐渐成为云南的主体民族，改变了此前云南"夷多汉少"的局面。随着汉文化的发展，明代云南文献的数量种类有了大幅增长，对众多民族的记载内容更详细也更有连贯性。现存的5种明代云南省志景泰《云南图经志书》、正德《云南志》、万历《云南通志》《滇略》及天启《滇志》中都有对云南各民族的记载。景泰、正德两部方志对民族的记载被置于《风俗》类目之下，万历《云南通志》将当时云南的两大民族集团"爨蛮"与"僰夷"设专目进行记载，《滇略》设《夷略》，而到了天启《滇志》则创制了全新的方志类目《种人》来收录对云南民族情况的记载。在天启《滇志》种人志中，云南民族无论是数量还是分布的区域，以及对不同民族具体情况的描述，都有了很大进展。明代云南的民族构成、民族分布随着汉族移民的大量进入而发生了重大改变，明代也是土司制度在云南完善与没落并存的时期，这是明政府对云南民族认知、边疆治理政策施行两个最为重大的时代背景。明代政府的民族认知与治理对其后的清王朝产生了重要的影响。

有清作为中国最后一个封建王朝，是中国民族分布格局全面确立与巩固的时期，也是中国以统一多民族国家姿态自立于近代民族国家之林的关

---

① （唐）樊绰撰，向达原校，木芹补注《云南志补注》卷四《名类》，云南人民出版社，1995，第47~68页。

② （元）李京：《云南志略》，载方国瑜主编，徐文德、木芹纂录校订《云南史料丛刊》第三卷，云南大学出版社，1998，第130页。

键时期。清代皇族本身即为少数民族，其民族观天然有别于汉人政权的民族观，这种相对特殊的民族观对清代云南民族的认知有明显的影响。清政府在面对同为非汉民族的云南各民族时眼光相对更为客观、平等。康熙《云南通志》对云南民族的记载，基本以承袭天启《滇志》的内容为主，但其文本中文字的变化也反映了这种民族观的转变。到了雍正年间，随着改土归流在云南的大规模实施，云南民族情况、民族问题也发生了较大的改变，雍正《云南通志》中种人志对此有集中的反映。其取材、编写的方式，表现的重点，俱是当时政府对于云南民族认知水平，以及云南民族治理政策转变的表现。道光《云南通志稿》以图文并茂的方式表现对民族最为直观的感受，形成了清代对云南民族认知全面丰富的资料体系。

明清统治者在有差异的民族观之下，各自是通过什么样的渠道与方式来了解云南不同地区不同文化的各个民族？文献中所反映的明清时期对云南民族的认知进展，分别有什么样的时间与空间特点？这个认识的过程在不同的时期又是如何推进演变的？对不同地区、不同民族的认知有什么样的差异？而基于差异性民族认知在民族治理上又有何不同？明清两朝政府对云南民族认识的过程，在官员的奏章、朝廷的诏令、皇帝的谕旨和地方的方志中有什么样的反映？对民族的认知是如何上升到政治制度层面，成为国家治理边疆民族的基础？国家政权又是如何通过对各民族实施有效的管理，实现国家疆域与属民的主权确认，并达成边疆统治体系向内地靠拢，与内地一体化治理的目标？这些都是笔者将进行思索、探讨、阐述的问题。

基于以上思考，本书拟从国家治理的视角，运用历史地理的研究方法，结合民族史、历史人类学、边疆学、文献学方法进行分析，注重对时空差异的分析，关注中心—边缘、民族—地理、中央—地方之间的关系，对明清时期，政府官方对云南民族的认知，以及基于这种认知而进行的国家边疆民族治理演变发展进程进行研究。

关于"民族"一词的定义、使用范围等，一直存在争论，至今没有形成统一认识，争论主要在以下几个方面。

首先，是中国古代"民族"与今天"民族"所指的差别。"民族"一词，在中国古代和今天有不同的含义。在中国传统文献中，"民"指人，指与君臣相别的庶众百姓，"族"多指有血缘关系的人群，有类别之意，如家族、亲族、宗族、氏族等。以"族""族类"观念来划分人群的历史源远流长，有血缘亲族的九族、宗族；有社会地位之别的皇族、贵族；有区分华夷的部族、异族等。据学者研究，中国古代文献中"民"与"族"连用作为一词的情况确实不常见，但并非没有。[①] 中国古代文献中的"民族"一词，具体所指需要根据具体文献具体语境进行分析，考察其究竟是指宗族血缘之属，还是指华夷之别。在中国历史文献中，一般是用"人"来指称不同的民族群体，如"汉人""胡人""夷人""藏人""满人"等。而对于超越各个具体民族的更为抽象的概念，在明清时期云南的方志中，多用"种人"一词来表达。19世纪70年代，近现代民族概念传入中国，"民族"一词被用于指称具有文化共同性与共同心理认同的人们共同体。随着章太炎、梁启超等学者的推崇，此概念的"民族"一词逐渐在中国推广开来。所以说，近现代的"民族"与古代的"民族"其意其指大相径庭。

其次，是中国"民族"与国外"民族"的差别。在英文中，Nation、Race、Ethnic group、Community、People都有"人""民"与"族"的意思，欧美学者对其内涵与外延的界定，也处于不断的发展变化过程中。Nation在最初主要指同一出生地的居民团体或特定地理区域内的人类集团，到14、15世纪，开始有了领土的含义，而到了16、17世纪，被开始用来描述一个国家之内的人民，到了18、19世纪，Nation更是与国家和政治具有密不可分的关联。从Nation词意的变化来看，民族实际上经历了一个从生物学、人种学到社会学、政治学的演变历程。[②] 17世纪，欧洲各国确立了国家独立、主权、领土平等的原则，民族主义、民族国家思潮兴起。19世纪末20世纪初，中国面临救亡图存的关口，民族主义与民族国家的思想在中国得到传播，成为变法革命以及抵抗西方列强殖民侵略的重要思想基础。但是，中国传统的多民族构成，与基于欧洲各国民族相对单一的现实而提出的民族主义与民族国家概念并不能完全契合，导致中国学者与社会各界对"民族"概念的理解及使用出现含混模糊的状况，民族与人种、人群、种族、部族等词语往往混用。新中国成立之后，对民族概念的界定经历了多次的讨论。到90年代，中国学界对民族定义的讨论进入了新阶段，中国学者们摆脱了教条主义的束缚，开始独立自主地进行个性化地研

---

① 郝时远：《中文"民族"一词源流考辨》，《民族研究》2004年第6期。

② 参见王联《世界民族主义论》，北京大学出版社，2002，第3～10页。

成和发展过程中，宗教起着重要作用。"① 这是中国党和政府对"民族"的最新界定，代表着国家政权对此问题的最新态度。

学术研究必须基于一定的社会现实基础，因此本书依然使用"民族"一词来进行表述，采用"民族"概念双重含义中狭义的、下位的含义，即所指为具体的人们共同体，如白族、彝族、独龙族等。本研究所针对的，是明清时期历史文献中"种人""种类""彝类"等类目下记载描述的、文化特征各不相同的、划分标准也有所差异的历史时期形成的稳定的人们共同体。而此种类目下的记载通常并不包括汉族，本书也不对汉族进行研究。所以本书"民族"所指，是以云南为世居家园的汉族以外的诸多民族。

关于"认知"一词，多用于心理学研究的范畴。认知心理学产生于20 世纪 50 年代，是一门研究认知及行为背后之心智处理，包括思维、决定、推理和一些动机及情感的程度的心理科学。认知心理学包括了广泛的研究领域，旨在研究记忆、注意、感知、知识表征、推理、创造力及问题解决的运作，有广义和狭义之分。广义的认知心理学泛指以人的认识或认识过程为研究对象的心理学，包括结构主义认知心理学，心理主义认知心理学。狭义的认知心理学特指信息加工心理学，探讨人对信息的接受、转换、储存和提取的过程，包括知觉、注意、表象、记忆、思维、语言、推理、决策、问题解决过程的研究。② 任何一种认知活动都是在与其相联系的其他认知活动配合下完成的。认知的发展是一个连续的过程，在这个过程中，"相应的变化都逻辑而又必然地来自于前面的认知。新的认知并不是取代前者，而是把以前的认知整合进来，从而产生一种质的变化……变化总是渐进的，而不是突发的。认知是逐渐被建构、重构（或改变的）"。③ 认知发展是连续不断的，但也具有明显的阶段性特征，"对于观察者来说，划分阶段对概括认知发展过程是有益的……才可能对发展过程进行分析"。④ 认知的发展可大致分为感知、前运算、具体运算、形式运

① 《中共中央 国务院关于进一步加强民族工作 加快少数民族和民族地区经济和社会发展的决定》（2005），《民族工作文献选编（二〇〇三—二〇〇九年）》，中央文献出版社，2010，第 91~92 页。

② 梁宁建主编《当代心理学理论与重要实验研究》，华东师范大学出版社，2007，第 150 页。

③ 〔美〕沃兹沃斯：《皮亚杰的认知和情感发展理论》，徐梦秋等译，厦门大学出版社，1989，第 30 页。

④ 〔美〕沃兹沃斯：《皮亚杰的认知和情感发展理论》，徐梦秋等译，厦门大学出版社，1989，第 30 页。

算四个阶段。在感知阶段，主要通过行动发展初步的对表征认知；在前运算阶段，通过对零散表征的汇集，概念得到发展；具体运算阶段，在概念的基础上运用逻辑思维解决具体问题；形式运算阶段为认知结构发展的最高峰，在此阶段，可以运用认知对相关的问题进行推理。① 认知理论主要包含以下观点：首先是主体性，肯定主体的能动作用，即能主动地形成认知结构；其次是实践性，强调观察和亲历；最后是重视环境因素的影响，指出主体认知与环境影响具有互动性。② 认知理论被提出后，被广泛运用于社会各个领域，如教育学、人工智能、政治学等。

　　笔者认为，一个国家的政权建立之后，对其辖境内的民族，也有一个接触、了解，收集汇整资料，形成概念，然后解决问题的过程。早已纳入明清统治范围的云南，有可以继承前朝相关资料概念而对其进行统治的民族，也有新接触新了解，刚开始信息收集的民族。这种由初步的感知而注意到民族的表征，形成对某一民族的概念，进而运用其来解决相关问题，进行民族治理的过程，完全符合认知理论的定义及阶段性的特点。因此，笔者将明清时期的国家政权视为认知活动的主体，研究其在云南地域范围内，对生活于其上的诸多民族的信息获得、贮存、转化和应用的过程。通过对明清时期云南方志等集中记载民族情况文献的梳理，具体解析政府通过何种方式、何种行动去获得对较熟悉民族新情况的认知及对新接触民族初步的认知；通过何种表征，形成了对民族的概念；而一定的民族认知又如何成为解决民族问题，制定民族政策，实现国家民族治理的基础。关注明清时期政府作为民族认知的主体，其如何发挥能动作用、通过何种实践获得对云南民族的认知，及这个认知发展过程中所呈现的阶段性特征。明清时期政府对民族的认知在时间与空间上存在的差异，又对民族问题解决方式，民族治理政策产生了怎样的影响。而这种"认知—治理—再认知—政策调适"的演进过程，正是马克思主义认识论中学习调查实践形成认知，认知指导实践理论在国家西南边疆治理范畴内的体现，因此，对民族认知演进过程与西南边疆治理之间互动关系的研究，正是从唯物主义出发，探讨民族认知与国家治理实践两者之间逻辑关系的演变发展过程。

---

① 〔美〕沃兹沃斯：《皮亚杰的认知和情感发展理论》，徐梦秋等译，厦门大学出版社，1989，第 31 页。
② 〔美〕班杜拉：《思想和行动的基础——社会认知论》，林颖等译，华东师范大学出版社，2001，第 12 ~ 13 页。

有重要的进步意义。但是，中华人民共和国的领土，是经历了西方列强蚕食鲸吞之后的结果，以中华人民共和国领土为基础来界定历史时期的中国疆域，并不能准确反映历史上中国疆域的真实面貌。

到了 80 年代，翁独健先生再问："怎样划定各个历史时期的中国的范围，也就是说，对历史上同时存在的许多国家地区和民族，你们是如何区别中外的？哪些算中国，哪些不算，标准是什么？"① 谭其骧先生作为《中国历史地图集》的总编，对这个问题的回答是：

> 我们是拿清朝完成统一后，帝国主义侵入中国以前的清朝版图，具体说，就是从 18 世纪 50 年代到 19 世纪 40 年代鸦片战争以前这个时期的中国版图作为我们历史时期的中国的范围。所谓历史时期的中国，就以此为范围。不管是几百年也好，几千年也好，在这个范围之内活动的民族，我们都认为是中国史上的民族，在这个范围之内所建立的政权，我们都认为是中国史上的政权。②

谭其骧先生认为，清代的疆域，是历史上自然形成的，是没有受到西方列强干预的结果，既是中国历史疆域的现实，也能反映在近代中国失去的领土。也就是说，鸦片战争以前的清代疆域，好比历史长河最终汇集的水泊，组成这个水泊的众多水源，无论是从源头一直流淌而来，还是中间汇入，都是自然发展的结果。以此为基础回溯整个流域，也就是鸦片战争以前历史时期的中国疆域，就有了基本的、合乎逻辑的空间依据。谭其骧先生的观点，得到了许多学者的认同。刘宏煊先生《中国疆域史》③ 将中国疆域的形成过程分为准备、初步形成、发展、正式形成、保卫五个时期，而鸦片战争之前的清代疆域正是正式形成时期的终点。葛剑雄先生在《中国历代疆域的变迁》中指出：

> 历史上的中国，应该以中国历史演变成一个统一的、也是最后的封建帝国——清朝所达到的稳定的最大疆域为范围……由于它能比较全面地反映中国疆域发展的结果。④

---

① 谭其骧：《历史上的中国和中国历代疆域》，《中国边疆史地研究》1991 年第 1 期。
② 同上。
③ 刘宏煊：《中国疆域史》，武汉出版社，1995。
④ 葛剑雄：《中国历代疆域的变迁·引言》，商务印书馆，1997，第 6~7 页。

陈玉屏《关于我国古代民族关系的一个重要理论问题》①一文认为，西方的现代民族国家先后形成时，中华各族这个事实上的"天下"也完成了统一的历史进程而最终定型，形成了空前大一统的国家，这就是1840年鸦片战争爆发前的中国，以此时的领土疆域为范围的中国，是中华大地上生息繁衍的各民族长期互动的自然结果，在这一历史疆域内的各民族先民所建立的政权，和中原政权一样，都是中国的一部分。

经过对中国历史疆域问题数十年的讨论，中国疆域涵盖多民族地域这一点得到了广泛的认同。在此基础之上，一些学者提出以各民族大致共同活动范围来作为历史上中国的疆域范围，被称为"多民族共同范围说"。②翁独健在《民族关系史研究中的几个问题》中说："我们是一个统一的多民族国家，我们国家的历史是各族人民共同缔造的，我们国家……各族人民在历史上曾活动过的地区，都可以算是我国不同时期的疆域范围。"③费孝通先生在《中华民族多元一体格局》④一文中，将西起帕米尔高原，东到太平洋西岸诸岛，北有广漠，东南是海，西南是山的这一片广阔的大陆称为组成中华民族的诸多民族共同的生存空间。邹逸麟先生也将中国的历史疆域定义为："中国是一个由多民族共同缔造的统一国家。中华民族大家庭中每一个成员在历史时期中劳动、生息的范围及其所建立的政权的疆域和政区，都是中国历史上疆域政区不可分割的一部分。"⑤如果说新中国领土说、清朝前期版图说及中原统一王朝说都是先确定疆域具体的地域范围，然后以此地域为限对生活在这个范围内的人群进行划定，是"以地确人"的话，那"多民族共同范围说"则是先判定哪些民族属于中国，然后以此为基础将这些民族的活动范围划定为中国的疆域，是"以人确地"。与其他观点相比，"多民族共同范围说"考察的基础对象、工作的顺序完全不同，彻底跳出了王朝、政治的局限，为研究中国的历史疆域与民族构成提供了一种新思路。

进入21世纪以来，姚大力先生对翁独健等学者提出的"多民族共同

① 陈玉屏：《关于我国古代民族关系的一个重要理论问题》，《烟台大学学报》（哲学社会科学版）2005年第4期。
② 刘清涛：《60年来中国历史疆域问题研究》，《中国边疆史地研究》2009年第3期。
③ 翁独健：《民族关系史研究中的几个问题》，《中央民族学院学报》1981年第4期。
④ 费孝通：《中华民族的多元一体格局》，《北京大学学报》（哲学社会科学版）1989年第4期。
⑤ 邹逸麟：《中国历史地理概述》，上海教育出版社，2007，第91页。

范围说"进行了更深入的阐述。在《姚大力谈历史上的民族关系和"中国"认同》① 中，姚大力先生指出，正是因为这些非汉族王朝能充分利用非汉族地区的本土因素来对这些非汉族地区实施有效统治，因此，它们才能在拓展和巩固中国作为一个多民族统一国家的版图方面，做出了杰出的贡献。同时，也在一国之内维持不同人群和文化多样性的体制上留下了极具积极意义的成果。在《中国历史上的国家建构模式与版图构成——兼论少数民族的"家园"问题》② 一文中，姚大力先生对以上观点进行了更为深入的论述。他在沃克·康纳对多民族国家不同类型的划分③的基础上指出：中国是有诸多个拥有家园的民族的多民族国家，除汉族外，中国也是其他诸多少数民族的"家园"。中国的版图覆盖着多达数十个民族的生存活动地区，是一个由诸多拥有各自祖居地域的历史民族所组成的多民族国家。如何将这些差异极大的历史民族维系在"中国"范围之内，姚大力先生认为，中国历史政权在针对不同区域和人群的治理目标与国家权能实施方面一向存在着性质截然不同的、多样性的差别。如唐代，除在郡县制度体系之内进行全方位治理的各州县外，还有控御边疆的羁縻和册封体系。再如清代，除郡县地区外，还有三个不同的治理空间，一为传统的土司地区，主要在西南；一为外藩各部，主要为蒙古各部、南疆回部、青海、西藏及金川地区；一为域外朝贡诸国。土司及外藩各部的政令、刑事、军旅、屯点、邮传等事宜，归理藩院主理，而域外朝贡诸国，清政府对其完全不负有国家治理的责任，处理与这些国家之间的关系职责，归礼部鸿胪寺承担。郡县之地所施行的外儒内法的专制君主官僚制国家建构模式，追求的是"车同轨、书同文、行同伦，各要其所归，而不见其异"，也就是把用汉文化覆盖全部区域作为治理目标。而在边地所实施的不同治理体系与不同层次治理空间的划分，则是内亚边疆帝国的构建模式。

---

① 姚大力、黄晓峰：《姚大力谈历史上的民族关系和"中国"认同》，《东方早报》2011 年 12 月 4 日"上海书评"。

② 姚大力：《中国历史上的国家建构模式与版图构成——兼论少数民族的"家园"问题》，"中国历史民族地理研讨会论文"，复旦大学，2012 年 11 月。

③ 沃克·康纳将多民族国家分为：只有一个拥有家园的民族的多民族国家（unihomeland multination state）；有诸多个拥有家园的民族的多民族国家（multihomeland multination state）；没有拥有家园的民族的多民族国家（non - homeland multination state）。见姚大力《中国历史上的国家建构模式与版图构成——兼论少数民族的"家园"问题》，"中国历史民族地理研讨会论文"，复旦大学，2012 年 11 月。

不同国家建构模式的并行，表明中国历代政权在追求理想中的治理目标的同时，也存在着力求把有效的国家治理与保持疆域内各人群的文化多样性最大限度地统一起来的更高层次的国家建构模式。在皇族为非汉民族的元代与清代，这一点表现得尤为突出，因而元与清这两个王朝在缔造多民族统一国家的体制方面，具有重要的历史地位。可以看出，姚大力先生受新清史研究启发，但又超越了新清史对满族统治"汉化"程度的研究，他认为，汉化或者说满族特性保持的程度，并非是评价清王朝统治成效的尺度，对于清王朝这个由多民族参与建构并巩固的国家来说，本质是在奉行外儒内法的专制君主官僚制国家建构模式的同时，也侧重对内亚边疆帝国的国家构建模式的运用，以实现对边疆及边疆民族更为有效的治理。多民族共同活动范围，或者说共同的家园的观点，彻底打破了中原、王朝、正统等观念的局限，将对中国疆域和民族的界定纳入国家构建的视角与体系中来进行考察，是近年来对中国历史疆域问题研究的突破。

　　为什么是在不同历史时期所采取的不同的国家构建模式，而不是不同国家各自的构建模式？对此问题的回答，便涉及在多民族共同活动范围，共同家园基础上所形成的，对中国一体性、整体性这个重大问题的讨论。如上文所说，中华民族有多元的发端，由多民族共同构成，共同缔造。但是，在多元的同时，中国又是一个一体发展的整体。方国瑜先生《论中国历史发展的总体性》一文中认为，各民族存在差异是历史事实，但"在中国的历史发展过程中，各民族并不以差别性而分离，乃以一致性的共同要求而结合成为一个整体……在中国历史整体之内，共同利益的要求是根本的，其着决定作用的。因此，趋向结合历史的整体性，也随着历史的发展而逐渐加强，这是中国历史发展的大势"。①

　　什么是中国各民族一致性的共同要求？笔者认为，对统一有序社会、安定繁荣生活的追求，是社会上下在利益上、思想上都有着一致性的共同要求。中国传统的"天下"概念，即有地理意义上以中原为中心的空间的概念，也有理想中的人间礼仪秩序的含义。②百姓盼望稳定安全的生产生

————————

①　方国瑜：《论中国历史发展的整体性》，载林超民编《方国瑜文集·第一辑》，云南教育出版社，2001，第 13 页。

②　许纪霖：《从边疆看中国：一种不可忽视的历史视野》，《社会科学报》2015 年 8 月 27 日，第 5 版。

活环境，掌权者盼望唯我独尊的统一，所以在中国历史上，贯穿着对"天下""大一统"孜孜不倦的追求，分裂割据状态的时代多被视为乱世，即使某部分地区维持稳定也只能冠以"偏安"之名，而"治世"都出现在稳定的、统一的王朝中。李大龙《有关中国疆域理论研究的几个问题》①一文中对此有精辟的论述，其文指出：发端于中原的以"中国"为中心的"大一统""天下"观念，随着不同地区、不同民族之间的交往互动而逐渐被中原周边的民族或政权所接受。边疆民族或政权开始力争入主"中国"，争夺"天下"，而汉族史学家将少数民族政权的历史，如北魏纳入正史，则是汉族士人对此现实的认可。这种双向的认同，是对"华""夷"观念的重大突破，意味着在汉人与周边其他民族心目中，都形成了"天下"可以是华、夷共同参与治理、共同拥有的"天下"的观念。中华大地上各民族对"天下""大一统"逐渐形成了一致的追求，最终促成了多民族统一国家的形成，也最终形成了中国的疆域。

所以，统一的、整体性的中国历史发展进程，并没有导致疆域内不同地区多样民族、多样文化的泯灭。同样，在疆域内不同地区、不同民族之间存在巨大文化差异与发展不平衡性的现实，也并不影响中国历史发展的整体性与统一性。对这两个方面各有侧重，是理解近几十年中国历史地理、边疆史及民族史研究学术旨趣变化的关键。

国家的政区划分，是国家对疆域进行管理在地理空间上的体现。周振鹤先生在《中国行政区划通史》中指出："任何国家为了行政管理的方便，必须将其国土划分为有层级的区域，这些区域就是行政区划。"② 周振鹤先生进一步指出：

> 行政区划的出现体现了中央集权制国家中央政府与地方政府之间存在行政管理关系，如果中央与地方之间不存在行政关系，则无行政区划可言。③

明确这一点在边疆地区尤为重要。是否存在行政管辖或管理关系，是界定疆域的一个重要指标，而行政管理关系的基本表现方式之一，便是政

---

① 李大龙：《有关中国疆域理论研究的几个问题》，载周伟州主编《西北民族论丛》（第八辑），中国社会科学出版社，2012，第1页。
② 周振鹤主编《中国行政区划通史·总论》，复旦大学出版社，2009，第7页。
③ 同上书，第8页。

区的设置，政区体现的是国家对地方主权的宣示。对于明清这样的统一王朝来说，如果中央在边疆某地设立或划分了政区，那它毋庸置疑一定是在其疆域范围之内的。因此，对于既是边疆地区又是民族地区的云南来说，本书对中国西南边疆民族认知及治理的研究，可以通过对边疆政区的考察来进行。

周振鹤先生的"政区圈层结构"理论，在云南这样的边疆民族地区体现得尤为典型。周先生认为，中国的政区，可以划分出边疆区、核心区、缓冲区这样不同的政治地理区域，如秦汉时期的边郡与内郡，唐代的羁縻府州。① 周先生从国家尺度阐述了政治地理的圈层结构，郭声波《中国历史政区的圈层结构问题》② 一文，则以"直接行政区""间接行政区"来对地方尺度的圈层结构进行具体分析。他认为，直接行政区，如中央直辖区、各地省府州县，中央的政令可以下达到基层，官长由中央选任。间接行政区内部事务实行自治，中央政令通常不直接下达到基层，而是只对其首长和机构起作用。其文还进一步指出，地方行政圈层结构对中国汉族为主体其他民族为组成的多民族国家国情的适应，因此才能在历史长河中贯穿古今。

在明清云南的政区中，核心区、缓冲区、边疆区差别巨大，圈层结构特征明显。但是，云南的圈层结构又有其特点。表面来看，云南的直接行政区省府州县构成了核心区与缓冲区，而间接行政区土司则是其边疆区。但实际情况远非如此简单。云南民族众多，文化多样，拥有各自世居的家园，在此基础上云南的政区设置就极为复杂。在属于核心区的地方，仍然有土司辖地的存在，在已经设立府级政区的地方，可能实际由土司掌握，而在土司辖地，官府的统治也并非不存在。核心区、缓冲区、边疆区虽有区别，但界线并不清晰，在明清不同的时代背景下，呈现出一个由内而外不断转化的现象。核心区的范围在不断扩大，原来的缓冲区逐步变成了核心区；而缓冲区围绕核心区逐步向外拓展，原来的边疆区逐步变成了缓冲区；外缘的边疆区，有的逐步向缓冲区转化，有的则被挤压蚕食，成为非我疆域的外域。本书引入对明清不同时期云南政区的圈层结构进行研究的成果，探析边疆、核心、缓冲区域在云南省内的演变转化过程，揭示在这

---

① 周振鹤主编《中国行政区划通史·总论》，复旦大学出版社，2009，第196～204页。
② 郭声波：《中国历史政区的圈层结构问题》，《江汉论坛》2014年第1期。

地区政区的变化进行统计，以此来说明清代云南民族分布变化。以行政区划为着眼点进行研究，系统梳理了不同历史时期边疆民族地区的行政区划，此为本书最大的特点与贡献，但是另一方面，严重依赖行政区划调整来进行历史时期民族地理的研究，将政区简单汇集在一起，忽略了对行政区划调整的边疆民族治理背景，民族认知基础，以及不同性质行政区划之间差异的探讨，这是其不足。2009 年郭声波《彝族地区历史地理研究》①出版，对唐代乌蛮等族羁縻州的建制沿革进行研究，全书也是偏重于对行政区划的地理考证，是就某一民族分布区域所做的区域性的研究。两书俱是以行政区划为研究对象，仍然是传统的历史地理的研究理论与方法。另一部作区域性民族地理研究的著作《壮族地区人地关系过程中的环境适应研究》② 则从人地关系入手，探讨自然地理环境对民族形成与发展的影响。对自然景观的日益关注，代表了历史地理学界在进行民族相关问题研究时的一个新趋势。

　　笔者认为，民族的形成与发展，是自然景观与人文景观共同作用的结果。任何民族的人民要生存要发展，都必须以一定的自然地理环境为基础，发展出适宜的赖以为生的生计方式。但是，环境并不能决定一切，人文景观对于民族的形成发展同样有决定性的影响，同样的地理环境也可能发展出不同文化不同特点的民族。人文景观中包括了国家在民族地区政区的设置、调整，但人文景观也不是仅有这一项的内容，而关于其他人文景观对民族形成发展影响的相关研究成果目前来说还不多见，研究还较为薄弱。本书所关注的国家政权对民族认知的形成发展演变过程，包括了对以生产生计方式表现出来的对地理环境的认知，也包括了对民族文化、民族历史等人文景观的认知。将吸收历史民族地理对于政区与人地关系对民族形成发展影响的研究成果，通过对方志中种人志的解析，力图在资料运用，研究视角上有所突破。

　　第二个与本课题相关的是民族史的研究。民族史主要涉及民族历史、民族政策、民族关系、民族融合及学术史分期等问题。新中国成立之后，民族史发展经历了由族别史到地区民族史、民族关系史，再到对中华民族整体历史研究的发展阶段，每个阶段都有丰硕的成果问世。③ 新中国成立

---

①　郭声波：《彝族地区历史地理研究》，四川大学出版社，2009。
②　刘祥学：《壮族地区人地关系过程中的环境适应研究》，广西师范大学出版社，2013。
③　陈连开：《中国民族史研究的基本特点和发展三阶段》，《西北民族研究》1993 年第 2 期。

之初，便进行了大规模的民族识别工作。以民族社会历史大调查为基础，相
继完成了《各民族简史》《各民族简志》《各民族自治地方概况》及《中国
少数民族》《中国少数民族简史丛书》《中国少数民族语言简志丛书》《中国
少数民族自治地方概况丛书》《中国少数民族社会历史调查丛刊》的编写工
作。这批以社会历史调查、民族识别和民族社会形态调查资料为主的研究成
果，为民族史不断开拓新的研究领域奠定了良好的基础。除族别史外，通史
性质的研究成果也相继涌现，如白寿彝《中国民族史研究》、江应樑《中国
民族史》、王文光《中国民族发展史》等。民族政策方面，龚荫的《中国民
族政策史》对历史时期中国的民族政策进行了研究；在民族关系史领域，有
翁独健的《中国民族关系史纲要》等。区域民族史的研究在各地展开，如
林干的《中国古代北方民族通史》，杨建新的《中国西北少数民族史》等。

　　西南地区民族史研究是中国民族史的重要组成部分，有一系列重要成
果。20世纪50年代，方国瑜先生的《云南民族史讲义》，对彝族、白族、
纳西族等民族的族别史有深入的研究。其《论中国历史发展的总体性》[①]
一文是对中华民族整体性与统一性研究的代表性文章之一。林超民先生对
南诏大理时期云南的民族史，历史上白族的形成，傣族土司制度等方面进
行了深入的研究。[②]此外还有尤中《云南民族史》《中国西南民族史》《中
国西南的古代民族》[③]对区域民族史进行梳理与研究；王文光有《中国南
方民族史》[④]、《中国西南民族关系史》[⑤]，对中国西南地区古代民族关系进
行了剖析。

　　林超民先生近年发表的《"民族"概念管见》一文取"民族"概念中
上位的"中华民族"所指，认为"国家是政治的集中体现，是政治统治
的权力机构。国家通过政治组织形式把人聚合在一起，然后赋予其政治上
的共通性。国家对于民族的形成具有重要的意义，国家是民族形成的先决
条件……不是民族建立了国家而是国家构建了民族"[⑥]，强调了政治对于

---

①　方国瑜：《论中国历史发展的整体性》，载林超民主编《方国瑜文集·第一辑》，云南教
　　育出版社，2001，第13页。
②　林超民：《林超民文集》第1、2卷，云南人民出版社，2008。
③　尤中：《尤中文集》第1、2、3卷，云南大学出版社，2009。
④　王文光：《中国南方民族史》，民族出版社，1999。
⑤　王文光、龙晓燕、陈斌：《中国西南民族关系史》，中国社会科学出版社，2005。
⑥　林超民：《"民族"概念管见》，林超民主编《民族学评论》第四辑，云南人民出版社，
　　2015，第2页。

民族的形成有重大的作用。林超民先生举吐蕃政权对藏族政权的形成，南诏大理政权对白族的形成，元帝国对蒙古族的形成，清帝国对满族的形成为例来证明以上观点。指出，民族是一种具有政治意义的社会共同体，离开了政治力量，离开了国家政权，就不能理解民族的形成。明清云南方志种人志中所记载的一些民族情况的变化，生动而具体地体现了这个国家政权如何利用政治力量构建民族的观点。国家采取不同的方式引导、推动民族发展，通过具体的政策措施，促成民族生产生计方式、风俗习惯、民族性格等发生转变，在不追求民族文化整齐划一的情况下，最大限度实现边疆巩固、地方安宁发展的目标。本书针对明清时期国家政权对云南民族的认知发展演化过程及与之相关联的民族治理进行研究，而这个认知与治理互为基础，相互影响的过程，就是国家运用政治力量对民族进行构建的过程。林超民先生关于政治因素对民族形成发展影响的研究，对于本书作民族认知进程演变与民族治理之关系的研究，有指导意义。

第三个与本课题相关的研究领域是历史人类学。20 世纪 90 年代，王明珂将人类学的"边缘理论"引入对中国民族的研究，在其《华夏边缘：历史记忆与族群认同》① 一书中指出，对某一族群的界定与分类，是依据其与他者相区别的边缘的特质来体现的。这种边缘有地理上的含义，也有文化认同上的含义。而对于"边缘"的界定，又有外来观察者角度与自身主观认同角度的区分。对于族群自身主观认同来说，集体的历史记忆至关重要。而历史记忆，则处于不断地调整中，以适应现实的变迁。历史记忆是在文化的表征，文本的包装之下。对历史记忆作文本分析，目标不在于厘清文本所陈述的是否为事实，而是从文本分析中探求书写者所处的情境，情感与特定意图。其研究将人类学的理论与方法与对中国历史时期的民族研究相结合，开创了历史民族研究的新视野，对本书论题的研究有启发意义。王明珂先生针对"华夏的边缘"进行研究，关注"华夏"认同的本质、内涵与边缘。而本研究将其视角与观点，运用到对中国"国家边缘"与"国家认同"的领域，探讨云南边疆民族如何形成对国家的历史记忆与认同，为国家所构建塑造，成为国家的组成部分，形成边缘。明清云南方志中的种人志，对于云南的诸多民族来说，就是一种历史记忆的文

① 王明珂：《华夏边缘：历史记忆与族群认同》，社会科学文献出版社，2006。

本表现。而方志是以外来观察者的角度而形成的历史记忆，反映的是文本形成之时，官修的方志背后政府官员、知识分子等所持的民族观，对某区域民族或某具体民族透过服饰、语言、饮食、宗教等表征形成的感观，情感。这种对民族的感观，通过方志种人志的文字、图画表现出来，形成了对地域、对民族的认同与记忆。这种认同与记忆会因为具体民族情况的变化，以及所处政治经济文化环境的变化，会对官方主导的资源分配、分享关系等方面产生影响。明清时期国家政权对云南民族认知模式的转变，认知水平的变化，民族治理政策的调整，都会引起云南民族分布、发展情况的变化，这也正是云南不同民族间资源分配，相互关系发生变化的体现。

王明珂的另一篇文章《王崧的方志世界——明清时期云南方志的本文与情境》，以《道光云南志钞》的修纂为例，来进行文本与情境之间关系的考察。其文中说"由《道光云南志钞》如何被修纂，以及其文本对'方志'文类的依循与背离，以及由作者王崧在叙事中如何选择与运用文本符号，来探索王崧俯仰其间的社会情境，清中叶云南昆明、大理一带之官场儒林，以及王崧作为本地学者，在此情境中透过其书写所表达的种种认同情感及意图"。[①] 将方志视为反映社会情境和作者意图的文本，分析明清时期云南作为地方与国家整体之间的关系，以王崧为代表的云南本土知识分子对于云南人这个区域的认同以及对于国家的认同。进而讨论"在社会情境本相下，各层次之社会权力如何规范、导引及创作各种文本，并由此产生知识。多重文本如何在内外情境内之各种权力角逐中相争互竞，因此改变作为社会记忆之知识，以应和或造成社会情境变迁。人们在文本叙事的书写、阅读与理解中，如何受不同层次的叙事结构影响，以及这些叙事结构与社会情境之关系"。[②] 本书借鉴其理论与观点，在对明清云南方志中的种人志进行分析时，便可不必纠缠于文献内容记载的民族情况是否真实，是否是当时民族状况的客观反映等问题，来对其进行繁琐的考证考释，而是将其视为反映某种社会情境的文本，是文献作者意图与情感的表达。而考虑到云南省志的官修背景，这种对云南诸多民族的观察、记录、有选择地描述，其所反映的民族观、民族认知正是国家政权官员的视角与认知，是官方意图的陈述与表达。因此，通过对明清方志种人志的文

---

① 王明珂：《王崧的方志世界——明清时期云南方志的本文与情境》，《新史学》第二卷，中华书局，2013，第97页。

② 同上。

本解析，可反映当时众多民族所处的社会情境，以及这种社会情境中国家政权的民族观、民族认知、民族治理情况。研究方志中种人志记载所传达的官方的民族认知意图。

历史人类学从边缘、基层的视角对历史民族问题进行研究，马健雄的《再造的祖先：西南边疆的族群动员与拉祜族的历史建构》① 为针对云南地区民族进行研究的另一部力作。此书以分布于云南西南边疆的拉祜族为具体研究对象，讨论中国在从清王朝到近现代民族国家的转变及国家构建过程中，边疆的拉祜族人群，如何从某类面目模糊的"蛮夷""野保"发展为反抗官府和移民压榨的"倮黑""倮匪"，逐渐发展成为一个边界社会群体，最终成为国家框架下的"拉祜族"，也就是边疆民族政治地理与政治身份的构建过程。此研究对于讨论国家治理边疆政策措施变化给生活于边疆的人群的影响，提供了新的范例及参考，对于本书探讨民族认知与国家治理之间相互影响的演进关系，具有借鉴意义。其研究侧重于拉祜族对国家治理的反应，也就是书中所说的族群动员，是从拉祜族民族的视角来看待国家的治理，运用大量田野的、口述的资料进行研究，此为其创新之处。但论及国家对民族的治理，国家政策措施的变化时，缺乏从统一多民族国家政权，也就是国家政府的视角的分析，也缺少对官方资料的解析，此为其不足。正因为存在这种不足，在其对拉祜族的研究中，政府的形象便片面地被定义成了一个压迫者、剥削者，而没有看到其秩序建立者、稳定维护者的一面。拉祜族的历史构建过程，也过于突出了其官府反抗者的色彩，而弱化了其在边疆政治经济文化发展交流中参与者的角色。而这也正是历史人类学研究普遍存在的问题，关注地方、边缘、基层、民族，通过田野调查等手段，收集口述、碑刻、契约等类型的史料进行研究，突出了在以往历史研究中这些薄弱、被忽略的一面，这是历史人类学研究的特点与优势所在。但另一方面，强化对来自地方、边缘、基层的声音与力量的探讨，相应地就弱化了国家政权的政治影响，这在实行多民族国家大一统统治，政治力量极为强大的中国是不符合实际的。

本书对国家政权的民族认知与治理进程进行研究，是以国家的视角，所针对的正是历史人类学在进行国家民族构建研究中的薄弱之处。但这并

① 马健雄：《再造的祖先：西南边疆的族群动员与拉祜族的历史建构》，香港中文大学出版社，2013。

不意味着本研究是对历史人类学思想与观点的否定，相反，是在借鉴历史人类学的成果与方法基础上，从国家视角对此问题进行的再讨论，与传统的就制度而制度，就政策而政策的民族治理、民族问题研究不同，这正是本书的新意所在。

再者，明清云南方志中的种人志内容，虽然并不完全符合按照现代民族志的写作范式的民族志的标准，但也有可比拟之处。民族志是人类学最重要的研究方法与组成部分。可借用人类学中民族志研究的经验与视角，对明清云南方志中的种人志内容进行质性与定量结合的分析，辨别观察与描述角度的差异，强调了解事物的背景和内部之间的相互联系等方法来进行研究。

第四个与本选题有重要关联的学科领域，便是对于云南方志的整理与研究。对云南方志的整理研究，已经有相当的成果。方国瑜先生在《云南史料目录概说》①　中，对明清云南的省志有精炼的评述。对于方志中有关民族的具体情况的内容，多用于民族史的研究，如尤中《云南民族史》②、《中国西南的古代民族》③　就大量使用明清云南方志中风俗、种人志中对各民族情况的记载。目前来看，对明清云南方志进行文本和文献学研究的成果丰硕，但鲜见就方志的具体记载来进行重要问题探讨的研究，更没有针对种人志做过运用历史地理理论和方法分析的研究。本书运用种人志来进行民族认知及国家治理方面的研究，是研究视角的创新。

三　研究基础文献介绍

本书所作研究，主要以明清云南方志中的省志为基础文献。

方志是我国典籍的重要组成部分，发端于秦汉，南宋时期基本定型，元明走向繁荣，清代为其鼎盛时期。方志以某一级行政区划为范围，综合记述当地社会生活的各个方面，内容丰富，包罗万象，正如顾颉刚所说：

纪地理则有沿革、疆域、面积、分野，纪政治则有建置、职官、

---

①　方国瑜：《云南史料目录概说》，中华书局，1984。

②　尤中：《云南民族史》，《尤中文集》第1卷，云南大学出版社，2009。

③　尤中：《中国西南的古代民族》，云南人民出版社，1980。

兵备、大事记，纪经济则有户口、田赋、物产、关税，纪社会则有风俗、方言、寺观、祥异，纪文献则有人物、艺文、金石、古迹。①

因此，方志也被称为"地方百科全书"。

明代以前云南汉少夷多，并没有修纂志书的传统。只有依靠几部中原王朝编纂的总志来保存资料。到了明代，随着移民大量进入，云南的汉文化兴起，云南方志开始大量出现，明代云南共修各类方志113种，但绝大部分已经散佚，至今只有10种流传下来，其中有5部省志。清朝云南的方志飞速发展，全省共修纂了329种方志，今天仍然有215种可见②，包括省志5部。

方志作为地方百科全书，是记载一地历史与当时现状的资料性文献。省作为上联中央，下辖府州县的政区层级，其政策的制定既能反映与中央的一致性，又能体现地方的特殊性。明清云南省志的修纂，无论官修、私修，俱带有浓重的官方色彩。景泰《云南图经志书》序言载："景泰五年（1454）秋七月八日，诏礼部重修天下地理志，将悉阅而周知之。其奉使采取及所在任其事者，必慎选文学才德其人以充。时进士王谷诣云南宣诏圣意，于是文等添与其事……若是者四阅月始获成书，分为十卷意进。"③可见景泰《云南图经志书》的修纂，不仅是奉中央诏令的结果，还是中央所派人员与地方官员共同工作的结果，书成后还上报给了中央。正德《云南志》是以弘治《云南总志》（现已失传）为基础，重加编次，略有增损。而弘治《云南总志》也是在弘治年间云南巡抚陈金的授意下修纂而成的志书。④万历《云南通志》序言载曰："隆庆六年（1572）大司马关西兰谷邹公开府南中，首询阙事……公曰：一方图籍，岂宜久阙。遂命有司以六十年来诸所损益约四十余条，遍布列郡。俾覈实意报藩臬。诸大夫谓阳齿居乡右，或识往事，因属笔焉。"⑤《滇略》作者谢肇淛也曾在万历年间担任云南布政使司右参政。天启《滇志》的作者刘文征，为万历年间进

---

① 朱士嘉主编《中国地方志综录·序一》，商务印书馆，1937，第3页。
② 古永继：《清代滇黔桂地区方志书目考》，林超民主编《西南古籍研究（2004年）》，云南大学出版社，2005，第384页。
③ （明）陈文：《重修云南志序》，刘景毛校注《景泰云南图经志书校注》，云南人民出版社，2002，第3页。
④ 方国瑜：《明修九种云南省志概说》，《思想战线》1981年第3期。
⑤ （明）李元阳：《云南通志序》，杨世钰、赵寅松主编《大理丛书·方志篇》卷一，民族出版社，2007，第192页。

士，曾在四川、广西、陕西等地任职，晚年致仕后着手纂修《滇志》，"尽出铃阁之藏，检之填委之籍"①，书成后为云南藩库所藏。可见刘文征纂修《滇志》，得到了当时政府的支持和帮助。到了清代，以"通志"为名的云南省志，俱是官府主导，征召聘用地方精英知识分子修纂而成，为官修方志。从内容上看，明清云南的省志，无一不是在政府的支持配合下，对当时地方政府档案资料等各方面信息进行加工整理的结果。因此，明清云南方志中有关民族的内容，是当时省级地方官员、知识分子等地方精英对民族认知真实情况的反映，代表的是官方的态度与观点。

在明清云南的省志中，收录了大量对不同民族经济、文化、风俗、历史各方面的记载。现存最早的明代云南方志景泰《云南图经志书》② 对民族的记载文字在各府州县下的"风俗"目下。正德《云南志》③ 中，在各地风俗条目下和《外志诸夷传》中有对不同地区和不同历史时期民族的记载。万历《云南通志》④ 卷十六《羁縻志》下的"僰夷风俗"与"爨蛮风俗"对云南两大民族的情况进行了概述。《滇略》⑤ 卷九《夷略》专门收录云南民族的资料。明代云南最后一部省志天启《滇志》⑥ 卷三十为《羁縻志》，其中"种人"类目下记载了 34 种不同的民族，内容涉及各民族的名号，分布地域、生产方式，衣冠特点，民族性格等各方面。如撒弥伢伲条，文曰："男挽发如鬃，长衣短裈，布系腰。妇短衫，五色短裳。滇池上诸州邑皆有之。拙于治生，无盗贼。居山者耕瘠土，贩薪于市，终岁勤动。滨水者浮家捕鱼，仅能自给。"⑦ 对民族的记载从系于各地"风俗"目下到专门收录关于云南不同民族情况的"种人"志的出现，直观地反映了明代各级政府对云南民族了解不断增加不断深化的过程。

到了清代，这个过程更为明显，据笔者粗略统计，在现存 215 种清代方志中，至少有 109 种方志设有专门章节来记载各地的民族状况。或曰

---

①　天启《滇志》之《凡例》，古永继校点，云南教育出版社，1991，第 1 页。

②　刘景毛：《景泰云南图经志书校注》，云南人民出版社，2002。

③　正德《云南志》，云南省图书馆抄本。

④　万历《云南通志》，杨世钰、赵寅松主编《大理丛书·方志篇》卷一，民族出版社，2007，第 188～596 页。

⑤　（明）谢肇淛：《滇略》，《景印文渊阁四库全书》，台湾商务印书馆，1986，第 494 册第 97～250 页。

⑥　天启《滇志》，古永继校点，云南教育出版社，1991。

⑦　天启《滇志》卷三十《羁縻志·种人》，古永继校点，云南教育出版社，1991，第 995 页。

"种人"，或曰"种彝""土夷""群蛮""人类""种族""民类""彝俗"等，虽名目不一，但内容形式基本一致，首先为各民族称谓，其后以或繁或简文字记载各民族的情况，其内容涉及族源、分布地域、民族性格、衣冠服饰、生计方式、婚嫁、信仰祭祀各方面不一，本书将其统称为"种人志"。清代康熙《云南通志》[①] 为现存最早的清代云南省志，但其种人志内容为抄录天启《滇志》。雍正《云南通志》[②] 种人志记载 56 种民族，在数量、覆盖地域范围、民族情况细节等方面都有了明显的推进。道光《云南通志稿》[③] 种人志记载 136 种民族，是云南省志中民族数量最多的一部。光绪《云南通志》[④] 与光绪《续云南通志稿》[⑤] 承袭了道光《云南通志稿》种人志内容。省志中"种人志"传达的信息极为丰富，是研究明清时期官方对云南民族认知情况的丰厚土壤。

此处有一个需要特别指出的问题，在明清时期的历史文献中，对于西南的诸多民族，存在不少使用带有"虫""犭"偏旁部首的字来作为其民族称谓的情况，如"猡猡""猓猡""犵人"等。这种文字的使用，有指其未脱犬羊，与动物相似之意，带有明显的歧视意味。而这种对民族的歧视性命名，源于大汉族主义思想作祟。大汉族主义，"就精神本质而言是汉族文化中心主义"。[⑥] 简言之，就是用汉族的文化和价值标准来衡量其他民族的一种民族观，在这种民族观指导下，经常会用带有偏见、歧视的眼光与态度来对待其他民族。在中国历史上，大汉族主义由来已久，明清时期云南方志和民族图说中，使用诸多带有"虫""犭"偏旁民族称谓，也正是这种思想的表现。大汉族主义对于统一多民族国家的巩固，各民族的共同进步都是不利的，在今天已经被明确反对和禁止。新中国成立不久，就发布了《关于带有歧视或侮辱少数民族性质的称谓、地名、碑碣、匾联处理办法》[⑦]，对带有"虫""犭"偏旁民族称谓提出了处理办法。20

---

① 康熙《云南通志》，凤凰出版社选编《中国地方志集成·省志辑·云南》，2009，第 1～2 册。

② 雍正《云南通志》，乾隆元年（1736）刻本。

③ 道光《云南通志稿》，道光十五年（1835）刻本。

④ 光绪《云南通志》，光绪二十年（1894）刻本。

⑤ 光绪《续云南通志稿》，光绪二十七年（1901）刻本。

⑥ 杨洪远：《试析新中国初期中国共产党人的民族观——以反对"大汉族主义"为研究视角》，《西北民族大学学报》（哲学社会科学版）2015 年第 6 期。

⑦ 政务院：《关于带有歧视或侮辱少数民族性质的称谓、地名、碑碣、匾联处理办法》，《文物参考资料》1951 年第 6 期。

世纪 90 年代，云南省人民政府办公厅转发了《云南省民族事务委员会关于正确使用民族称谓意见的通知》，对民族称谓的使用进行了规范。但是在历史文献中，使用"虫""犭"旁的民族称谓是一个客观存在的现象。对于笔者来说，秉持的是民族平等原则对历史问题进行研究，因此并不刻意回避历史文献中不当民族称谓的问题，而是将历史文献中"虫""犭"的民族称谓视为国家政权民族认知结构中的一个组成部分，是其民族观的一个反映，来对其加以解析探讨。如在不同历史时期的文献中，同样的民族，其称谓有的带有"虫""犭"偏旁，有的没有，这种变化，正是国家政权民族认知演变，受大汉族主义影响深浅不同的表现。因此，在引用历史文献史料时，为保持文献原貌，民族称谓照原文著录。而在具体的论述过程中，则将带"虫""犭"旁的民族称谓，一律改为"亻"旁。

除以上两种文献外，其他文献如明清两朝的实录、奏折谕旨类文献，以及《明史》《清史稿》《皇朝通典》等正史、政书、典章制度类文献也将是本文重要的资料来源。政府对边疆民族的治理方针，指导政策、具体措施等方面的资料集中在此类文献中。此类文献对于研究明清民族政策、国家边疆民族治理方面其重要性都是不可忽视的。

以上三方面文献互为表里，互为补充，相互印证，构成了一个研究明清云南民族认知演进与西南边疆国家治理的完整资料链条，成为本书研究的文献基础。

四　研究的理论和方法

谭其骧、方国瑜、费孝通等学者对于中国整体发展、多元一体的论述，是本研究的理论基础之一。本书从国家的视角，辨析明清时期国家政权对云南民族的认知及边疆治理之间的关系，实质是对统一多民族国家的构建进行探讨。只有把握住了中国发展的整体性、统一性，才能准确地看待边疆民族的多样性与差异性；才能从丰富多彩的边疆民族特点中，找到共通的政治经济文化特质，揭示其对统一多民族国家的认同；才能探讨国家政权在边疆民族治理中，在保持民族文化多样性的基础上，对边疆与内地实行一体统治的推动过程。

周振鹤先生的核心、过渡、边疆"政区圈层理论"，对本书进行国家政权民族认知与治理研究同样有指导意义。边疆民族发展的不平衡性，使得国家政权对民族的认知也呈现出不同层次的圈层。在这个圈层结构中，国家统治掌控的强度、所采取的治理政策措施等都有差异。运用圈层理论，分区域、分层次对国家民族认知、治理状况进行分析，更为清晰地呈现国家政权民族认知与治理的发展演变过程。

业师陆韧对明代云南的汉族移民做了深入的研究。明代汉族移民的进入完全改变了云南民族的构成、分布，对云南其他民族的发展有重大而深刻的影响，是本书在进行明代政府民族认知演进时必须考虑的重大事件与时代背景。而其近年对元明清时期西南边疆特殊政区的研究，其方法与成果是本论文研究的重要理论与方法指导。特殊政区是国家特殊政治体制，是在实现边疆与内地一体化统治范围内的差异化治理。这种差异性的治理，其根源在于边疆地区与民族发展的不平衡性。而对于这种民族不平衡性的认知过程，就是本书关注的焦点。可以说本书的研究，正是对其研究前因的回溯与探寻。

姚大力先生对带有家园的民族如何进入中华民族大家庭，成为中国的组成部分这一国家构建模式的探讨，与本研究主旨相契合。本书从民族情况的演变入手探讨官方对这种演变的认知，进而研究这种认知如何上升到民族治理政策、国家治理的层面，即对云南这个多民族世居地进行民族认知演变发展与国家边疆民族治理关系的研究，同样是对明清时期多民族国家在西南边疆如何构建的思考。姚大力先生对中国国家构建模式的研究是本研究的重要理论基础。

王明珂先生从民族边缘的角度对民族族群概念、构建过程的思考，拓展了历史研究的视角与理论，本研究将其运用到对国家边疆、对边疆人群的研究领域。明清时期云南作为中国的西南边疆，无论是地理构成还是人群划分，都有一个界定逐渐明晰的过程。本书通过对明清云南省志进行文本的解析，研究不同历史时期的国家政权如何对自己国家土地和人群的边缘进行认知，进而在相应的基础上对其进行划分、界定，从而实现国家的构建。其对文本与社会情境之关联的研究，也是本研究在对历史文献进行分析时重要的理论与方法。

本书通过对明清云南省志种人志文本的解析，探讨明清时期国家政权对云南民族认知演进过程和西南边疆治理。主要是以历史地理的理论与方法，通过对历史文本的解析，利用图表的方式，突出其中的时间、空间差异，借鉴运用民族史、历史人类学、文献学等多学科的理论方法来进行研究。

第一章　明代中前期对云南民族的认知

"中国是一个由多民族共同缔造的统一国家。中华民族大家庭中每一个成员在历史时期中在祖国土地上劳动、生息的范围及其所建立的政权的疆域和政区，都是中国历史上疆域政区不可分割的一部分"。① 中国国家构建和疆域形成并非一蹴而就，而是经历了漫长的历史进程，国家治理也并非前后如一，整体一致，而是呈现出内地与边疆、汉族地区与边疆少数民族地区的差别。其中最重要的特点是"中国现今的疆域是四千多年来以华夏族为主体的政权与周边各族的部落、部族和政权在长期融合的过程中逐渐形成的"。② 边疆与内地的政治、经济、文化等一体化进程，是明清以来国家治理的主线。国家对边疆的治理必定是建立在对边疆特殊地理环境、复杂地缘政治，特别是对边疆地区各个民族的认知基础之上。

方志编纂是明清时期区域社会的重要政治文化活动，作为西南边疆的云南，明清时期也同内地一样，开始了比较系统的方志编纂，成为国家全面认知边疆地区民族和地理环境差异的最重要手段。方志中记载的西南边疆山川地理、政区沿革、社会经济、民族构成等情况，不仅反映明清中央王朝对西南边疆的基本情况认知，更体现了在边疆认知基础上的边疆治理方略和进程。特别是自明代以来，云南所编纂的方志均创制了《种人志》《羁縻志》等特殊类目，专门记载明代统一云南以来，作为国家的一个省，在中原王朝的版图范围之内，在中央王朝体制之下，多民族构成的云南与内地汉族为主社会的差异情况，以及基于这种差异的边疆特殊治理模式。因此，对明代以来云南省志的整体考察，也就是在历史研究中通过文本研究的方式，研究明清两代国家政权对西南边疆的民族认知演化进程及基于不同民族认知阶段而导致的国家政权在西南边疆治理方面的变化。此研究既可为明代以来中央王朝对云南边疆民族认知情况分析提供新方法，也可以为研究边疆地区民族认知与国家治理之间关系提供新视角。

---

① 邹逸麟：《中国历史地理概述》，上海人民出版社，2005，第91页。
② 同上。

　　云南自古至今一直都是诸多民族共同的家园，不同的民族在此区域内形成、演变、迁徙、定居、会集、分化，民族情况极其复杂。任何历史时期的政府对云南进行统治，都必须考量民族的因素。而对民族地区进行治理的重要基础，便是对民族地区的民族有相当的了解与认知，如此才能制定适宜的民族政策，实行有效的统治。明代同样如此。

　　洪武十五年（1382），明军进入云南，终结了元梁王在云南的统治，到清康熙元年（1662）年，吴三桂处死永历皇帝，最终控制云南全省，明朝在云南统治共持续了 280 年。在此期间，云南的经济生产方式、政治制度、文化发展等与前代相比，都有了显著的不同。在云南社会历史发展进程中，明代是一个极其重要的时期，云南的民族构成、民族分布、民族状况发生了巨大的改变。而这些，都体现在作为地方百科全书的方志中。有明一代，云南曾编撰了九部省志，数十部府、州、县志，全面地反映了明代云南社会历史的发展状况，但是至今仅存留有 5 部省志、5 部府州志。5部省志即景泰年间王谷、陈文所修《云南图经志书》，正德年间周季凤所修《云南志》、万历年间李元阳所修《云南通志》及谢肇淛所修《滇略》、天启年间刘文征所修《滇志》。

第一节　景泰《云南图经志书》对云南民族认知的地域差别

　　现存明代云南最早的方志为景泰《云南图经志书》，修于景泰六年（1455）。全书共十卷，卷一至卷六以府、州、指挥使司等政区为单位，分别记载政区内的建置沿革、四至、风俗、形胜、土产、公廨、学校、寺观、古迹、名宦、人物等情况，卷七至卷十为艺文志。

　　景泰《云南图经志书》各府州县风俗中，记载了包括汉人风俗在内的各民族情况。对于汉人风俗的记载，以节庆、婚丧礼仪方面内容为主，而对于云南各地的民族，首先列举民族名号，然后简要介绍此民族最主要的特征，如"俗尚浮屠""信巫祀鬼""艺养畜马""刀耕火种""滨水楼居""巢处山林"等，内容详略不等。如临安府风俗中就提到蒲刺"居村落，形丑性悍，短衣跣足，首插雉尾，身佩甲兵，以采猎为业"。① 建水

---

　　①　刘景毛：《景泰云南图经志书校注》卷三《临安府·风俗》，云南人民出版社，2002，第156 页。

州："其居水滨者名岁衰蛮，非爨非僰，不务耕稼，惟好捕鱼，得即食之。"① 石屏州："近州而居者多汉、僰人。"② 宁州："其居于山林村落之间者，多夷罗之民。"③

在景泰《云南图经志书》中对于风俗方面的内容，修纂者进士王谷、云南右布政史陈文在凡例中曰：

> 风俗，《旧志》以诸夷之故实总叙于布政司之下，而于各府、州但书诸夷之名而已。今则各因其类之最盛于某府、某州者，提其风俗之要而分注其事实，以入于其下。若其类散处于别府、别州者，则惟附见于其风俗之分注，而不提其要也。④

《旧志》指洪武时期修纂的通志。从此段话中可以看出，洪武时期所修的云南通志，是以云南全省为单位，以总叙的方式来对诸多民族进行记载，而各府、州的民族情况就极为简略。表明在《旧志》修纂的洪武时期，对云南民族的了解是笼统的，只到了省这个级别。而对府、州的民族情况，并没有掌握具体情况，因此只能"但书诸夷之名而已"。景泰年间，这样的情况发生了很大的改变，能在凡例中直言"则各因其类之最盛于某府、某州者，提其风俗之要而分注其事实，以入于其下"，表明当时明政府对云南诸多民族的认知，已经从省的范围，深入到了府一级，并且对府下所辖的州一级政区的民族情况也有了一定的了解。因此，才能在方志修撰时判断出一民族主要的分布聚集地，也才能指出一民族"最盛于某府、某州"，并"提其风俗之要……入于其下"，地理感大为增强。

在景泰《云南图经志书》中，对云南府、澂江府、曲靖军民府、寻甸军民府、武定军民府、临安府、广西府、广南府、马龙他郎甸长官司、楚雄府、姚安军民府、顺宁府、永宁府、澜沧卫军民指挥使司、北胜州、大理府、蒙化府、鹤庆军民府、丽江军民府、金齿军民指挥使司、腾冲军民指挥使司21个府级政区及木邦军民宣慰使司、大候州2地的民族，不仅可以列举分布于其上的不同民族名号，还可以或简或繁地对一民族最为显

---

① 刘景毛：《景泰云南图经志书校注》卷三《临安府建水州·风俗》，云南人民出版社，2002，第164页。
② 同上书，第167页。
③ 同上书，第171页。
④ 刘景毛：《景泰云南图经志书校注》之《凡例》，云南人民出版社，2002，第1页。

著的特点进行描述。如《曲靖军民府·风俗》记载："郡中亦夷汉杂处，列屋于府、卫、州、县之近者，大抵多汉、僰。武人相竞以逐刀锥之利，而亲贤敬上、隆师取友、尽忠勤事之义，懵然不知留意。其曰罗罗者，则散居村落，或至城市买卖，往往为此辈所扰……罗罗，一名爨，而有黑、白之分。黑爨贵，白爨贱，讹为寸。男子椎髻被毡，摘去须髯，以白布裹头，或以黑毡缦竹笠戴之，名曰茨工帽。见官长、贵人，脱帽悬于背，以为礼之敬也。胫缠杂毡，经月不解。穿乌皮漆履，带刀背笼，一有忿戾，则拔刀相向，此又其性之悍也。"①

而对于元江军民府、镇沅府、景东府、者乐甸长官司4个府级政区和缅甸军民宣慰使司、孟养军民宣慰使司、车里军民宣慰使司、八百大甸军民宣慰使司、老挝军民宣慰使司、孟定府、孟艮府、干崖宣抚司、南甸宣抚司、陇川宣抚司、镇康州、湾甸州、威远州、芒市长官司、钮兀长官司15个地方，对其辖境内的民族情况只能以一句"境内皆××"来概括，钮兀长官司为"境内皆倮泥"，其他18个地方皆为"境内皆百夷"，并不能提供更详细的民族资料。如车里军民宣慰使司："其民皆百夷，性颇淳，额上刺一旗为号。作乐以手拍羊皮长鼓，而间以铜铙、铜鼓、拍板，其乡村饮宴则击大鼓，吹芦笙，舞牌为乐。"② 再如钮兀长官司："其民皆倮泥，类蒲蛮，男子绾髻于顶，白布裹头，妇人盘头露顶，以花布为套头衣，黑布桶裙，见人无拜礼。"③

为什么内容会存在如此明显的差异？对于志书修撰工作来说，根源就在于对不同地区民族情况所掌握资料程度的不同。景泰《云南图经志书》卷首有时任云南右布政使的陈文所作序文曰：

> 景泰五年秋七月八日，诏礼部重修天下地理志……时进士王谷诣云南宣昭圣意，于是文等忝与其事。祗严朝夕博访而遍观，穷搜而远探，正旧志之乖讹，公舆情之去取。④

---

① 刘景毛：《景泰云南图经志书校注》卷二《曲靖军民府·风俗》，云南人民出版社，2002，第120页。

② 刘景毛：《景泰云南图经志书校注》卷六《外夷衙门·车里宣慰使司》，云南人民出版社，2002，第346页。

③ 同上书，第349页。

④ （明）陈文：《重修云南志序》，刘景毛校注《景泰云南图经志书校注》，云南人民出版社，2002，第3页。

可见，景泰《云南图经志书》的修撰是典型的政府行为，是在景泰年间云南官方资料的基础上进行整理的结果。而有关民族的官方档案资料在同为多种民族聚集地的不同地区存在明显差异的原因，归根到底，是政府对这些地区民族认知程度存在差异。因为认知程度不同，对一地区的民族名号、分布、外貌服饰特点、生产生活方式、信仰礼仪特征等有关民族的方方面面了解程度有深浅广狭之别，导致资料的收集、累积存在差异，当对这些资料进行整理时，才会出现不吝笔墨与一笔带过这样的差别。因此，景泰《云南图经志书》各府州县风俗中对不同地区民族的差异性记载，正是当时政府对各地民族情况存在差异性认知的反映。

第二节　正德《云南志》对前志民族认知的继承

正德《云南志》修于正德五年（1510），有关民族的资料依然系于各地"风俗"目下。但与景泰《云南图经志书》具体到府下州县的风俗不同的是，正德《云南志》只在府下设"风俗"条目，因此正德《云南志》各地风俗中所涉及的民族内容，是以府为单位来记载的。

开篇有文字曰：

> 诸夷种类非一，曰僰人、曰爨人，即罗罗，有黑白二种、曰麼些、曰秃老、曰些门、曰蒲人、曰和泥蛮、曰百夷，又有小百夷、曰土僚、曰罗武、曰撒摩都、曰摩察、曰侬人、曰山后人、曰哀牢人、曰峨昌蛮、曰僰蛮、曰魁罗蛮、曰寻传蛮。大抵滇南之夷皆此数种。①

此处应是对云南全省民族名号的集中列举，反映了正德年间对云南民族认知的总体情况。

通过与景泰《云南图经志书》相关内容的比对，正德《云南志》各府风俗中对云南民族的记载分以下几种情况：第一为基本抄录景泰《云南图经志书》内容的地区，有云南府、大理府、蒙化府、景东府、镇沅府、永宁府、顺宁府、曲靖军民府、鹤庆军民府、元江军民府、新化州、者乐甸长官司、澜沧卫军民指挥使司、腾冲军民指挥使司、木邦军民宣慰使

---

① 正德《云南志》卷二《云南府·风俗》，云南省图书馆抄本，第13页。

司、孟养军民宣慰使司、缅甸军民宣慰使司、八百大甸军民宣慰使司、老
挝军民宣慰使司、孟定府、孟艮府、南甸宣抚司、干崖宣抚司、陇川宣抚
司、湾甸州、大候州、钮兀长官司 27 个地区。第二是在抄录基础上有变
化的地区，有临安府、楚雄府、澂江府、广南府、广西府、姚安军民府、
武定军民府、丽江军民府、北胜州、金齿军民指挥使司、车里军民宣慰使
司 11 地。临安府所增对本地区民族的一个总体性描述、丽江府对麽㱔的
记载中增加了居住风格的描述、楚雄府定边县罗罗增加了葬俗内容，以及
新增加的楚雄府碙嘉县伯夷蛮、澂江府麽㱔、白子、广南府沙人、广西府
白子等。第三是对民族情况记载变化显著的地区，有寻甸府、威远州、镇
康州、芒市司 4 地。景泰《云南图经志书》对这些地方的民族没有记载或
记载极为简单，而正德《云南志》中有了相对较为丰富的记载与描述。如
寻甸府的民族情况为："云南志民类有四。曰黑爨、曰白爨、曰㑆、曰色
目，皆束发于顶。戴黑毡笠，见尊者以笠挂背露顶为礼。多居山林，刀耕
火种，以畜牧为生……种类不一。土民有㑆、有白罗罗、黑罗罗、有回
回。㑆性多诈而专，尚佛事。罗罗多狠戾，而黑者尤甚，然皆以畜牧
为生。"①

　　中国地方志的修撰历来有承前志而新增益的传统，而在文献记载的传
承中出现的不同变化，其体现的是从景泰到正德年间云南省级政府对于民
族资料文献信息的搜集、积累程度的不同。而文献积累程度的不同，又是
国家政区对某地区、某民族了解认知程度的不同。承袭抄录景泰《云南图
经志书》内容的地区，可以说在正德年间，云南的政府机构在民族认知方
面与景泰年间相比并没有取得进展。景泰《云南图经志书》基础上或增加
或改动的地区，是政府在这些地方加强了对民族群体的了解与认知。变化
显著的寻甸、镇康、芒市、威远 4 地，位于滇东、西、西南，一方面表明
这是当时政府民族的工作重点区域所在，另一方面也说明政府在这一时期
对民族认知工作并没有重点区域和主攻方向。

　　总体来说，在正德时期，明政府对于云南的民族认知处于一个主要以
继承前人认知为主，相对稳定的，变化不明显的阶段。

　　除《地理志》中各府风俗之外，正德《云南志》卷三十六至四十一
为《外志·诸夷传》，主要是收录从汉至明初历代文献中涉及对云南民族

---

① 正德《云南志》卷十一《寻甸军民府·风俗》，云南省图书馆抄本，第 3 页。

的记载，如《史记·西南夷》《新唐书》中有关南诏、骠国、两爨的文字以及《百夷传》等。内容涉及不同民族首领的政治传袭，官职名号、贵族的生活状态，与中央政权的关系等各方面。虽然是对前人文献的整理，但也说明修纂者意识到了这样一个问题：民族上层的生活方式并不能代表整个民族群体，反映普通百姓的生活，对民族群体的政治人物的了解与对普通民族百姓的了解同样重要。因此正德《云南志》才会将两者分别放入《外志·诸夷传》与《地理志》各府风俗中。但《诸夷传》是《外志》中的一部分，而对民族普通百姓的记载夹杂在寺观、仙释等内容中，却又说明，作者对涉及民族群体资料的独立性和重要性还认识不足、累积不够。即便是这样不甚明晰的条目设置与资料分类，也是明代云南方志修纂的一个突破，是云南方志在有关民族资料上体例创新的萌芽，对后世方志发展产生了影响。

第三节 万历《云南通志·羁縻志》与《滇略·夷略》的创制

万历《云南通志》修于万历四年（1576）。万历《云南通志》同样是在《地理志·风俗》①中以府为地域单位收录了大量有关民族的资料。其内容基本是承袭前志，行文中所用字词有所不同，但大概文意不变。

除《地理志·风俗》中记载有关民族风俗的资料外，万历《云南通志》还设置了《羁縻志》来收录涉及云南民族群体的各方面资料，这是它与前志的不同之处。《羁縻志》下所设的条目有：夷司差发、贡象道路、分制吐蕃、僰夷风俗、爨蛮风俗、滇国始末、白国始末、南诏始末、诸史摘传。可见其内容涉及云南不同地域、不同民族群体的历史、风俗、政治、经济和明政府的民族政策等方面。

关于设置《羁縻志》的主旨，修纂者李元阳这样说：

> 汉唐西南郡县止于黑水之内，而黑水之外其地轮广万里，君长以百数，不相统摄。国朝编置宣慰、宣抚、长官、安抚等司，正其疆界，明其爵级，于今二百年来，酋长安其位，夷民保其生。俨然唐虞三代万国朝王之气象。海隅苍生何其幸欤。元儒李京景山传夷方风俗

① 万历《云南通志》卷一《地理志·风俗》，杨世钰、赵寅松主编《大理丛书·方志篇》卷一，民族出版社，2007，第234~235页。

之陋，以今观之，绝不相类，乃知秉彝恒性，无间华夷，顾王化远迩何如也。故作羁縻志而以其风俗之大概系之，以见国家四履之盛云。①

李元阳认为，与元代李京作《云南志略》的时候相比，云南各个民族的情况发生了很大的变化，"以今观之，绝不相类"。因此需要设立专志来进行记载。万历《云南通志》将事涉民族群体的文字集中起来，一是反映随着历史发展，有关民族的资料积累到了一定的数量，已经可以单独成卷。二是说明，对于以李元阳为代表的纂修者来说，云南的各个民族的情况，不再是可混杂于其他事项的小情况，而是需要认真对待的，是与地理、赋役、兵食、学校等一样于国家治理、于地方发展有重大关系的重要事项。正如在民国重印万历《云南通志》时龙云所作序言曰：

> 窃谓通志之法，宜就其省之重要事故以为之纲，其诸节目可概从简略……中溪先生生明中叶，目击数十年前三征麓川之祸，知国家不恤远夷，适足以驱其外乡，而失我内援，故作羁縻志以诏来兹。此吾所谓就其省之重要以为之纲者。②

在《羁縻志》中，李元阳又下设《㸒夷风俗》与《爨蛮风俗》两个条目，专门对㸒夷、爨蛮两个大的民族群体进行记载。但经笔者比对，《㸒夷风俗》主要是抄录明洪武年间李思聪、钱古训所作的《百夷传》，而《爨蛮风俗》则是抄录元李京《云南志略》的内容。③ 可见，虽然设置了专门的条目来收录民族风俗方面的文字，具体内容却仍然是对前人已有记载的汇集整理，在资料上比之前人没有多大的进步。即便如此，万历《云南通志》将两大民族群体风俗的文字从《地理志·风俗》中提出来，设专目以记载，在方志纂修体例上无疑是创新之举。

在《㸒夷风俗》与《爨蛮风俗》文末，李元阳用"附论"的形式对云南民族的总体状况作了归纳，他认为，"西南诸夷、种类至多，不可名纪，然大概有二种：在黑水之外者曰㸒，在黑水之内者曰爨。㸒有百余

---

① 万历《云南通志》卷十六《羁縻志》，杨世钰、赵寅松主编《大理丛书·方志篇》卷一，民族出版社，2007，第570页。

② 龙云：《重印李纂云南通志序》，杨世钰、赵寅松主编《大理丛书·方志篇》卷一，民族出版社，2007，第191页。

③ 万历《云南通志》卷十六《羁縻志》，杨世钰、赵寅松主编《大理丛书·方志篇》卷一，民族出版社，2007，第571~573页。

种，爨亦七十余种"。① 可见万历《云南通志》将云南的民族归为僰、爨两大类。其后李元阳还对两个民族的各方面情况进行了对比，包括民族性格——僰柔怯，爨强悍；居住环境——僰耐热好居卑，爨耐燥好居高；生计方式——僰纺绩稼穑，爨牧畜射猎；地理分布——僰自为地，爨与郡县杂处；社会组织——僰有酋长，路不拾遗，爨虽有头目，奸盗不止。② 李元阳对云南民族的分类和论断虽有其武断之处，但他对不同民族群体进行比较研究的思路，对后世产生了很大影响。

除此以外，万历《云南通志》在记载有关民族的情况时出现了一个新问题，需要特别加以论述。即李元阳在纂修万历《云南通志》时，用"僰夷"来取代"百夷"，"僰"这个民族名号的所指民族群体在文本发生了迁移，导致此后文献中两个民族称谓所指和承袭前志内容混乱的情况。

"僰"作为民族群体称谓用词出现很早，最早见于《吕氏春秋·恃君览》，其文曰："氐羌呼唐，离水之西，僰人野人，篇笮之川。"③《史记·西南夷列传》曰："巴蜀民或窃出商贾，取其笮马、僰僮、髦牛。"④《货殖列传》中也曰："巴蜀……南御滇僰，僰僮。西近邛笮，笮马、旄牛。"⑤ 其后《汉书》《华阳国志》《水经注》《太平寰宇记》等古籍均有对"僰"的记载，对其所指民族学者有不同的观点。⑥ 但到元明时期，一般以"僰""僰人"指称今天白族的先民，而"百夷"是元明时期对傣族先民的称呼。"僰""百"分指地域与文化迥异的两个民族群体，"僰"为白族先民称谓，而"百夷"指称傣族先民是清晰无误的。在万历《云南通志》之前的文献流传中，因两字音相近也有混淆的情况，明洪武年间李思聪、钱古训所作《百夷传》中就曾曰："今百字或作伯、僰，皆非也。"⑦ 到万历《云南通志》时，李元阳认为："僰百声相近，盖音讹也。

---

① 万历《云南通志》卷十六《羁縻志》，杨世钰、赵寅松主编《大理丛书·方志篇》卷一，民族出版社，2007，第 573 页。
② 同上。
③ 《吕氏春秋》卷二十《恃君览》，《景印文渊阁四库全书》，台湾商务印书馆，1986，第 848 册第 449 页。
④ 《史记》卷一百一十六《西南夷列传》，中华书局，1982，第 2993 页。
⑤ 《史记》卷一百二十九《货殖列传》，中华书局，1982，第 3261 页。
⑥ 张增祺：《僰说》，《云南社会科学》1981 年第 4 期；刘小兵：《滇僰刍议》，《思想战线》1984 年第 4 期。
⑦ 刘景毛：《景泰云南图经志书校注》卷十《艺文志》，云南人民出版社，2002，第 537 页。

性耐暑热，所居多在卑湿生棘之地，故造字从棘从人。"① 完全用"僰夷"来指称原来的"百夷"，也就是傣族先民，而用"郡人""白人"来指称原来的"僰人"即白族的先民。后人修志以讹传讹，历史文献中对"僰人""僰夷""百夷""白人"这几个民族称谓的使用及相关记载资料承袭出现混乱。

李元阳史学、文学造诣不凡，为何在其所修方志中会与前志出现这样明显的抵牾，其原因值得探讨。李元阳，大理太和（今大理市）人，生于弘治十年（1497），卒于万历八年（1580）。嘉靖五年（1526）中举后选翰林院庶吉士，后历任江苏江阴（今江苏江阴市）知县、户部主事、监察御史、荆州（今湖北荆州市）知府，政声显著。嘉靖二十年（1541）因父丧弃官回乡，隐居乡间，与杨慎、张含、李贽等交游唱和。有《心性图说》《中溪漫稿》《艳雪台诗》等著作，除万历《云南通志》外，还修有嘉靖《大理府志》。其在哲学、文学、史学、书法艺术等方面都有不凡成就，对云南文化发展有重要影响。李元阳籍贯所在的大理府太和地区，是白族先民的世居家园，在元明时期，其经济文化水平发展程度较高，受汉文化影响较深，如正德《云南志》中对此地"汉僰同风""郡中汉僰人，少工商而多士类"② 等记载可见一斑。李元阳学识可与中原名士比肩，"不愿意使自己的民族与同区域内其他少数民族一起被视为'夷人'。因而……用'僰夷'去记录当时被称为'百夷'的傣族，而把'僰人'（白族）则写作'郡人'……使自己的民族不被列入'夷人'之列"。③ 因此，在修纂方志时，刻意使原有民族称谓"僰"的指称对象发生了变化。

王明珂在《羌在汉藏之间——川西羌族的历史人类学研究》中，对川西岷江支流黑水河的诸多山沟中羌族村寨居民对自我和邻寨的认同进行了探讨。在一条沟的诸多村寨中，一般将本寨的人称为"尔昧"（有自称之意），将上游村寨的人称为"赤别"或"识别"（有蛮子之意），而将下游村寨的人称为"而"（汉人之意），因此每一个村寨都有三种身份，在下游看来是"赤别"，在上游看来是"而"，而自己认为是"尔昧"。"人们以蛮子来污称同村其他家族或邻近村落人群，嘲弄他们的蛮子习俗，并在

---

① 万历《云南通志》卷十六《羁縻志》，杨世钰、赵寅松主编《大理丛书·方志篇》卷一，民族出版社，2007，第571页。
② 正德《云南志》卷三《大理府·风俗》，云南省图书抄本，第8页。
③ 尤中：《云南民族史》，《尤中文集》第1卷，云南大学出版社，2009，第276页。

日常生活上实践并夸耀自身的汉文化习俗"。① 王明珂将这种现象形象地称为"一截骂一截"。在万历《云南通志》中，汉人眼中的"僰人"，李元阳称为"郡人""白人"，而李元阳又将受汉文化影响没有白族明显的傣族先民称为"僰夷"。这种民族称谓所指对象在云南通志文本中的迁移，与王明珂书中"一截骂一截"的现象有异曲同工之妙。王明珂用"一截骂一截"这样的地理空间证据来论证其"华夏边缘"理论，而万历《云南通志》中从"僰人"到"僰夷"指称对象的变化，则是此论点在历史上及不同民族群体范畴上的印证。

万历时期，还出现了一部描述云南全省情况的文献《滇略》，其纂辑者为谢肇淛。《滇略》内容分为十门：

> 一曰版略，志疆域也；二曰胜略，志山川也；三曰产略，志物产也；四曰俗略，志民风也；五曰绩略，志名宦也；六曰献略，志乡贤也；七曰事略，志故实也；八曰文略，志艺文也；九曰夷略，志苗种也；十曰杂略，志琐闻也。②

在《俗略》中，主要记载的是云南各地的节序、宴饮、交易、宗教信仰、婚丧、方言等各方面的习俗，其间只有只言片语论及民族的情况，而且俱用"夷"来指代，并未指明具体的民族，也没有对民族具体情况的描写。如"寻甸、武定、景东、沅江、蒙化、顺宁诸郡，皆夷汉杂处。然夷虽悍而朴直不欺，其黠而作伪者皆汉人也。丽江、广南、广西、永宁，纯乎夷矣，而亦向慕华风，敬礼儒释，至于怒相仇杀，不可以教化怀服，则所习之性固然也。详具夷略"。③

《滇略》对云南民族的记载被置于《夷略》中。《滇略·夷略》主要由两部分组成，第一部分是对从周末庄蹻王滇到明代云南土司设置历史与情形的回顾。第二部分则是对云南诸多分布于不同地域的民族情况的记载。如"小伯夷，熟夷也。永昌西南环境皆是。男妇服饰稍近中华，亦通汉语。居村寨，性驯谨，耕食织衣，种类不甚繁。无长幼礼，其人体貌颇清秀，而语言缺舌……大伯夷在陇川以西，男子翦发文身，妇人跣足染

---

① 王明珂：《羌在汉藏之间——川西羌族的历史人类学研究》，中华书局，2008，第75页。
② （明）谢肇淛：《滇略·提要》，《景印文渊阁四库全书》，台湾商务印书馆，1986，第494册第97页。
③ 同上书，第142页。

齿，以色布裹其首。饮食简而颇精，居喜近水，男女皆祖浴于河，妇人惟紧护两乳，谓乳非父母所生，乃天地所赐，不宜人见也。男逸女劳，纺绩负担不辍。其人强壮者寡，柔弱者多"。① 在此，对民族普通情况的叙述，开始按照民族逐个记载。其内容包括民族称谓、分布地区、外貌服饰、语言饮食等方面。从《滇略》开始，云南方志的修纂者开始将对民族群体各方面情况进行描述的文字与汉族地区节庆、婚丧等风俗习惯的文字区别开来，两者不再混为一谈，而是被放入不同的条目下。对这两种内容进行区分，萌芽于正德《云南志》，实际发端于万历《云南通志》，但万历志不够彻底，即在《地理志·风俗》中收录民族的资料，又在《羁縻志》中设《僰夷风俗》与《爨蛮风俗》来对民族情况进行描述，有混淆重复之感。而《滇略》则明白区分两者，《俗略》记载节庆、饮食、婚丧等不分民族的某一地区普遍有的风俗习惯，而每个民族各不相同的、独具特色的习俗，则放在了《夷略》中。将对民族情况的记载从风俗中剥离开来，使之成为自成一系的资料。这种地方风俗与民族风俗内容的分离，表明此一时期，对民族的认知已经逐渐从对地方笼统的认知中脱离开来，并已经丰富到了一定程度，能够成为一个单独的资料体系而呈现在方志之中。

在《滇略·夷略》中还有部分对民族情况的记载明显不符合事实，如"蒙山老爨不死，久则生尾，不食人食，不认子女，好山恶家，健走如兽，土人谓之秋狐……夷人中有号为仆食者，不论男女，年至老辄夜变异形，若犬，或彘或驴，于人坟前拜之，其尸即出，为彼所食"。② 此类志怪文字与《夷略》中其他对民族情况写实的描写形成了鲜明的对比。这种不实的记载，是对某一已经知道其存在但并没有实际接触过的民族一种变形的认识，处于民族认知的最初阶段。在此阶段，以谢肇淛为代表的明人官员和知识分子，没有对其进行过实际的采访调查，也就没有掌握其真实的情况，只能以这种道听途说的资料来对其进行记载。虽然荒诞不经，但这种错误的认知也是一种对民族的认知，也是民族认知演变发展最初过程的反映。

景泰《云南图经志书》、正德《云南志》、万历《云南通志》及《滇略》，以及明后期的天启《滇志》，"分别反映了明早期、中期、中晚期和

---

① （明）谢肇淛：《滇略·提要》，《景印文渊阁四库全书》，台湾商务印书馆，1986，第494 册第 225 页。

② 同上书，第 229 页。

晚期云南社会历史的发展概况，可供我们进行纵向比较研究"。[1] 其文本中有关民族情况的内容，是对明代不同阶段云南民族情况的连续记载，是明王朝云南民族认知发展演进情况的真实反映。其相同之处，反映了明代对云南民族认知的承袭。而万历《云南通志》及《滇略》在对民族记载内容和格式上表现出来的不同，则反映了认知的推进和发展，为其后天启《滇志》在此部分内容实现体例的创新、实质性的突破打下了基础。

---

① 陆韧：《变迁与交融——明代云南汉族移民研究》，云南教育出版社，2001，第6页。

第二章 明代后期云南民族认知的总结之作——天启《滇志》

在明代，大量汉族移民进入云南，汉族人口逐渐超过了其他民族，民族构成的变化，对云南政治、经济、文化等都产生了巨大而深远的影响。[①]在承平发展的大背景下，洪武、正统、万历年间数次兴兵平云南麓川之乱。崇祯四年（1631）爆发的沙普之乱，时间长，波及范围广，严重破坏了云南的社会秩序。天启上承万历，下启崇祯，前者是明代鼎盛之时，而后者则是其灭亡之期。而在云南，集明代云南方志之大成的天启《滇志》，是明代由盛转衰之前、正常的社会发展节奏还未被打破时的云南社会历史的真实反映，保存了大量明末云南社会发展的资料，"以纂录资料言之，此为明代志书最善之本也"。[②] 天启《滇志》是明代云南最后一部省志，无论是资料丰富程度还是学术价值都是明代云南方志之最。其在明代云南省志中篇幅最大，类列最全，基本上全面汲取、采纳、汇总了明代云南省志的编纂特点和基本资料，综合而全面地反映了天启时期明政府对云南各民族的认知情况，以及基于这种民族认知水平而对云南实施的国家治理。通过对天启《滇志》不同部分相关内容的文本解析，可以揭示明代国家政权在边疆的民族认知推进演变所达到的最终状态，基于相应的民族认知，明政府采取的差异化治理政策，以及这种差异化治理所取得的效果，最终实现国家政权对边疆土地与人民的国家治理，进而全面探讨明代对西南边疆云南的民族认知和治理过程。

天启《滇志》作者刘文征，字懋学，号右吾。云南右卫（今云南昆明市）人。生于嘉靖三十四年（1555），卒于天启六年（1626）。其家原籍陕西，洪武初随平定云南的明军来到云南，落籍于此。其父为嘉靖举人，历官四川新繁、阆中等地。刘文征为万历癸未科（1583）进士，历任四川新都县令、刑部郎中、广西梧州及浙江绍兴知府、四川按察使、陕西

---

① 陆韧：《变迁与交融——明代云南汉族移民研究》，云南教育出版社，2001。

② 方国瑜：《云南史料目录概说》，中华书局，2013，第435页。

右布政使等职，晚年以太仆卿之衔致仕。万历四十五年（1617），刘文征辞官回家，开始着手撰写《滇志》，《滇志》所收资料时间讫至刘文征去世的天启六年（1626），可知是书完成于天启六年间。①

刘文征出身仕宦之家，学有渊源，加上他从县令到一省布政使三十多年的仕途历练，其丰富的学识与阅历，为撰写《滇志》打下了坚实的基础。其修纂《滇志》，在参考前志的基础上增益资料的同时，有自己的观点见地。他在凡例中曰：

> 旧《志》十七卷，叶榆李仁甫氏编……新《志草》二十二卷，昀町包汝钝氏编……今一以其所著为主裁，伪者正，舛者易，非其本者锄而去，印证取之旧《志》及郡县志，要以成一家之言而已矣。②

由此可见，刘文征修纂天启《滇志》，主要以李元阳修万历《云南通志》、包见捷《滇志草》以及各地郡县志为参考，相互印证，考其真伪，辨其舛错，补充典籍档案资料"尽出铃阁之藏，检之填委之籍"③，终"成一家之言"，完成天启《滇志》的修纂。

天启《滇志》共十四类三十三卷，依次为：《地理志》三卷，下分子目地图、星野图、沿革、总部沿革、沿革郡县名、疆域、形势、山川、风俗、物产、堤闸、桥梁、宫室、古迹、冢墓；《旅途志》一卷，分子目陆路、水路；《建设志》一卷，分子目秩官附公署、城池附仓堡关哨亭铺养济、云南布政司、各府；《赋役志》一卷，分子目户口、田赋、民役、课程、差发；《兵食志》一卷，分子目官数、军实、屯征；《学校志》二卷，分子目庙学、科目、举人、进士；《官师志》四卷，分子目宦贤、题名、流寓；《人物志》二卷，分子目乡贤、孝义、列女；《祠祀志》一卷，分子目祀典、群祀；《方外志》一卷，分子目寺观、仙释；《艺文志》十二卷，分遗文、御制类、赋类、颂类、赞类、记类、疏类、序类、表类、书类、露布类、铭类、文类、论类、说类、议类、辨类、对类、考类、跋类、诗类；《羁縻志》一卷，分子目土司官氏、属夷附贡道、种人、缅甸始末、外传；《杂志》一卷，分灾祥、灵异；《搜遗》二卷，为对前面诸

---

① 天启《滇志》之《前言》，古永继校点，云南教育出版社，1991，《前言》第1页。
② 天启《滇志》之《凡例》，古永继校点，云南教育出版社，1991，《凡例》第1页。
③ 同上。

内容的补充。

从天启《滇志》编纂类目和具体内容看,与明代内地各省区的方志相比有鲜明的特点:出现了内地省区所无的一些类目,如《羁縻志》及其下设子目"土司官氏",特别用于记载云南边疆民族地区土司制度;"属夷附贡道""缅甸始末"记地处与东南亚各国地域相连的云南的特殊地缘政治关系和西南边疆特殊管控方式;明政府对云南民族的认知则汇编成"种人"。天启《滇志》中有关明代云南民族各方面情况的内容,正是明代国家对云南民族认知的总结之作,是其治理边疆民族思想与举措的集中体现。

第一节　天启《滇志》对云南民族认知的分化

天启《滇志》对于民族的记载,既有与中原内地方志一致的地方,也有其自身的特点,对其编纂特点、特殊类目和具体内容进行深化研究,可全面了解明政府对云南各民族及其社会发展的认知情况。

一　《地理志·风俗》的分区域民族认知

天启《滇志》的不同部分内容对当时云南的民族情况有详略不等的记载。其在开篇的《地图总论》中便有如下的论述:

> 官军从大将军南下,及五方之人,或以戍,或以徙,或以侨寓不归,是曰汉人;并生夷地,是曰夷人。夷有二种,居黑水之里曰爨,居黑水之表曰僰。爨属郡县,僰属羁縻。总计夷汉,汉人三之,夷人七之。又分计两夷,僰人三之,爨人七之。①

从这段资料可以看出,刘文征对云南的汉族与其他民族做了区别,他认为云南的汉族来源有:戍、徙、侨寓不归。戍指因军事行动或命令而迁入云南的移民,徙指因为获罪而被贬谪充军来到云南的移民,侨寓不归指因为屯垦、商业活动、任职求学等原因而自发自愿落籍云南的移民。而除汉人之外的其他土著民族被统称为"夷人"。刘文征延续了万历《云南通志》的做法,将夷人总分为爨、僰两大类。《地图总论》以黑水(今澜沧

---

① 天启《滇志》卷一《地理志·地图总论》,古永继校点,云南教育出版社,1991,第25页。

江）为界划分了其分布区域，指出，澜沧江以内以爨为主，以郡县体制进行统治，而澜沧江之外为僰人区域，则以羁縻制之。并大略说明了汉夷人口比例约为 3∶7，而爨僰的人口构成约为 7∶3。比之万历《云南通志》，天启《滇志》在汉夷划分、爨僰划分基础上，又进一步提出了大约的民族人口比例，可见其在民族认知方面取得的进步。

在《地理志·风俗》开篇，刘文征曰："夫本土之人，汉与夷耳……凡世传《皇舆考》诸书所言，陋恶不典者，皆夷也。今夷且渐化，况于非夷耶？"[1] 正文主要为记载云南等府年节、婚丧、庐舍、市肆之俗。可见此卷所记正是刘文征所说的本土汉人以及已经"渐化"的夷人的风俗。而如果某府州级政区辖境内民族有与之不同的，较为有特点的风俗，则对其做一笼统的描述。如寻甸府"诸夷杂处，习尚顽梗，白人与居，颇知向善"。景东府"民多百夷，性本驯朴"。元江府"境内皆百夷，性懦气柔，惟酋长所使"。丽江府"境内夷么些、古宗，或负险立寨，相仇杀以为常"。广南府"侬人沙人，男女同事犁锄，构楼为居。男服青衣曳地，贱者掩胫。妇绾髻跣足。好巫不好医。恃险剽掠，时相仇杀"。顺宁府"九种杂居。相见屈膝不拜，信鬼，以鸡骨占。设流之后，渐化汉俗"。永宁府"郡中多么些蛮，朴勇而勇厉。山居板屋。俗皆披重毡，盛暑不去。郡辖四长官司，皆西番，性最悍，随俗迁徙。又有野西番者，倏去倏来，更不可制"。镇沅府"郡多僰夷，信巫鬼，轻医药。妇勤耕蚕无少暇，产子浴于江"。北胜州"境内夷类，挟弓弩，以采猎为生。薡蕫俗尚气力，勇厉善战，不离金革。三日为市，咸集城中。重酋长，轻性命，是以不及于乱"。[2]

以上记载，经笔者比对，俱节抄于万历《云南通志》。至此，天启《滇志》与景泰《云南图经志书》、万历《云南通志》等前志相比，在民族情况记载、民族认知方面似乎并没有大的不同，都是在《风俗》中对某一地区的民族特点做概述，且以承袭前人的记载为主。但是，随着时代的发展，资料不断累积，志书修纂者对民族群体了解日渐增多，认知逐渐深入，这种记载方式已经不能满足需要。旧志书的条目设置和内容安排越来越不能反映已经掌握的，更具体准确的民族群体情况。如上文所提顺宁府"九种杂居"，是哪九种民族群体，其名号等详细的情况并不清楚。因此，

---

[1]　天启《滇志》卷三《地理志·风俗》，古永继校点，云南教育出版社，1991，第 108 页。

[2]　同上书，第 111～112 页。

刘文征在前人基础之上，又创设了种人志，专门收录有关云南民族方面的资料。

二　《羁縻志》的分类民族认知

在《种人》开篇，刘文征有一短文，来说明自己作《滇志·种人》的缘起与目的：

> 史称西南夷数十种，不著其名号。《唐书》南诏及两爨蛮传，所载颇详。李氏旧《志》取而附益之，作爨、僰《风俗》，谓二种尽滇南夷类。然夷繁有徒，骡栝未尽，又古今变殊，有名实剌谬，未免牵合附会者。包氏《志草》一举而芟除之。岂谓语侏离而习狂獠，皆陋劣不典，无足置笔？是象胥可无设，而图王会者强解事也。夫姜戎、陆浑、赤白狄争抗衡于春秋，氐羌、索头、鲜卑互倾轧于晋代。盖族类别，则狡朴不同量，风气殊，则悍靡不同质。不曙其情态，而施调伏制驭之宜，几不蒙蒙乎？兹旁索故府，有直指黄公所采《民风图》，纪滇中诸夷甚详，又杂取献老所称述，就旧《志》区分而详核之，使野鹿标枝，面目不失，鸟喙兽攫，本情悉穷。揽斯编也，其于柔服百蛮，或不为骈拇枝指乎。[①]

刘文征首先回顾了历代史籍中对云南民族的记载，从《史记·西南夷列传》中所记载的西南夷，流变为唐朝时的南诏及两爨。《唐书》作南诏及两爨蛮传，刘文征对其评价为"所载颇详"。而历史发展至明代，万历年间李元阳修万历《云南通志》，以《僰夷风俗》与《爨蛮风俗》两篇长文的方式对云南各民族的情况进行了概述。但刘文征指出，李的《僰夷风俗》与《爨蛮风俗》已经不能囊括当时云南的民族情况，且存在记载牵合附会的情况，对其评价不高。而包见捷纂修的《滇志草》对于云南民族情况"一举而芟除之"，刘文征对此是不赞同的。他指出，云南存在不同的民族，不同民族间存在差异也是客观存在的事实，虽然"族类别，则狡朴不同量，风气殊，则悍靡不同质"，在言语、习俗、民族性格上各有不同，也应该对其加以如实记载；否则国家处理民族事务便没有了资料依据，民族政策的制定与实行，就变得盲目而无效，也就是"不曙其情态，

---

① 　天启《滇志》卷三十《羁縻志·种人》，古永继校点，云南教育出版社，1991，第994页。

而施调伏制驭之宜，几不蒙蒙乎？"因此，《种人》子目关注的重点是民族的"情态"，也就是民族百姓日常的普遍的生产生活情况。这与以土司为记载对象的《土司官氏》关注土司承袭叛服有本质的区别、明显的不同。在刘文征眼中，云南的志书修纂，对于民族百姓的记载不仅是必备内容，而且还必须随历史发展而不断改进、补充、丰富。因此，他综合前人已有的资料，并加以实际调查，作《羁縻志·种人》，开创一个新的方志子目，最大限度还原云南诸多民族的真实情况。

天启《滇志·羁縻志》中的另外一个子目《土司官氏》是与《种人》并列的子目，以记载云南各土司名号、归附朝廷经过、历年来叛服、历代承袭情况等。如天启《滇志》记载云南府的土官有：昆明县赤水鹏巡检司土官阿喇马丹、清水江巡检司土官李保、罗次县土官杨大用、炼象关巡检司土官李者、安宁州土官董通、禄丰县南平关巡检司土官李矣、宜良县汤池巡检司土官马奴。具体记载如安宁州土官："安宁州土官董通，洪武中率众从傅颍国为向导，供资粮。后元遗孽作乱，通保境拒之，乃录其子董节奉训大夫，安宁州土知州。设流以来，政归有司，每征调，则倩乡氓冲行伍焉。今沿至应袭董九成。"① 《土司官氏》内容所覆盖的地域有云南府、大理府、临安府、永昌府、楚雄府、曲靖府、澂江府、蒙化府、鹤庆府、姚安府、广西府、寻甸府、武定府、景东府、元江府、丽江府、广南府、顺宁府、永宁府、镇沅府、北胜州、者乐甸长官司。

《种人》与《土司官氏》所论的地理空间可以说是完全重合的。虽然两者都是针对同一地域空间内的民族情况进行记载，但所记的对象和文本格式截然不同。《土司官氏》记载土司，也就是民族上层的情况，《种人》记载普通的民族百姓更为普遍的情况。

明代以前史书记载云南的民族往往只有其首领的情况，如《史记·西南夷列传》《华阳国志》《新唐书·南诏两爨蛮传》等。天启《滇志·羁縻志·土司官氏》正是这种传统的延续。《史记·司马相如列传·难蜀父老檄》："盖闻天子之于夷狄也，其义羁縻勿绝而已。"② 而羁縻之意："羁，马络头也；縻，牛韁也。"③ 也就是说，只要了解、控制住民族上

---

① 天启《滇志》卷三十《羁縻志·土司官氏》，古永继校点，云南教育出版社，1991，第973页。
② 《史记》卷一百一十七《司马相如列传》，中华书局，1982，第3049页。
③ 同上书，第3050页。

层，便如有了马笼头、牛鼻绳，便可以联络、维系一个民族群体。刘文征在《土司官氏》正文前说："施羁縻于夷狄，非络首穿鼻之术。盖授之爵赏，被之章服，俾自为治，而用夏之与焉。"① 明廷对于土司有系统的管理制度。明廷会颁给土司诰印，为其获得朝廷任命的文件；赐给冠服，以定其品级职衔；颁赐印章，作为其代表朝廷进行管理的象征。对于土司的承袭、奖惩也有相关的规定。对于云南不同地方的土司，朝廷对其的管理是不同的。对此《滇略》有论曰："高皇帝既定滇中……仍以土官世守之。其在内地者，与流官杂处，专主盗贼，不时生发，抚驭诸夷。在夷地者，赋役讼狱悉以委之，量编差发，羁縻而已，虽有流官，但寄空名，随牒听委，不得有为于其国。"② 云南府等 20 府及北胜州、者乐甸长官司这些地方，有府州县等行政区划设置，由朝廷派遣的各级官员进行治理。但在其范围内，仍设有诸多土司。这些土司，正是《滇略》中所说的在内地的土官。这一类土官与流官杂处，仅负责地方治安、缴纳钱粮，并不对地方有主导权。而在夷地的土官，掌有赋役、司法、量编差发等地方实权，两者有明显的差别。

天启《滇志·羁縻志》以《土司官氏》和《种人》来划分云南等府的民族上层和普通百姓，表明以刘文征为代表的明政府官员已经突破了土司这一层，认识到在云南府等 20 府及北胜州、者乐甸长官司地域范围内，仅仅对民族上层小群体有认知以及在此认知基础上采取的"络首穿鼻"式的民族治理，已经不能满足国家边疆治理的需要。在这些地区，对民族群体上层政治人物的了解与对普通民族百姓生活状态的了解同样重要，对两者的关注侧重点不同是因为不同治理需要，所以两者有本质的区别。对土司主要记载其归附、叛服、承袭方面的情况，而对一般的民族百姓则注重对其生产生活方式、婚丧节庆风俗、民族性格特点、民族聚集分布等方面信息的收集与整理，因此在方志中分别设立子目对其进行记载。

通过《土司官氏》与《种人》的比对可以看出，在明代天启年间，政府已经清晰地认识到，对分布于云南府等地的民族进行治理，不单需要了解土司，对普通民族百姓也要有更全面、更深入的了解认知。在这种民

---

① 天启《滇志》卷三十《羁縻志第·土司官氏》，古永继校点，云南教育出版社，1991，第 973 页。

② （明）谢肇淛：《滇略·夷略》，《景印文渊阁四库全书》，台湾商务印书馆，1986，第 494 册第 221～222 页。

族认知推进的基础之上，对民族的治理不再仅仅局限于通过土司起到联络、维系的功效，而是在对土司有系统的、成规制的治理方法同时，对普通的民族百姓也要施行更为深入、更加有效的统治。因此，有了专记土司的《土司官氏》还不够，还需要有记载普通民族百姓的文字和内容，这正是天启《滇志·羁縻志》又设立了"种人"子目的深意，也是对天启年间，云南民族情况发生变化，国家民族治理随之而变的社会情形演变的文本观照。

第二节　天启《滇志·羁縻志·种人》研究

天启《滇志·羁縻志·种人》所记民族有 34 种，具体名目为：（1）爨蛮，爨蛮的分支有①白㑩㑩，②黑㑩㑩，③撒弥㑩㑩，④撒完㑩㑩，⑤阿者㑩㑩，⑥鲁屋㑩㑩，⑦干㑩㑩，⑧妙㑩㑩，⑨罗婺，⑩摩察；（2）僰夷；（3）白人；（4）普特；（5）窝泥；（6）㭒鸡；（7）僕喇；（8）磨些；（9）力些；（10）西番；（11）古宗；（12）怒人；（13）扯苏；（14）土人；（15）土僚；（16）蒲人；（17）侬人；（18）沙人；（19）羯些子；（20）峨昌；（21）缥人；（22）哈喇；（23）缅人；（24）结些；（25）遮些；（26）地羊鬼；（27）野人；（28）喇记；（29）孔答；（30）喇吾；（31）比苴；（32）果葱；（33）喇鲁；（34）阿成。

一　对爨蛮与僰夷认知的推进

爨蛮作为云南历史上长期存在的一个大的民族集团，景泰《云南图经志书》、正德《云南志》、万历《云南通志》、《滇略》均对其有记载。景泰《云南图经志书》中有关爨蛮的记载分散在各地区的风俗中，如曲靖军民府"罗罗，一名爨，有黑白之分"。[①] 武定禄劝州"州多罗罗，即黑寸，亦名罗娄，又名撒圆"。[②] 可见在景泰时期，志书修纂者已经认识到爨蛮这个民族有不同的分支，民族称谓不一，风俗也不一。但因其是采用"以地区人"的资料编排方法，因此爨蛮的资料也是分散的，凌乱的。正德《云南志》以承袭前志为主，在爨蛮资料上没有大的突破，只是增加了对

---

① 刘景毛：《景泰云南图经志书校注》卷二《曲靖军民府·风俗》，云南人民出版社，2002，第 120 页。

② 刘景毛：《景泰云南图经志书校注》卷二《武定军民府·禄劝州·风俗》，云南人民出版社，2002，第 150 页。

于寻甸府黑、白爨的记载。到了万历时期，万历《云南通志》的各地《风俗》中，同样用"俍俍""黑白爨""摩察"等不同的称谓来称呼爨蛮的不同分支，而其后的《羁縻志·爨蛮风俗》其本意应该是想将有关爨蛮的资料集中，但其内容为抄录元李京《云南志略》内容，且将《云南志略》中记载的不相关的"麼些""斡泥蛮""野蛮"也列为爨蛮的分支，正是刘文征对其"牵合附会"评价的体现。同为万历时期文献的《滇略》，其《爨夷风俗》在万历《云南通志》基础上增加了不少的内容。

天启《滇志·羁縻志·种人》"爨蛮"条首先对爨蛮的情况作总叙，首先说明其族源"本安邑人，在晋时为南宁太守，中国乱，遂王蛮中"，以及在晋、隋、唐不同时代的发展状况；其称谓从爨、东爨乌蛮、西爨白蛮、卢鹿蛮到俍俍的演变过程"爨蛮之名，相沿最久，其初种类甚多，有号卢鹿蛮者，今讹为猡猡"；其分布地域"凡黑水之内，依山谷险阻者皆是"；以山地农业为主的生计方式"大略寡则刀耕火种，众则聚而为盗"；男女服饰特点"男子椎结，摘去髭须，左右佩双刀，喜斗轻死。马贵折尾，鞍无鞯，剜木为镫，状如鱼口，微容足趾。妇女披发衣皂，贵者锦绣饰，贱者披羊皮，乘马则并足横坐。室女耳穿大环，剪发齐眉，裙不掩膝"；婚姻习俗"夫妇昼不相见，生子十岁，乃见其父。妻妾不相妒嫉。嫁娶尚舅家，无可配者，方许别婚"；节庆风俗"腊月为春节，竖长竿，横设木，左右各坐一人，以互落为戏"；医药及信仰情况"病无医药，用夷巫禳之。巫号大觋旛，或曰拜祃，或曰白马。取雏鸡雄者生剐，取其两髀束之，细刮其皮骨，有细窍，刺以竹签，相其多寡向背顺逆之形。其鸡骨窍各异，累百无雷同，以占吉凶。或取山间草，齐束而拈之，略如著法，其应如响……民间皆祭天，为台三阶，亦白马为之祷"；文字方面"有夷经，皆爨字，状如蝌蚪。精者能知天象，断阴晴，在酋长左右，凡疑必取决焉"；社会上层承袭规则、丧葬风俗"酋长正妻曰耐德，非所生不得继父位，若耐德无子或有子早夭者，始及庶出及野合所生者，无嗣则立其妻女。死以豹皮裹尸而焚，葬其骨于山，非骨肉莫知其处"；军事力量情况"多养死士，名曰苴可，厚赡之，每出兵，则苴可为前锋。军无行伍纪律，战则蹲身，渐进三四步，乃挥标跃起。人挟三标，发其二必中二人，其一则以击刺不发也"；社会组织情况"部夷称酋，必曰'撒颇'，夷言主人也。夷皆憨而恋主。诸酋果于杀戮，每杀人，止付二卒携持至野外，掘一坑，集其亲泣别，痛饮彻夜，昧爽，乃斫其头推坑中，复命，更使二卒勘之，乃许其家收葬。虽素昵者，欲杀则杀之，令出，无敢居间丐死，其家人莫敢怨懟。以用法严，故境内无盗。然其诛求无厌，每酋长有庆事，令头目入村寨，计丁而派之。游行所至，阖寨为供张，无少长皆出，罗拜马前。邻寨数十里内者，皆以鸡黍馈。无以应诛求，往往潜出他境劫掠，所得，酋长头目私分之。官府檄下督责，则缚数人应命"。① 以上内容中，男女服饰特点、婚姻、节庆习俗及社会上层承袭规则、丧葬风俗这五个方面的内容是抄录前志，其他均是首次出现。而在总叙之后，刘文征对爨蛮的分支做了详细的记载"其种类，附列于后"。

在天启《滇志》中，爨蛮有 10 个分支：白㑩㑩、黑㑩㑩、撒弥㑩㑩、撒完㑩㑩、阿者㑩㑩、鲁屋㑩㑩、干㑩㑩、妙㑩㑩、罗婺、摩察。从分支数量上看，天启《滇志》比之景泰《志》、万历《志》就有很大的突破。对于每个分支群体的具体记载，除外貌服饰、生产生活方式等方面外，天启《滇志》又进一步指出了这个分支具体的分布聚居地。如白㑩㑩，在服饰特点、丧葬婚姻习惯、信仰特点的记载之后，其文为"在云南、澂江、临安、永昌者，渐习王化，同于编氓。其在蒙自、定边、尚称顽梗。在曲靖者，于夷为贱种。在江川、大理、姚安，皆称撒马都。大抵寡弱易治"。② 可以看出，刘文征根据所掌握的资料，不仅可以从大的民族"爨蛮"中识别出其分支白㑩㑩，而且可以根据一定的民族特征，将分布于云南府、永昌、蒙自、曲靖、大理等不同地域的人群又划为同一民族，并对这个同一民族在不同地区间呈现的差别又作描述。黑㑩㑩、阿者㑩㑩、干㑩㑩、妙㑩㑩、罗婺、摩察与白㑩㑩记载风格相似，也是在描述其服饰、饮食、生计、信仰等明显的民族特征之后，对分布于不同地区的民族的差异做描述。而撒弥㑩㑩、撒完㑩㑩、鲁屋㑩㑩有所不同，如撒弥㑩㑩分布地是"滇池上诸州邑"、撒完㑩㑩"居蒙自县明月诸村"、鲁屋㑩㑩"独临安府鲁郭村有之"。③ 这种对分布地点的精确定位，也表明志书修纂者对此民族信息的掌握已经相当精准，这也是民族认知达到相当程度的一种体现。

对"爨蛮"的记载，在前人基础上有大幅的增加，而且对于民族百姓

---

① 天启《滇志》卷三十《羁縻志·种人》，古永继校点，云南教育出版社，1991，第 994～995 页。

② 同上书，第 995 页。

③ 同上书，第 995～996 页。

能从总体的描述的"统"，到对其分支情况记载的"分"，又能将分布于不同地区"分"支群体划归为同一支系的"统"，这种对信息的归纳整合及运用，是高水平的认知行为，再加上对信息掌握的精准性，可以看出，天启年间对"爨蛮"这个民族，以刘文征为代表的地方官员达到了相当高度的认知水平。比万历时期的李元阳、谢肇淛有了很大的进步。

"爨蛮"之后是"僰夷"，同样先记载总的民族特点，而天启《滇志》这一部分内容就是完全抄录前人，也就是《百夷传》的内容，并没有新内容增加。与爨蛮不同，对"僰夷"分支的记载不是以各族名号来分别叙述，而是以地域为单位来进行划分，如"其在禄丰、罗次、元谋者，男戴黑布帽，窄袖白衫。白布扁帽桶裙。好楼居。釜甑俱以陶瓦，釜深中而宽边，状类箬笠。俗尚奢侈，孟春作土主会，称贷以炫其饰，倍出息偿人不惜。又有秋千会，男女杂坐。信鬼好讼，见人多所忌讳。掘鼠炙虾蟆，以敬宾客。葬有棺材而少哀戚。在越州卫者，号白脚僰夷，男妇俱短衣长裳，茜齿文身，戴笠跣足"。① 其后还有江川、路南、临安、蒙自、新化、纳楼、溪处、十八寨、顺宁、剑川、腾越、镇南、姚安、元江共 14 个区域。对这 14 个区域内分布的"僰夷"状况的描述，也是以记载服饰、饮食、生计、婚丧习俗、信仰特点等明显的民族特征为主。这部分也是天启《滇志》新增、前志所没有的内容。能对分布于云南的东南西北中各处不同区域的僰夷进行描述，并将其归为一类，比之前人无疑是有了很大的进步。但是，与爨蛮相比，有了由"统"到"分"的过程，却少了再次由"分"到"统"的过程。可见，从万历到天启年间，对僰夷的认知不如爨蛮深入。

二　对云南其他民族认知的丰富

在爨蛮与僰夷这两个云南最大的民族之后，天启《滇志》对白人、普特、窝泥、栲鸡、僰喇、麼些、力些、西番、古宗、怒人、扯苏、土人、土僚、蒲人、侬人、沙人、羯些子、峨昌、缥人、哈喇、缅人、结整、遮些、地羊鬼、野人、喇记、孔答、喇吾、比苴、果葱、喇鲁、阿成这 32 个相对较小的民族进行了记载。

---

① 天启《滇志》卷三十《羁縻志·种人》，古永继校点，云南教育出版社，1991，第 997 页。

白人，刘文征认为："旧讹僰为白，遂称其一类，实不相通。"[①] 正如前文所说，"僰"与"白"此前已经出现了混淆的情况，"僰"与"白"分指两个截然不同的民族，"实不相通"是正确的。

普特，今天彝族撒弥人支系之先民。景泰《云南图经志书》、《滇略》中有简单记载，天启《滇志》为"以渔为业。性耐寒，多无衣，以败网蔽身。舟不盈丈，而炊爨、牲畜、资生之具咸备。又有泅水捕鱼者，丹须蓬发，竟日水中，与波俱起，口啮手捉皆巨鱼。滇池旁碧鸡山下，其类千余。乘风扬帆，所居无定，名隶有司之籍，而征呼徭役，多不能及，里胥恒代偿之"[②]。可见普特是一个集中分布在滇池西部岸边仅千余人的民族，以渔业为主要的生计方式。而且，普特已经"名隶有司之籍"，也就是说，已经是国家正式的编户齐民，也和汉人一样需要承担"征呼徭役"。

窝泥，今天哈尼族的先民，又称"翰泥"，对其外貌服饰方面特点的描述"男珥环跣足。妇花布无襞积，红黑纱缕相间，杂饰其左右。既适人，则以藤束膝下为识"，抄录自万历《云南通志》[③]，而对其积蓄习惯的记载为"勤生啬用，积贝一百二十索为一窖，死则嘱其子：'我生平藏贝若干矣，汝取某处窖中，余留为来生用'"，则源于元代李京《云南志略》[④]。天启《滇志》还有关于窝泥人信仰崇拜及饮食方面的内容："娶妇数年无子，则出之。丧无棺，吊者击锣鼓摇铃，头插鸡尾跳舞，名曰'洗鬼'。忽泣忽饮，三日，采松为架，焚而葬其骨。祭用牛羊，挥扇环歌，拊掌踏足，以锃鼓芦笙为乐。食无箸，以手抟饭。"对于其具体分布地点，刘文征对此有详细的记载："临安郡属县及左能寨、思陀、溪处、落恐诸长官司，景东、越州皆有之。嶍嘉县又曰和泥，男子剪发齐眉，衣不掩胫。饮酒，以一人吹芦笙为首，男女连手周旋，跳舞为乐。死，以雌雄鸡各一殉葬。阿迷州称阿泥，邓川州称俄泥。"[⑤]

㭪鸡，今天彝族一个支系"朴支系"的先民。万历《云南通志》中

<hr>

① 天启《滇志》卷三十《羁縻志·种人》，古永继校点，云南教育出版社，1991，第998页。
② 同上书，第998~999页。
③ 万历《云南通志》卷二《地理志·风俗》，杨世钰、赵寅松主编《大理丛书·方志篇》卷一，民族出版社，2007，第573页。
④ （元）李京：《云南志略》，方国瑜主编《云南史料丛刊》第三卷，徐文德、木芹纂录校订，云南大学出版社，1998，第130页。
⑤ 天启《滇志》卷三十《羁縻志·种人》，古永继校点，云南教育出版社，1991，第999页。

录有其名，但没有专门的文字描述，天启《滇志》将其作为一个单一的民族，有更为详细的记载，包括外貌服饰方面"蓬首椎结，标以鸡羽，形貌丑恶。妇女尤甚，挽髻如角向前，衣文绣，短不过腹，项垂缨络饰其胸"。在描述中，刘文征用了"丑恶"一词，其倾向性不言而喻。而在生活生计方面"迁徙无常，居多用竹屋。耕山食荞莽，暇则射猎，捕食猿狙"。可见㧿鸡人以游耕山地与捕猎为主要的生计方式。而在民族性格方面"佩利刀，负强弩毒矢，伺隙剽卤，飘忽难御。性狠恶，父子兄弟，怒则相杀"。此处也是用了贬义的词汇来进行描述，与官府的关系是"飘忽难御……辖于宁州及王弄山，时为崇迤东"。[①]

　　㪺㕭，也是今天彝族"朴支系"的先民。景泰《云南图经志书》临安府风俗中有提及，天启《滇志》记载更为详细。在刘文征笔下，㪺㕭"婚丧与㑩㑩同"，但他并未将其与白㑩㑩、撒弥㑩㑩、鲁屋㑩㑩一样归为爨蛮一类，其原因是"语言不通"。说明在刘文征眼中，语言能否相通是判断是否同一民族群体的标准。今天人类学、民族学进行人群划分时，同样认为语言是进行民族辨识的主要判定标准之一。因此，天启《滇志》对于民族的划分，以今天的眼光来看，虽然不一定完全正确，但也是相对科学可信的。㪺㕭的外貌与生活特点是："蓬首跣足，衣无浣濯。卧具篝牛皮，覆以羊革毡衫。"分布于不同地区的㪺㕭民族性格、生活方式也存在差异，政府管理方式也存在不同："在宁州者强悍，专务剽掠。石屏州者良善畏法，为编民。在王弄山者一名马㕭，首插鸡羽，红经白纬衣，妇衣白。垦山，种木棉为业。"[②] 可以看出，即使是同一民族，对于分布于不同地区的群体，政府也因地制宜采取了差异化管理的方式。

　　磨些，今纳西族先民。天启《滇志》首先回顾了史书对其的记载："《唐书》称磨蛮、些蛮与施、顺二蛮，皆乌蛮种，居铁桥、大婆、小婆、三探览、昆池等川。"其后，指出了天启时期此民族的分布地域："今丽江之夷，总称磨些，而北胜、顺州、禄丰皆有其类。"而后是对磨些人男女服饰特点的记载："俗不颒泽，自古已然。男子发梳二缕，以绳缠之，耳戴绿珠。妇人布冠。"其生产生活方面的特点则有"好蓄牛羊。产麝香、名马，能制坚甲利刃。勇厉善骑射，挟短刀。以砗磲为饰"。[③] 而后关于

---

① 天启《滇志》卷三十《羁縻志·种人》，古永继校点，云南教育出版社，1991，第 999 页。
② 同上。
③ 同上。

内部纷争、饮食、葬礼方面的记载则是抄录元代李京的《云南志略》。①
可见天启《滇志》对磨些人的记载是在前人的基础上有所完善补充。

力些，今傈僳族先民。天启《滇志》首先明确了其分布地点"惟云
龙州有之"。其外貌服饰特点为："男囚首跣足，衣麻布直撒衣，被以毡
衫，以毧为带束其腰。妇女裹白麻布衣。"另一个显著特点为："善用弩，
发无虚矢。每令其妇负小木盾径三四寸者前行，自后发矢中其盾，而妇人
无伤，以此制伏西番。"② 以上文字透露出力些人善用弩箭，与西番人之
间存在矛盾的信息，字里行间没有明显的褒贬之意。

西番，今普米族先民。天启年间分布地域为"永宁、北胜、澜蒗，凡
在金沙江北者皆是"。其外貌服饰特点为："辫发，杂以玛瑙、铜珠为缀，
三年一栉之。衣杂布革，腰束文花毧带，披琵琶毡，富者至二三领，暑热
不去。"居住方式为"住山腰，以板覆屋"。饮食方面"和酥酪于茶"。文
化方面"有缅字经，以叶书之，祀神逐鬼取而诵，为厌胜"。民族性格方
面"俗尚勇力，善射……性最暴悍，随畜迁徙"。可见是以游牧生活为主，
而对其评价用了"暴悍"，带有一定的贬义。而西番中"又有野西番者，
倏去倏来，尤不可制"。③ 历史文献中对民族的记载，常常可见"生/熟"、
"野/驯"这样的表述，而划分标准，基本是以靠近中央或接受汉文化影响
的深浅不同来进行的。天启年间，西番之中又有"野西番"，说明当时的
明政府即使是面对同一民族，也是用差异化的眼光来看待认知的。而另一
方面也说明，在西番人内部，对于中央政府的管控已经出现了不同的反
应，民族内部有了分化，才会在西番之外有野西番。

古宗，明代云南境内藏族被称为"古宗"。天启《滇志》承袭了景泰
《云南图经志书》的观点，认为古宗为"西番之别种"。指出其来源"滇
之西北与吐蕃接壤，流入境内"。而其分布地域为"丽江、鹤庆皆间有
之"。外貌服饰特点为"男子辫发百缕，披垂前后，经年不栉沐，栉必以
牲祭。披长毡裳，以牦牛或羊尾织之。妇人青白磁珠与砗磲相杂，悬于
首"。饮食风格为"其食生肉、蔓菁、荞稗"。④ 对其描述集中在外貌服饰

---

① （元）李京：《云南志略》，方国瑜主编《云南史料丛刊》第三卷，徐文德、木芹纂录校
订，云南大学出版社，1998，第 130 页。
② 天启《滇志》卷三十《羁縻志·种人》，古永继校点，云南教育出版社，1991，第 999 页。
③ 同上书，第 1000 页。
④ 同上书，第 1000 页。

与饮食这样较为直观的层面，表明对其了解还不够深入。

怒人，今怒族先民。李思聪、钱古训《百夷传》中第一次提及其名，但记载极为简略，仅一句"颇类阿昌"。景泰《志》、正德《志》、万历《志》、《滇略》并无增益。到天启《滇志》，对怒人的记载有外貌服饰方面，"男子发用绳束，高七八寸，妇人结布于发"。民族性格方面，"其俗大抵刚狠好杀，余与磨些同"。分布地点为"惟丽江有之"①。比之前志无疑丰富完善了许多，但"大抵""余与磨些同"这样的表述仍然说明对怒人的了解还是比较模糊的。在明代以前，对怒人分布的地区统治不甚深入，不知怒人，因此文献中没有关于"怒人"记载，而明朝国家政权与怒人有了接触，因此对怒人进行了记载，并在逐步加深对怒人的了解认知。

扯苏，今彝族山苏支系之先民。即景泰《云南图经志书》中的车苏。天启《滇志》对其记载为："在楚雄郭雪山，居于山巅。无陶瓦，木片覆屋。耕山，种荞麦。皮履布衣。器以木摆锡为饰。新化州亦有之。又一种，曰山苏。"② 比之景泰《志》，扯苏的分布地点更加精确。

土人，今武定彝族先民。除外貌服饰方面的描述外，刘文征关注到了其婚姻特点："姻亲多在姑舅间，以牛、羊、刀、甲为聘。新妇披发见姑舅。"而对于其民族性格，则是"性刚劣"。在发生纠纷时，并不依靠官府解决，"畏官府，无讼。有争者，告天，煮沸汤投物，以手捉之，屈则糜烂，直者无恙"。其生计方式为"耕田弋山"。而"不能华言"与"寅、午、戌日，入城交易"③，则说明土人与汉人在天启年间的交往在原本薄弱基础上逐渐加深。

土僚，今壮族支系先民。其族源天启《滇志》认为是"其属本在蜀、黔、西粤之交，流入滇"。而其分布则是"亦处处有之，而石屏、嶍峨、路南较夥"。外貌服饰特征为："男子首裹青帨，服白麻衣，领上缀红布一方。妇人冠红巾，衣花绣胸背衣。"对其民族性格刘文征总体评价为"性悍戾"。但是，分布于不同地区的土僚又具有不同的特征，如"嶍峨者樵苏自给。路南者为人佃种，屋庐与爨人同。新兴者居西山之麓，服食昏丧，习同白猡，以孟冬朔日为岁首"④。土僚作为一个民族，在路南（今

────────────

① 天启《滇志》卷三十《羁縻志·种人》，古永继校点，云南教育出版社，1991，第1000页。
② 同上。
③ 同上。
④ 同上。

云南石林）者受到了僰人的影响，而在新兴（今云南玉溪市）者，则受到了白倮倮的影响，出现了明显的习俗差异。可见当时各民族之间文化交流的多样性与不同地域民族文化发展的复杂性。

蒲人，今布朗族先民。天启《滇志》认为"蒲"是古代百濮之濮的讹误。关于蒲人的外貌服饰特点，抄录于万历《云南通志》中永昌府蒲人的部分。其后天启《滇志》指出，"永昌、凤溪、施甸及十五喧，二十八寨，皆其种"。而后文又载："其流入新兴、禄丰、阿迷、镇南者。"可见蒲人原居永昌，后向东迁徙，进入了楚雄、临安地区。而进入东部州县的蒲人，又形成了自己的特点，"形质纯黑，椎结跣足，套头短衣，手铜镯，耳铜圈，带刀弩长牌，饰以丝漆，上插孔雀尾。妇女簪骨簪，以丝枲织袈裟短裳，缘以彩色。婚，令女择配。葬，用莎罗布裹尸而焚之。不知荷担，以竹篓负背上。或傍水居，不畏深渊，能浮以渡"。分布在"蒙自及教化三部、十八寨"的蒲人，则被划为了蒲人中的野蒲，"皆号野蒲，桀骜甚诸夷"。在景东的蒲人则"淳朴务农"。而顺宁州的蒲人，因为"专为盗贼"所以"性尤悍恶"，并且也形成了不同于其他地方蒲人的特点："不鞍而骑，徒跣短甲，不蔽颈项，驰突迅疾，善用枪弩。男子以布二幅缝合挂身，无襟袂领缘；妇人织红黑布搭于右肩，穿左肋而极于胸，别以布一幅蔽腰，见人不知跪拜，寝无衾榻，拳曲而卧。"① 作为同一个民族，因为迁徙而导致生存环境发生了变化，逐步形成了不同地域的民族文化差异。这一点，在天启《滇志》对蒲人的记载中体现得尤为明显。

侬人，今壮族先民。天启《滇志》溯其族源，指出"其种在广南"。而其习俗有"楼居……甘犬嗜鼠"。男女服饰特点之外，特别记载道："长技在铳，盖得之交趾者。刀盾枪甲，寝处不离，日事战斗。"而对于其分布地点，则是"王弄山、教化三部亦有之，盖广南之流也"。② 说明明代侬人以广南府为聚集中心，向周边地区扩散。

沙人，为今壮族支系先民。天启《滇志》也注意到了沙人和侬人的相似之处，"习俗多同侬人"，但"慓劲过之"。③ 其分布地有广西府、富州（属广南府）、罗平州。对于沙人习俗的记载，天启《滇志》较为简略，但对于其分布地的记载，则比万历《云南通志》更加详细准确。

---

① 天启《滇志》卷三十《羁縻志·种人》，古永继校点，云南教育出版社，1991，第1000页。
② 同上书，第1001页。
③ 同上。

羯些子，今景颇族先民，天启《滇志》对其的了解有三方面：族源"种出迤西孟养，流入腾越"。外貌服饰"环眼乌喙，耳带大环。无衣，遮腹下布一幅"。日常生活"米肉不烹而食。勇健，执枪刀敢战，喊声如吠犬"。①

峨昌，今阿昌族先民。在天启《滇志》中也记载此民族不同的称谓"一名阿昌"。对峨昌人的记载虽然字数不多，但信息却非常丰富，生计方式"性畏暑湿，好居高山，刀耕火种"；外貌服饰特点"形貌紫黑，妇女以红藤为腰饰"；宗教信仰"祭之以犬，占用竹三十三根，略如筮法"；日常生活饮食"嗜酒负担，弗择污秽，觅禽兽虫豸，皆生啖之。采野葛为衣"；社会组织"无酋长，杂处山谷，听土司役属"；分布地域则是"今永昌罗古、罗板、罗明三寨，皆其种"；其旧俗"父兄死，则妻其母嫂。近有罗板寨百夫长早正死，其妻方艾，自矢不失节，遂饿而死，其俗渐革"②，说明峨昌人的民族风俗在汉人的影响下逐渐发生改变。

缥人，今布朗族先民。天启《滇志》主要是对其外貌服饰方面的记载："妇女以白布裹头，短衫，露其腹，以红藤缠之，莎罗布为裙，上短下长。"除此之外，仅有一句："男女同耕。"③ 表明缥人以农为业。

哈喇，今佤族先民，天启《滇志》中有关哈喇的记载，以承袭《百夷传》《滇略》为主，没有增加新内容。

缅人，对生活在今缅甸境内民族先民的统称。天启《滇志》载曰："有数种，曰老缅，曰得楞子，曰阿瓦。如孟别、雍会、普浣、洞吾、摆古皆其种类，大抵各以其地得名。性贪利好斗，食不用匙箸。交兵长于鸟铳，其火药必得中国麦面傅之，其发乃迅疾且无声，但其法秘不传耳。俗好佛，男妇俱以布盘其首。色黑，类哈喇，摆古最远而强。"④

结整，与羯些子一样同为今景颇族先民。天启《滇志》对此民族的记载仅有外貌服饰方面，"以象牙为大环，从耳尖穿至颊。以红花布一丈许裹头，而垂带于后。衣半身衫，袒其右肩"。⑤ 可见对其了解仍处于比较肤浅的阶段。

遮些，同样为今景颇族先民。比起结整，信息相对丰富，除外貌服饰

---

① 天启《滇志》卷三十《羁縻志·种人》，古永继校点，云南教育出版社，1991，第 1001 页。
② 同上。
③ 同上。
④ 同上。
⑤ 同上书，第 1002 页。

方面"绾发为髻，男女皆贯耳佩环。性喜华彩，衣仅盘旋蔽体"外，还有在边疆民族中少见的评价"饮食精洁"。而在军事方面，"战斗长于弓矢，倚恃象铳，稍与缅同"。其分布地域则是"孟养一带，多其种类"。①

地羊鬼，天启《滇志》对其外貌简单记载为"短发黄睛"，而对其民族性格评价不高，"性奸狡嗜利。出没不常，与人相仇"。而其后的内容"能用器物行妖术，易其肝胆心肾为木石，不救以死。又行蛊饮食中，如元江所为"。② 明显不是对这个民族真实情况的记载，是虚幻的传说，这与天启《滇志》对其他民族真实可信的记载形成了鲜明的对比。虽然它是错误的记载，但也是当时对"地羊鬼"这一民族认知程度的反映。没有前人文献参考，也没有切实的调查采访资料，说明以刘文征为代表的明政府官员已经知晓了这个民族的存在，但处在对这个民族认知的最初步阶段，只能以虚幻的传说来填充其对地羊鬼这一民族的记载。

野人，为今景颇族先民。对野人的记载相对较为丰富，首先是居住特点"居无屋庐，夜宿于树巅"。在外貌服饰方面"赤发黄睛。以树皮为衣，毛布掩其脐下。首戴骨圈，插鸡尾，缠红藤"。而生计则是"执钩刀大刃，采捕禽兽，茹毛饮血，食蛇鼠"。对其民族性格刘文征评价为"性至凶悍，登高涉险如飞，逢人即杀"。而其分布地域"在茶山、里麻之外，去腾越千余里"。其社会组织则是"无酋长约束，二长官为所戕贼，避之滇滩关内"。其后刘文征对前人文献中有关"野蛮"的记载进行了分析。③

喇记，今壮族先民。天启《滇志》对其记载相当简略，仅有一句："其类在教化三部。"④

其后的孔答、喇吾、比苴、果葱、喇鲁在天启《滇志》中作为一个条目出现，其文也只有"俱在新化州"⑤ 一句。

阿成是天启《滇志·羁縻志·种人》的最后一个条目，也只有"在王弄山"⑥ 一句。

也就是说，刘文征对这7个民族群体，除称谓及分布地区外，并没有

① 天启《滇志》卷三十《羁縻志·种人》，古永继校点，云南教育出版社，1991，第1002页。
② 同上。
③ 同上。
④ 同上。
⑤ 同上。
⑥ 同上。

掌握其他方面的信息，这与上文对其他民族群体的记载形成了鲜明的对比。

天启《滇志·羁縻志·种人》所列举描述的 34 个民族中，25 个民族的名称在前人所作史籍中已经出现，并有了详略不等的记载。但刘文征并没有只是简单地承袭抄录前人，而是根据这些民族当时的实际情况对其真实情况及特点加以更准确、详细和深入的记载描述。如普特，景泰《云南图经志书》中已经记载了其分布于滇池周边，以渔为业的特点，而天启《滇志》进一步对其以舟为家，名隶有司，需服徭役的情形进行了记载。天启《滇志·羁縻志·种人》对前人已有记载民族特点的丰富完善，体现的是对原本已有了解的民族认知的深入。而新增的归于爨蛮的撒完倮倮、阿者倮倮、鲁屋倮倮、妙倮倮及土人、地羊鬼、喇记、孔答、喇吾、比苴、果葱、喇鲁、阿成这几个民族，是此前的史籍中没有记载的。新民族名目及内容的出现，反映的是在民族认知领域所取得的拓展。天启《滇志·羁縻志·种人》将前人所未知的民族记录在案，表明了政府对其开始有了接触，有了了解，随着时间的推移，其信息将会逐渐丰富，其民族形象也会更加具体。因此，虽然喇记、孔答、喇吾、比苴、果葱、喇鲁、阿成几个民族仅有称谓及其分布地点，内容极为简单，但其开创意义不言而喻。

从对每个民族具体的描述可以看出，天启《滇志·羁縻志·种人》对各民族的记载存在明显的差异。爨蛮、僰夷两个民族，洋洋洒洒上千言，其内容涉及此民族的多个方面，包括外貌、服饰特征，婚姻、丧葬习俗、宗教信仰、语言文字，社会组织、军事力量、宴会礼乐等。在对民族情况进行总的记载之后，又分别对爨蛮的 10 个支系、分布于禄丰等 12 个不同地域的僰夷一一进行了记述，此为第一个层次；而白人至野人的 25 个民族，天启《滇志》对其的记载在百余字上下，内容主要以外貌、服饰特点、生活生计方式、分布地域、民族性格等显著的特征为主，较之爨蛮、僰夷则简单得多，为第二个层次；最后喇记、孔答、喇吾、比苴、果葱、喇鲁、阿成 7 个民族则仅有不到十字的记载，指出了分布区域，再无其他方面的内容，为第三个层次。字数的多寡，直接导致了信息承载量的差异，而信息丰富与否，则反映了作者对这些民族情况的了解深浅程度的不同。爨蛮与僰夷，接触时间长，了解较为深入，相对掌握较全面的信息，已经形成了认知体系。对普特、窝泥等 24 个民族群体，则是有了一定的接触认知，各方面情况有所了解，但都不够深入，认知体系还不够完备。对喇记、孔答、喇吾、比苴、果葱、喇鲁、阿成 7 个民族，则属于刚刚有所接触，开始对其进行了解，处于认知的初级阶段。天启《滇志·羁縻志·种人》中这三个层次分明的记载模式，正是明朝天启年间以刘文征为代表的官宦人士对云南诸多民族的认知存在差异的体现。

需要特别说明的是对"白人"的记载。白人这个民族无论从其历史发展、民族规模还是对云南社会历史发展的影响来看并不亚于爨蛮、僰夷，按说对白人的了解认知也应该是较为全面深入的，但为何在天启《滇志》中对其的描述记载却远远比不上爨蛮、僰夷，较为简略？笔者认为，与李元阳在修纂万历《云南通志》时将白人称为"郡人"，刻意模糊白人与汉人的差别的笔法不同，刘文征是根据天启年间云南白人的实际情况而进行的记载。在汉人刘文征的眼中，白人仍然是一个有自己特点，能与其他民族区别开来的民族，因此，才会在天启《滇志·羁縻志·种人》中设立"白人"这样一个独立的条目。但另一方面，白人在"滇郡及迤西诸郡，强半有之"，分布较为广泛，其呈现的民族特点是"习俗与华人不甚远，上者能读书，其他力田务本，或服役公府"。可见在明天启时期，白族受汉文化影响较深，民族特征不是特别突出，在各方面的发展状况与汉人没有太大的区别，一样耕读为业，一样服役官府，因此刘文征也感叹"庶几一变至道者亦"。① 正是因为没有与汉人显著不同的"奇风异俗"需要详细加以描述，因此对白人的记载才相对较为简单，与天启《滇志》中"普特""窝泥"等其他同处于第二层次的民族群体是有所不同的。

第三节　天启《滇志》反映的明代云南民族认知演进

方志的子目设置是方志体例的一部分，而方志的体例是方志独特的标识。"所谓志书的体例，就是志书区别于其他著述的整体表现形式，它具体地表现在志书的类型、篇目、体裁、章法、语言文字等各个方面"。② "体例之于方志，如栋梁之于房屋"。③ 方志的体例设置是方志修纂者所修志目的的体现，是其思想意志的表达，会根据时代的发展变化和地区的差

① 天启《滇志》卷三十《羁縻志·种人》，古永继校点，云南教育出版社，1991，第 998 页。
② 王德恒：《中国方志学》，大象出版社，2009，第 45 页。
③ 李泰棻：《方志学》，河北人民出版社，1990，第 30 页。

异，而发生变化和出现不同表达方式。

方志是地方百科全书，一方面有因循前人的传统，另一方面也有根据时代及地区的不同而不断调适的传统。在设置体例门目上，更是体现了各地的特色。如《嘉靖建阳县志》于艺文之外，更立"图书"一目，以彰显建邑书坊之盛。① 云南民族众多，情况复杂，志书中有关民族的记载成为重要内容。但如何记，怎么记？在不同时代的志书中就存在明显的差异。

司马迁在撰修《史记》时指出：

> 以为州异国殊，情习不同，故博采风俗，协比声律，以补短移化，助流政教。②

《汉书·地理志》也云：

> 凡民函五常之性，而其刚柔缓急，音声不同，系水土之风气，故谓之风；好恶取舍，动静亡常，随君上之情欲，故谓之俗。③

风俗成为方志撰修不可或缺的重要内容。明永乐十年（1412）和十六年（1418），明成祖朱棣两次颁发《纂修志书凡例》，对志书所列类目的内容、取材、书写方式均作出详细规定，也明确规定各地撰修志书要收录风俗方面的内容，"叙前代至今习俗一异同"。④ 在云南这种多民族共同生活的地区，方志修撰者要反映不同民族的"五常之性""好恶取舍"，便不可避免地要论及诸多民族的情况，修志者将其系于方志中"风俗"一目下，使"风俗志"成为民族资料的集中之处。景泰《云南图经志书》、正德《云南志》便是其在云南的代表。

但在国家政治、经济、文化生活中，涉及民族的地方并不仅仅只有风俗。唐代大量设置羁縻府州，因此《新唐书》在《地理志》卷末列有专篇，列举唐代各道羁縻府州的名目，万历《云南通志》中的《羁縻志》便因循而来。而元明时期，随着土司制度的兴起，方志中便开始出现天启

---

① 黄燕生：《明代的地方志》，《史学史研究》1989 年第 4 期。

② 《史记》卷二十四《乐书》，中华书局，1982，第 1175 页。

③ 《汉书》卷二十八《地理志》，中华书局，2007，第 306 页。

④ 刘纬毅：《试论明代地方志》，《社会科学战线》1983 年第 2 期。

《滇志》中《土司官氏》之类的专目来记载相关的情况。但民族中也不仅仅有土司，还有更为广大的普通百姓。在景泰《云南图经志书》中，将各民族百姓的情况系于各地风俗之下，并无专门的子目。到了万历年间，随着了解增多、认知深入和资料的累积完善，《风俗志》已不能囊括民族情况的资料，因此李元阳在万历《云南通志》的《羁縻志》下设《僰夷风俗》与《爨蛮风俗》子目来记载自己所了解的云南民族百姓的情况。而到了天启年间，明政府对云南民族的认知已经远远突破了僰夷和爨蛮两种，在志书修纂中就需要一个能囊括更多民族，更能准确记载不同民族情况的专门的子目来容纳资料和表现意图，因此天启《滇志》设《羁縻志》后，又在《羁縻志》下分设"土司官氏""属夷""种人""缅甸始末""外传"五个类目，分别来记载云南民族中土司、百姓以及道路、军事等不同方面的情况。

专门记载民族百姓的《羁縻志·种人》的出现，表明明政府对云南民族的认知已经不再仅仅局限于民族上层的一小部分人群，而是深入到了普通的百姓，是对一个民族整体的、全面的认知，其深度、广度都达到了此前所未达到的程度。而基于这种民族认知，明政府才能针对民族中的不同人群，不同问题，采取有针对性的差异性的政策与举措，以期达到边疆巩固、人民安定的国家治理效果。

王明珂先生在《王崧的方志世界——明清时期云南方志的本文与情境》[①]一文中指出，云南方志的编纂，是与云南的政治、社会情境相关联的，方志之文本结构有其对应的社会情境结构，云南作为国家的一个行省，在中原帝国体制内与整体帝国之间有结构化的关系。云南方志的内容，与中原内地一样，包含星野、地理、建置、士女传等内容。而这种文本的结构便表明此地在空间、历史、文化等方面是整体帝国的一部分，这是"云南成为中国方志世界的过程"。云南明代的方志中，万历《云南通志》、天启《滇志》除有表明与国家一体的内容之外，万历《云南通志·羁縻志》与天启《滇志·羁縻志》下的"土司官氏""属夷""种人""缅甸始末""外传"等类目不同于内地方志的结构，是带有明显地域特色的内容，则对应着统一国家之下的云南特殊的地方情境。天启《滇志》

---

① 王明珂：《王崧的方志世界——明清时期云南方志的本文与情境》，《新史学》第二卷，中华书局，2013，第97页。

作为明代云南最后一部省志，其在方志体例上的创新，其关于民族百姓情况的内容增益，体现的是云南的特殊情形，是明代国家政权对云南民族情况认知推进演变在方志叙事结构上的观照，同时也是民族情况演变，社会情景相应发生变化的反映。通过对天启《滇志》的文本解析，便可探讨明末云南作为边境民族地区，与国家之间核心与边缘、部分与整体之间的关系，以及国家政权在整体性、统一性之下，基于云南的特殊情形，如何进行边疆治理。

第三章 明代云南民族认知基础上的
边疆治理特征

云南民族众多，民族构成复杂，各民族既独立又错杂地分布在广袤的大地上，从古至今一直如此。通过对明代云南省志，特别是资料最为丰富、学术价值最高的天启《滇志》的分析，可以看出，到天启年间，明政府对云南不同地区的至少 34 个民族有了程度不等的了解与认知，但对不同民族在认知水平上存在着差别。在民族认知中，对民族地理分布的认知是其重要组成内容。民族的地理分布，是民族情况的重要组成部分，是民族治理最重要的基础之一，与民族治理有着重大的联系。如各地土司的设置，便是以不同地区的民族分布、民族构成为主要依据，明代云南政区的设置，也是与当时民族分布的总体地理格局相关联的。本章将针对明代云南民族认知的地理特点及圈层结构进行分析，揭示明代云南民族认知的不平衡性，研究民族认知基础之上的边疆治理特征。

第一节 明代云南民族认知的地理特点、认知模式与圈层结构

明代云南省志对民族的记载，经历了从《风俗》到《种人》的类目转变，对民族地理分布的记载也经历了由简到繁，由分散到集中的变化。在《风俗志》中，是以府为单位对一地的民族情况进行记载，但对于跨府民族来说，其资料便分散而凌乱，不易于对其进行总体的认知。因此天启《滇志》创《羁縻志·种人》，以具体的民族为描述单位，统合有关此民族的资料，形成对此民族的综合而全面的认知。对于民族分布的认知，特别是对于跨区域分布的民族，通过这种统合，其分布状态呈现得更为清晰，对云南总体民族分布的地理格局，其推进拓展的态势，可以有更清晰全面的掌握。

一 明代云南民族的地理分布格局

天启《滇志·羁縻志·种人》对 34 个民族的记载详略不等，丰富如

爨蛮、僰夷，洋洋洒洒数千言，简单如喇记、孔答、喇吾、比苴、果葱、喇鲁，除民族名号外，仅有对其分布地的内容。[①] 对于后面几个民族的认知，除称谓外仅仅知晓了其分布的地区，并没有掌握其他方面的信息。民族分布在民族认知中的重要性与首要性可见一斑。

天启《滇志·羁縻志·种人》34 个民族具体分布如表 3-1 所示。

表 3-1　天启《滇志·羁縻志·种人》分布表

序号	民族名号	分布地	备注
1	白倮倮	云南、澂江、临安、永昌、蒙自、定边、曲靖、江川、大理、姚安	序号 1 内皆属爨蛮支系
	黑倮倮	曲靖、安宁、禄丰、碍嘉、武定、莽甸、鹤庆、宾川	
	撒弥倮倮	滇池上诸州邑皆有之	
	撒完倮倮	蒙自	
	阿者倮倮	江川、通海、宾川	
	鲁屋倮倮	临安	
	干倮倮	曲靖、寻甸	
	妙倮倮	阿迷	
	不著其种类，只曰倮倮者	蒙化、丽江、鹤庆、腾越、楚雄、姚安、亦佐、新兴、北胜、王弄山、顺州、新化	
	罗婺	楚雄、姚安、永宁、罗次	
	摩察	大理、蒙化、武定	
2	僰夷	禄丰、罗次、元谋、越州卫、江川、路南、临安、蒙自、新化、纳楼、溪处、十八寨、顺宁、剑川、腾越、镇南、姚安、元江	
3	白人	滇郡及迤西诸郡强半有之	
4	普特	滇池旁碧鸡山下	
5	窝泥	临安属县、左能寨、思陀、溪处、落恐诸长官司、景东、越州、碍嘉、阿迷州、邓川州	

---

① 天启《滇志》卷三十《羁縻志·种人》，古永继校点，云南教育出版社，1991，第 1002 页。

续表

序号	民族名号	分布地	备注
6	㭴鸡	宁州、王弄山	
7	獏喇	宁州、石屏州、王弄山	
8	磨些	丽江、北胜、顺州、禄丰	
9	力些	云龙州	
10	西番	永宁、北胜、蒗蕖	
11	古宗	丽江、鹤庆	
12	怒人	丽江	
13	扯苏	楚雄郭雪山、新化州	
14	土人	武定	
15	土僚	石屏、嶍峨、路南、新兴	
16	蒲人	永昌、凤溪、施甸、十五喧、二十八寨、新兴、禄丰、阿迷、镇南、蒙自、教化三部、十八寨、景东、顺宁	
17	侬人	广南、王弄山、教化三部	
18	沙人	广西、富州、维摩、罗平	
19	羯些子	孟养、腾越	
20	峨昌	永昌罗古、罗板、罗明	
21	缥人	无分布地点文字	录自《百夷传》
22	哈喇	无分布地点文字	录自《百夷传》
23	缅人	有数种……大抵各以其地得名	
24	结蛮	无分布地点文字	录自《百夷传》
25	遮些	孟养	
26	地羊鬼	元江	
27	野人	茶山、里麻之外	
28	喇记	教化三部	
29	孔答	新化州	
30	喇吾	新化州	
31	比苴	新化州	
32	果葱	新化州	
33	喇鲁	新化州	
34	阿成	新化州	

资料来源：天启《滇志》卷三十《羁縻志·种人》，古永继校点，云南教育出版社，1991，第 994～1002 页。

从表 3 - 1 可以看出，34 个民族的分布地点，共涉及地名 133 个（其中有重复），其中爨蛮分布地地名 46 个，僰夷 18 个，窝泥等 28 个。而缥人、哈喇、缅人、结些 4 个民族没有确切的地名。从以上数字可以看出，官府对爨蛮、僰夷分布情况的掌握，是远远强于其他民族的，而白人、窝泥等 28 个民族，又强于缥人、哈喇等 4 个民族。

从表 3 - 1 可以看出，天启《滇志·羁縻志·种人》34 个民族的分布，集中于云南的东北部，在西北和西南存在大片的民族分布空白区。此为最显著的特点。

而 34 个民族的分布也是不平衡的，呈现出明显的层次特点。首先，是爨蛮与僰夷两个大的民族集团。爨蛮的分布地域东西向有曲靖府、寻甸府、云南府、武定府、楚雄府、姚安府、大理府、蒙化府、永昌府，南北向有永宁府、丽江府、北胜州、鹤庆府、澂江府、新化州、临安府。最东在曲靖府亦佐（今富源县），西为永昌府腾冲，北是永宁府（今丽江宁蒗县西北），南至临安府教化三部司（今文山县），隐约呈现出一横一纵十字交叉的形状。僰夷东西向分布与爨蛮类似，但在寻甸府、大理府、蒙化府无分布，南北向除鹤庆府剑川州外，在姚安府、楚雄府、顺宁府、澂江府、新化州、元江府、临安府、广西府有分布，东至曲靖府越州（今曲靖越州），西为永昌府腾冲，北边鹤庆府剑川州一个点孤悬，南至临安府溪处甸司（今红河州红河县南部）。与爨蛮相比，僰夷在东南西方向的分布与之类似，但在滇西北几无分布，可以说是一个不规则的 T 形。虽有差别，但明显可以看出，爨蛮和僰夷这两个民族分布地相对集中在曲靖府、云南府、澂江府、楚雄府、大理府这些在云南属于靠内的地区，也就是云南的腹心地带、核心地区。

其次，是白人、窝泥等 28 个民族的分布。其分布地最东在曲靖府罗雄州（今罗平），西达孟养（今缅甸北部），北至永宁府，南至临安府八寨司（今文山马关县八寨镇），东南至富州（今文山富宁县），相对集中在滇东南、西南及滇西北，呈现出一个围绕爨蛮与僰夷分布的态势。而在这 28 个民族中，喇记、孔答、喇吾、比苴、果葱、喇鲁、阿成 7 个民族又比较特殊，仅知其名号，分布地点集中在新化州与临安府的王弄山、教化三部司，而这三个地点，俱位于最外缘的地区。

由此不难发现，这里存在着一个清晰的地域层级结构：对于云南府等核心地带的民族集团爨蛮与僰夷，以刘文征为代表的明政府官员，已经积累了丰富的资料，形成了相对完善的认知体系，基于此，可以对其进行辨识、划分其支系、将分布于不同地区的群体归为一族等复杂的民族工作；而对于生活在核心地域之外的曲靖、临安等地的民族，如普特、窝泥等，对其认知逊于爨蛮、僰夷，信息不如前者充分，因此不如对那两个民族集团的记载丰富；对分布在最外缘的喇记、孔答、喇吾、比苴、果葱、喇鲁、阿成几个民族，则是刚刚接触，开始认知的进程，记载极为简略。这个地域的圈层结构，既是当时云南民族分布的地理圈层，也是当时国家政权对云南民族认知的圈层。大体上来说，是以曲靖府、云南府、澂江府、楚雄府、大理府为核心，东南方向拓展至广西府、广南府、临安府，西南拓至顺宁府、景东府、新化州、元江府，西边已经由永昌府延伸到了缅甸的境内，而西北方向，则是鹤庆府、北胜州、丽江府、永宁府。这个圈层在地域空间上呈现出由腹心地带向外围拓展的趋势，而在民族认知上，则存在由内向外逐步减弱的现象。

二　明代对云南民族认知的模式

通过表3－1可以看出，天启《滇志·羁縻志·种人》内容所涉地理范围，最北至永宁府，南至临安府八寨司，东至广南府富州，西至腾冲卫。而这个天启《滇志·羁縻志·种人》所覆盖的地域，正是业师陆韧研究得出的明代汉人移民的分布范围。

在《变迁与交融——明代云南汉族移民研究》[1] 一书中，陆韧老师指出，通过军事、罪徙、民屯、商屯及任官、求学、流寓等方式，明代大量汉族移民进入云南并土著化发展，至天启年间，云南的汉族人口大约有三百万，成为云南人数最多的民族，彻底改变了云南"夷多汉少"的局面。但汉族移民并非平均分布于云南各处，而是以卫所筑城屯聚、民间屯田定居、商业交通干线为基础，形成了汉族移民聚集区。其在《明代云南汉族移民定居区的分布与拓展》[2] 一文中，所绘制的《明代云南卫所屯田图》反映了明代云南汉族移民分布的状况。明代云南卫所屯田，集中分布在滇中、滇东北区域，而在滇西北、滇西南则是空白。而这一点与天启《滇志·羁縻志·种人》反映的种人分布情况，在地域空间上基本是契合的。

---

[1]　陆韧：《变迁与交融——明代云南汉族移民研究》，云南教育出版社，2001。
[2]　陆韧：《明代云南汉族移民定居区的分布与拓展》，《中国历史地理论丛》2006年第3期。

这说明明代政府对天启《滇志·羁縻志·种人》所包含地区民族的认知，与汉族移民分布有莫大的关系。

汉族移民进入民族区域，与当地的民族有了接触，有了了解，收集了各方面关于不同民族的信息，信息被集中整理，最终形成了天启《滇志·羁縻志·种人》，它呈现出来的正是明政府对云南各民族的认知。这反映出明代政府最终形成认知体系的民族，主要是在汉人移民聚集区之内或与之邻近的、有所接触的民族群体。明代汉族移民进入后，在云南中部、东部与其他民族交错分布，形成了民族杂居地区。汉民族与其他民族的交往交流增多，国家对这些地区的民族认知水平得到了大幅度的提升。所观察、采访、收集到的民族资料构成了天启《滇志·羁縻志·种人》的内容。而随着明代云南汉族移民区向滇东、滇西北、滇南这些传统的民族聚居区拓展，特别是在滇西北与滇南，通过军事卫所的设置与军政重心的南移，使得汉族移民聚居区的外缘大大拓展。汉族移民区的外缘，可以说是明代汉人移民、汉人文化所及的最远处。而对于其疆域范围内的西北、西南诸宣抚司、长官司、御夷府，汉人未到之地，政府只了解民族的上层，也就是《滇志·羁縻志·土司官氏》所描述的内容，对于该地区普通百姓的情况就所知无几，《滇志·羁縻志·种人》也就没有相应的条目和内容。由此可见，明代国家政权对云南民族的认知，与汉族移民的分布有直接的关系，是以汉族移民聚居区为依托、为基础的。分布在汉族移民区之内或周边的诸多民族，被认知、被记载，形成了内容丰富的"种人志"，而远离汉族移民区的民族，国家对其普通百姓情况的认知在某种程度上来说就是空白，也就是《滇志·羁縻志·种人》所未涉及的地区，即滇西北和滇西南广大的空白区。

在天启《滇志·羁縻志·种人》中，对分布较为靠内的爨蛮便分出了十余个支系，对西北磨些、西南窝泥的认知就不如爨蛮、僰夷，但又强于新化州的果葱、阿成。而新化州，正是明代云南汉族移民区的外缘。这种以汉人移民区为核心来认知移民区之内及周边民族的模式，与周振鹤先生在进行移民与语言学研究时所提出的墨渍式移民语言传播方式有异曲同工之妙。① 汉人移民区为明政府对其区域之内及周边地区的民族进行认知提供了有利的条件。在汉人移民区之内，施行与内地一致的、直接掌握土地

---

① 周振鹤、游汝杰：《方言与中国文化》，上海人民出版社，1986，第26页。

与人民的流官统治是国家固有的统治方略，也是这些地方的发展趋势。要变土司间接统治为官府直接统治，首先要解决的问题，便是对这些民族百姓的情况有相应的认知。因此，深入细化对分布在汉人移民区之内民族的认知成为必然。在云南府这样的云南汉人核心分布区域，对生活于此的其他民族的了解不断细致深入。在距离核心区稍远的地区，对民族的认知处于一个相对中间的水平。而对于在外缘地区的民族，了解就比较少。这样的民族认知层次，也正如滴落纸张的墨渍，中间颜色较深，层层浸染之后，颜色由内而外逐步变浅。明政府对云南民族的认知，以内边政区中的核心区域为中心，强化深入对地方民族认知，拓展推进对外缘民族的了解，这种墨渍浸染式的民族认知模式所形成的民族认知体系，呈现出由内而外逐步减弱的情况。

在滇西南及滇西北的广大区域，也就是《滇志·羁縻志·种人》所未涉及的地区，是明代国家政权对云南民族认知的空白区，但空白并不代表这些地方没有民族分布，而是意味着这些没有汉族移民地区的民族还没有被认知，所以这里还有一个民族认知空白的圈层。

三　明代云南民族认知的圈层结构

天启《滇志·羁縻志·种人》内容所涉及的地域，只是云南的部分地域，但云南的疆域远远不止于此。天启《滇志》对云南省疆域的描述有下列文字：

> 滇在大荒之西南，其地东界广西泗城州七百五十里，南界交趾四百六十里，西界西洋海六千里，北界四川会川卫四百里，东北界贵州普安卫五百里，东南界贵州乌撒卫六百三十里，西南界南海五千五百里，西北界吐蕃二千里。①

天启《滇志·羁縻志·种人》内容所涉及的地域，并没有完全覆盖以上所描述的云南辖境。滇西南广大的区域并未包含在天启《滇志·羁縻志·种人》的记载范围之内。但从历史和现实情况来看，这片区域无论当时还是现在都是许多民族的家园，那为何天启《滇志·羁縻志·种人》对其没有记载呢？这里就需要结合天启《滇志·羁縻志》中其他几个子目来进行分析。

---

① 天启《滇志》卷二《地理志·疆域》，古永继校点，云南教育出版社，1991，第64页。

《羁縻志·属夷》是记载"自永昌出塞，南际大海"范围内，"稽首而奉正朔……授以宣慰、宣抚之新号"的"诸夷"。① 具体记载方式，刘文征曰："其山川道里、风俗物产，亦不以列款庞杂，约其会归情形。"② 也就是说，不再下设山川道里等具体子目，而是进行笼统的记载。

《羁縻志·属夷》各条的内容，既包含了土司的情况，也有对普通民族百姓的描述，如对车里军民宣慰使司的记载中，有对宣慰使刀氏事迹的记载，也有对僰人性格、舞乐特点的描述，感觉是将《土司官氏》与《种人》的记载又糅合在了一起。那为何又要在《土司官氏》和《种人》之外再设《属夷》呢？上文所说，之所以要区分土司和普通民族百姓，是民族认知推进的表现以及官府统治深入的需要。那《属夷》内容没有作此区分，也就说明对于《属夷》所记的地方来说，民族认知并没有到达可以区分记载的程度，对于政府统治来说，也没有深入到做此区分的需要。

从地域上来说，《羁縻志·属夷》所记地方有车里军民宣慰使司、木邦军民宣慰使司、八百大甸军民宣慰使司、老挝军民宣慰使司、孟养军民宣慰使司、缅甸军民宣慰使司；孟定府、孟艮府；南甸宣抚司、干崖宣抚司、陇川宣抚司、耿马宣抚司、猛密宣抚司、蛮莫宣抚司；威远州、湾甸州、镇康州；潞江安抚司；芒市长官司、孟琏长官司、茶山长官司、里麻长官司、钮兀长官司。这些地方，正是天启《滇志》疆域所及，但《土司官氏》与《种人》内容并未涉及这些地区，也就是《滇略》所说"赋役讼狱悉以委之，量编差发，羁縻而已，虽有流官，但寄空名，随牒听委，不得有为于其国"③ 的握有地方实权的"在夷地者"。

可见《种人》和《属夷》结合，才是对明代天启年间云南疆域范围内民族情况整体的描述。结合上文对《种人》自身所体现出的民族认知方面存在的三级圈层结构论述，如果将《种人》所描述的地域视为一个整体，那在《种人》之外，还存在一个地域与认知的圈层，即《属夷》所表现的外部圈层。

《种人》和《属夷》分别对应国家政权对云南民族认知的"内""外"圈层，这种圈层特征在天启《滇志》其他内容中也有体现。

---

① 天启《滇志》卷三十《羁縻志·属夷》，古永继校点，云南教育出版社，1991，第 985 页。

② 同上书，第 986 页。

③ （明）谢肇淛：《滇略》卷九《夷略》，《景印文渊阁四库全书》，台湾商务印书馆，1986，第 494 册第 221～222 页。

天启《滇志》卷一《地理志》绘制了地图23幅，第1幅为《云南布政司总地图》，其后为云南府、大理府、临安府、永昌府、楚雄府、曲靖府、澂江府、蒙化府、鹤庆府、姚安府、广西府、寻甸府、武定府、景东府、元江府、丽江府、广南府、顺宁府、永宁府、镇沅府20府及北胜州1州地图，最后一幅为《西南诸夷总图》。

云南府等20府及北胜州的地图，不仅四至八到准确，城市位置、所辖州县、山川河流都清晰标注。如在《云南府地图》中，云南府附郭昆明县城位于地图中央，盘龙江在城池右侧由南而北流入城池左下方的滇池，碧鸡山与金马山分峙县城左右。顺时针方向，云南府统辖的邵甸、嵩明州、杨林驿、赤水朋巡检司、板桥驿、宜良昌、汤池巡检司、呈贡县、归化县、晋宁州、昆阳县、三泊县、易门所、易门县、禄脿驿、盐井、禄丰县、炼象堡、安宁州、温泉、罗次县、富明县、清水巡检司环城池而列。地图边缘的四至八到分别为：东至澂江府路南州界，南至澂江府河阳县界，西至楚雄府广通县界，北至寻甸府界；东北二百三十里到马龙州界，东南四百二十里到广西府界，西南一百七十里到澂江府江川县界，西北二百二十里到武定府界。①

《西南诸夷总图》与《云南府地图》等府的地图不同。《西南诸夷总图》以水系来划分区域：浪沧江以东为一个区域，此区域在全图中仅仅是右上角一角；浪沧江以西潞江喳里江以东为第二个区域；潞江、喳里江以西金沙江以东为第三个区域；金沙江以西为第四个区域，同样只占据全图的左下角，与第一个区域相对。② 在《西南诸夷总图》中，刘文征以两种不同的符号来进行地理信息的标注，一种为地名外加方框，另一种为地名外加圆圈。地图边缘标注的四方边界为："东抵元江界，南至海，西抵天竺界，北抵金腾道界"。③

《西南诸夷总图》四方边界中的"东抵元江""北抵金腾道界"，元江府、金腾兵备道，天启《滇志》对其疆界都有记载，因此东、北两个方向的边界是清晰的，但"南至海""西抵天竺界"就让人疑惑。天竺为印度古称，云南与之相隔万里，而云南南方以马来半岛为界分别是印度洋和太平洋，"南至海"不明所指为何？不单《西南诸夷总图》如此，《云南布

---

① 天启《滇志》卷一《地理志·地图》，古永继校点，云南教育出版社，1991，第3页。
② 浪沧江为今澜沧江，金沙江实为今伊洛瓦底江。
③ 天启《滇志》卷一《地理志·地图》，古永继校点，云南教育出版社，1991，第24页。

政司总地图》也存在这样的问题。《云南布政司总地图》四至八到为：
"东北到贵州界，东南到广西界，南至交阯界，北至四川界，西北到吐番
界，西至僰夷界，西南到南海岸。"① 再结合看《地理志·疆域》中对全
省疆域的描述："东界广西泗城州七百五十里，南界交阯四百六十里，西
界西洋海六千里，北界四川会川卫四百里，东北界贵州普安卫五百里，东
南界贵州乌撒卫六百三十里，西南界南海五千五百里，西北界吐蕃二千
里。"② 云南与广西、交阯、四川、贵州的交界位置是清晰无误的，精确
到两位数的里数。这与西边的"僰夷界""西洋海"，西南的"南海岸"
"南海"，形成了强烈的对比。由此可知，《云南布政司总地图》《西南诸
夷总图》与《地理志·疆域》中对云南省辖地西部和西南部边疆的描述
是模糊的，不准确的。而这又反映出刘文征缺乏云南省西部和西南部边疆
的准确信息，导致其没有关于云南西南边疆相对准确的地理概念，因此才
会在纂修天启《滇志》时出现现在看来非常明显的地理错误。

但是，《西南诸夷总图》也体现了天启《滇志》比之前志的进步性。
在《地图总论》中，刘文征曰："地图，前两志亦略同，而续稿增《诸夷
图》于列郡之后。"可知全省图及 20 府 1 州图是承袭的前志，最后一幅
《西南诸夷总图》为天启年间新绘制增加的。新地图的出现，表明刘文征
所了解、所掌握的有关西南的地理、"诸夷"的信息已经超出了"前两
志"的范围，足以让其新绘制一幅地图。因此，《西南诸夷总图》虽有不
足，但仍然值得深入分析。

《西南诸夷总图》以中国传统舆图绘制方式，表现了刘文征笔下的
"西南"。而其范围，正是天启《滇志·地理志·全省疆域》所涵盖的属
于《羁縻志·属夷》记载的地区。也就是说《属夷》通过地图来表现，
便是《西南诸夷总图》。

据笔者统计，在《西南诸夷总图》中共有 179 个地名，其中以方框表
示的有 21 个，包括 1 个山名"杉木龙山"；圆圈表示的有 158 个，包括 4 个
江河名"浪沧江""潞江""喳里江""金沙江"。细观其图，可以发现，方
框所记除 1 个山脉名外，俱为府州及城池关隘的名称，如"永昌府""江头
城""铁壁关"等。而圆圈所标注的除 4 个江河名外，就应该是"诸夷"的

---

① 天启《滇志》卷一《地理志·地图》，古永继校点，云南教育出版社，1991，第 2 页。
② 天启《滇志》卷二《地理志·疆域》，古永继校点，云南教育出版社，1991，第 64 页。

地名,如"车里""木邦""芒市""户撒""老挝""缅甸"等。

按照《西南诸夷总图》的构图,从右向左以浪沧江、潞江、金沙江为界分为4个区域。以大江大河为基准进行地图绘制是中国地图绘制的传统方法,但在《西南诸夷总图》中,如此广大地域范围内仅描绘浪沧江、潞江、金沙江(伊洛瓦底江)三条江河和杉木龙山一座山脉,与现实此区域江河纵横、山峰林立的现状不符,此处也可看出以刘文征为代表的明天启官员对西南地理认知的不足。

就《西南诸夷总图》具体内容来说,其方框地名数量明显少于圆圈地名,且方框地名呈现出由东往西逐步递减的趋势。第一区域所记载5个地名,4个为方框标注的府级政区名。第二区域共有44个地名,方框地名3个,"永昌府""威远州""猛班",仍是府州政区名。在第三个区域中,《西南诸夷总图》共记载了103个地名,其中方框标注地名11个,除杉木龙山外,有"神护关""巨石关""铜壁关""蛮哈关""铁壁关""虎踞关""天马关""汉龙关""猛告""都鲁濮水关"。第四个区域记载地名27个,方框名3个:"江头城""江头旧城""猛戞里"。有意思的是,在浪沧江以西也即第一个区域中,方框地名俱为府级政区名,在其西边潞江喳里江以西第二个区域中,为府州政区名,而到了金沙江以西的第三区域,则全部为明代边境关隘的名称,最西边的第四个区域,则俱为城池的名称。由此可以看出,总体上,方框地名代表的是中央直接掌控的地区,而不同区域内方框地名由府到州到关隘、城池的变化,反映的是明代西南边疆的管控机构的变化,越往西南,则逐步由相对属于内地治理属性的府转变为边境保卫属性的关隘,民政功能逐步转弱,军事的色彩逐渐加强。从管理边疆所设置机构的不同,便可看出政府所采取的管理方式的不同、管控力度与侧重点的差异。

数量明显更多的,与方框地名夹杂分布的,以圆圈标注的地名无疑才是天启《滇志·西南诸夷总图》的主体。刘文征以符号加地名的方式来显示不同民族群体的分布,浪沧江以西至金沙江以东两个区域一共记载了133个"诸夷"的地名,可见这一地区是作者力图重点记载的区域。而与方框标注的地名相比,圆圈标注地名的情况要复杂得多。首先,是"诸夷"地名,浪沧江以西至金沙江以东这片地区,在今天来看,也是云南民族群体分布最为广泛、数量最多的地区,如车里,无论在明代还是在现代都是傣族聚居之地,而户撒为阿昌族聚居的地方,干崖为景颇族分布较多的地区。其次，是圆圈标注行政区的名字，如"云州""湾甸州""孟艮府""潞江安抚司"，这些是上文所说《属夷》包含的政区。天启《滇志·属夷》所列 6 军民宣慰使司、2 御夷府、6 宣抚司、3 州、1 安抚司、5 长官司这些政区俱在《西南诸夷总图》中。可见，刘文征在《西南诸夷总图》用方框和圆圈这样不同符号标注来表明与《种人》和《属夷》相应的"内""外"圈层区别。

《西南诸夷总图》是显示天启年间云南"属内"民族与"属外"民族之别的民族分布图。天启《滇志·羁縻志·种人》对分布于靠内地区的民族情况加以记载，与之相配的是云南府等 20 府及北胜州 1 州的地图。而外缘地区民族情况的文字被收录在天启《滇志·羁縻志·属夷》中，与之相呼应的即《西南诸夷总图》。两个部分相辅相成，为后人勾画出了明末政府对云南民族认知的一个完整情况：地域上以云南府、澂江府、楚雄府、大理府为核心，其周边的曲靖、寻甸、武定、姚安、北胜州、永宁府、丽江府、鹤庆府、永昌府、蒙化府、顺宁府、景东府、元江府、临安府、广西府、广南府为中间地带，而新化州、临安府西南部为其边缘，而元江以西广大地域则是其外边，呈现出由内向外拓展的趋势。与之对应的是对集中分布于核心地区的爨蛮、僰夷的认知全面而深入，对中间地带的诸多民族认知程度相对简单，而对边缘地区的喇记等民族认知极为简略，甚至仍停留在民族上层，对普通百姓所知无几，民族认知程度上也呈现出由内向外逐步减弱的态势。而与之相应的国家统治也由东向西从民政治理转为军事管控，由流官直接治理转为土司羁縻，其统治力度、治理深入程度逐步减弱。

第二节　明代云南政区的内边、外边分野

业师陆韧指出：

> 明代是云南社会历史发展进程中的重要时代。在这个时代，云南社会的人口构成、民族分布、生产关系、经济基础、政治体制和文化趋向发生了划时代的历史变迁，深刻影响了明清乃至近现代的云南社会，发轫了今天云南社会诸多特征，强化了云南与祖国内地一体化同步发展，开创了云南历史发展的新纪元。从整体上看，明代云南不仅在云南地方史，而且在中国历史上，都有着十分重要的地位。它在锻铸明

代云南的政治、经济、文化及民族关系特征的同时，也对明清以来中国统一发展进程、民族关系和疆域稳定、边疆巩固发挥着重要作用。①

明代云南的省志，典型而集中地反映了明代云南这些重要特征和历史进程。

在《元明时期的西南边疆与边疆军政管控》② 一书中，陆韧老师系统研究了元明两朝云南政区的演进和国家政权对西南边疆的管控。通过对现存的明代云南省志和明朝总志《寰宇通志》《大明一统志》等文本中有关明代云南行政区划特有的记载方式进行深入研究，发现明朝在云南实施"内""外"分野的行政区划制度，在云南西南边疆形成了弧形外环的外边政区区域，并且在外边政区施行军管性和羁縻性的统治。明朝在西南边疆施行的"内边区"与"外边区"分层管理的边疆政区体制，是明政府为适应西南边疆复杂的地理形势、地缘政治和边疆民族社会而创，具有因地制宜和适应边疆社会经济发展特点的新的疆域管理模式，是明朝边疆政区制度和边疆控制模式的创新性制度，深刻影响了西南边疆的发展和疆域形成。

根据陆韧老师的研究，在现存明代云南通志中，对于明代云南行政建置的记载（见表3－2），"内""外"分野特征非常突出。景泰《云南图经志书》将云南布政司所辖地方分为"直隶"和"外夷"两种。景泰《云南图经志书》卷一《云南布政司》条曰："云南布政司直隶府、州、司凡二十九，外夷府、州、司凡十七。"③ 正德《云南志》曰："（云南承宣布政使司）领云南、大理、临安、楚雄、澂江、广西、广南、镇沅、蒙化、景东、永宁、顺宁十二府，曲靖、姚安、鹤庆、武定、寻甸、丽江、元江七军民府，北胜、新化二州，者乐甸一长官司。御夷孟定、孟艮二府，孟养、车里、木邦、老挝、缅甸、八百大甸六宣慰司，干崖、南甸、陇川三宣抚司，镇康、湾甸、大侯、威远四州，钮兀、芒市二长官司。"④ 万历《云南通志》在卷五《建设志》有"附夷司职官"子目，《滇略》则是分成了"在内地者""在夷地者"。天启《滇志》卷二《地理志·沿

①　陆韧：《变迁与交融——明代云南汉族移民研究》，云南教育出版社，2001，第1页。
②　陆韧：《元明时期的西南边疆与边疆军政管控》，社会科学文献出版社，2015，第9页。
③　刘景毛校注《景泰云南图经志书校注》，云南民族出版社，2002，第1页。
④　正德《云南志》卷一《云南府》，云南省图书馆抄本，第6页。

革郡县名》中曰："皇明改置布政使司，领府十二：云南、大理、临安、楚雄、澂江、蒙化、广西、景东、广南、顺宁、永宁、镇沅；军民府八：永昌、曲靖、鹤庆、姚安、寻甸、武定、元江、丽江；州三：北胜、云州、新化；长官司一：者乐甸。其羁縻府二，宣慰司六，宣抚司三，州四，长官司一。"①

表 3-2　天启《滇志·地理志》与《滇志·羁縻志·属夷》所记政区

序号	天启《滇志·地理志》云南布政使司直隶地方	天启《滇志·羁縻志·属夷》政区
1	云南府	车里军民宣慰司
2	大理府	木邦军民宣慰司
3	临安府	八百大甸军民宣慰司
4	永昌府	老挝军民宣慰司
5	楚雄府	孟养军民宣慰司
6	曲靖府	缅甸军民宣慰司
7	澂江府	孟定府
8	蒙化府	孟艮府
9	鹤庆府	南甸宣抚司
10	姚安府	干崖宣抚司
11	广西府	陇川宣抚司
12	寻甸府	耿马宣抚司
13	武定府	猛密宣抚司
14	景东府	蛮莫宣抚司
15	元江府	威远州
16	丽江府	湾甸州
17	广南府	镇康州
18	顺宁府	潞江安抚司
19	永宁府	芒市长官司
20	镇沅府	孟琏长官司
21	北胜州	茶山长官司
22	者乐甸长官司	里麻长官司
23		钮兀长官司

资料来源：陆韧、凌永忠著《元明清西南边疆特殊政区研究》，人民出版社，2013，第194页。

① 天启《滇志》卷二《地理志·沿革郡县名》，古永继校点，云南教育出版社，1991，第53页。

从地理分布格局来看，两套政区分野最明显的是边疆地理态势：所谓"直隶府、州、司"均为云南靠内地区，而"外夷衙门府、州、司"都位于云南"直隶府、州、司"的外围及边疆地区，由此形成直隶府、州、司为云南的"腹里"和外夷衙门府、州、司的"外边"格局。这种内外的划分，对于明政府来说，意味着对云南不同地区管理控制力度的不同，也意味着完全不同的治理政策与施政方法。

明代内边、外边政区的界线，与天启《滇志》中《种人》《属夷》的分界线几乎完全重合。

一个是政区内外边分野的界线，一个是民族认知层次分化的界线，可以说性质完全不同，但两者又呈现出惊人的重合。这表明，明代国家政权对云南民族的认知与政区的设置之间有直接而显著的关联。在内边政区的范围内，对民族的认知较为详细，相关内容被收入《种人志》之内，而在外边政区的范围内，对民族的了解就较为粗略，被记载在《属夷》之中。

据业师陆韧、学兄彭洪俊《论明朝西南边疆的军管羁縻政区》一文分析，外边政区的特殊性，首先是其军管性。内边政区归云南布政司管辖，而外边政区则隶属云南都司，是军管型政区。通过明初对麓川侵占地区、新附地区及三征麓川后收复地区的设置，形成了云南外边政区体系。明政府以"三宣六慰"为代表的、地处云南边疆外环地带的外边政区，形成西南边疆的"藩篱"，护卫苍洱以东、腾永以内的内边政区，也就是上文所说20府、1州、1长官司的平安。其次，是外边政区的羁縻性。明政府对云南外边政区还实行"外夷之治与内地殊异，非徒赖以抚安，而实资以控制"的统治方式。具体来说，随着明政府对云南内部的民族构成、社会经济发展和边疆地域特点的认识逐渐加深，从而采取了差异化的统治政策，使云南形成了三个层区的差异化行政管理：第一层区为"滇中"腹里地区，明朝采用与内地完全一致的统治方式，设置郡县、府衙，收赋役、办学校，设卫所屯田，严密管控；第二层区为内边政区中的民族聚居区，依然建立府、州、县政区，但以土官镇守，形成土官与流官杂处的土流并治区；第三层区为车里、缅甸、八百等最边远地区，明朝仅以将其纳入明朝版图为目的，并未设置府、州、县等行政区划和派遣流官，而是完全由土官统治。第三层区就是完全实行羁縻统治的外边政区。云南政区的"内""外"分野也成为明朝对西南边疆直接管理与羁縻管控的分野。①

在天启《滇志》中，通过《种人》志的方式，每个民族设单独条目来对其各方面情况进行记载的区域，就是云南政区中的内边政区，也就是汉人移民聚集，设置了府、州这样的国家正式政区的区域。而在《属夷》之下对民族作笼统记载，主要描述土司情况的地区，就是云南的外边政区，也就是无汉人移居区，在属夷区域的府州及众多长官司地方。也就是说，天启《滇志·种人》中所囊括的云南诸多民族，所呈现的对云南民族的认知，俱是在汉人移民大量分布，设置了府、州这样行政区划的地方。而在没有汉人移民聚集，没有设置正式政区的广大宣慰司、宣抚司、长官司之地，则还是只能延续前人的记载传统，将资料混杂归并在《属夷》中。由此可以看出，明代对云南民族的认知，与汉人移民，与政区设置有很大的关系。在汉人移民较多，设置了正式政区的地方，政府对其境内民族的认知得到了很大的发展，在天启《滇志》中能够以"种人志"这样的方式呈现出来。在这些地方，对分布在其中的民族有相应的认知，是明政府能够设立府州政区的重要基础，而府州这样由国家政权实行直接统治的政区的设置，又大大地推进了对这些地方民族认知的发展。但在汉人移民没有进入的，设宣慰司、宣抚司、长官司及御夷、属夷府州的外边政区，对其地民族的认知就比较薄弱，长时间没有进展。可见，明代对云南民族的认知圈层与汉人移民的分布、政区的内外分野即政区的设置之间有直接的对应关系。

第三节　内外有别的西南边疆差异化治理

明政府对"内边""外边"政区采取差异性的治理，这种差异性治理的成效，在明末所修天启《滇志》中体现得最为突出。

一　对内边政区的治理

通过对天启《滇志》目录的梳理，可以发现，《地理志》《建设志》《赋役志》《兵食志》《学校志》《官师志》《人物志》《祠祀志》《方外

① 陆韧、彭洪俊：《论明朝西南边疆的军管羁縻政区》，《中国边疆史地研究》2013年第1期。

志》等内容，大体上是以云南府、大理府、临安府、永昌府、楚雄府、曲靖府、澂江府、蒙化府、鹤庆府、姚安府、广西府、寻甸府、武定府、景东府、元江府、丽江府、广南府、顺宁府、永宁府、镇沅府20府，北胜州1州为范围，也就是内边政区的范围为主。具体如表3-3。

表3-3 天启《滇志》类目覆盖地区范围

志名	类目	包含地区	增加	减少
地理志	地图	20府1州	西南诸夷总图	
	沿革郡县名	20府1州1长官司	者乐甸长官司	
	疆域	20府1州		
	形势	20府1州		
	山川	20府1州		
	风俗	20府1州		
	物产	20府1州		
	堤闸	17府1州		无广南府、永宁府、镇沅府
	桥梁	19府1州		无镇沅府
	宫室	15府1州		无元江府、丽江府、广南府、永宁府、镇沅府
	古迹	19府1州		无镇沅府
	冢墓	10府		无楚雄府、蒙化府、广西府、寻甸府、景东府、元江府、丽江府、顺宁府、永宁府、镇沅府、北胜州
建设志	秩官附公署	20府1州		
	城池附仓堡关哨亭铺养济	20府1州		
赋役志		20府2州1长官司4提举司	多藏菜州、者乐甸长官司、黑盐井提举司、白盐井提举司、安宁改琅盐井提举司、五井提举司	

续表

志名	类目	包含地区	增加	减少
学校志		17 府 1 州		无丽江府、永宁府、镇沅府
官师志	郡县宦贤目录	19 府 1 州		无镇沅府
	郡县题名	14 府		无景东府、元江府、丽江府、广南府、顺宁府、镇沅府、北胜州
人物志	人物	9 府		无楚雄府、广西府、寻甸府、武定府、景东府、元江府、丽江府、广南府、顺宁府、永宁府、镇沅府、北胜州
	乡贤	17 府 1 州		无景东府、广南府、镇沅府
	孝义	14 府 1 州		无元江府、丽江府、广南府、顺宁府、永宁府、镇沅府
	列女	17 府 1 州 1 长官司	多孟琏长官司	无广南府、永宁府、镇沅府
祠祀志	祀典	20 府 1 州		
	群祀	20 府 1 州		
方外志	寺观	20 府 1 州		
	仙释	12 府 1 州		无澂江府、鹤庆府、景东府、丽江府、广南府、顺宁府、永宁府、镇沅府

资料来源：天启《滇志》，古永继校点，云南教育出版社，1991，《目录》，第 1~39 页。

这里需要说明的是，《地理志·沿革郡县名》多出来的者乐甸长官司，为洪武末年所设，直隶云南布政司。《赋役志》所多出的蒗蕖州在明代洪武中属鹤庆府，后改属澜沧卫，与北胜州同城。① 黑、琅盐井提举司俱位

① 天启《滇志》卷二《地理志·沿革郡县名》，古永继校点，云南教育出版社，1991，第 63 页。

于楚雄府境内，白盐井提举司位于姚安府境内，五井提举司位于大理府境内，是明政府征税的机构，非实际政区。军队作为国家治理的重要标志与力量，在明代为都司卫所制，是相对独立的机构。记载云南境内军事力量的天启《滇志·兵食志》并未按政区划分对其进行记载，而是对设置在各地的卫、所分别记载。但其所记卫、所所在地，均在20府1州1长官司的地域范围之内，因此加以说明。

从表3-3所反映的天启《滇志》各卷的具体内容可以看出，国家直接管理的空间地理——疆域、郡县设置；国家直接治理最基本的设置，也可以说是国家政权人员和机关在一地的标准配置——秩官、官署、城池及仓、堡、关、哨、亭、铺、养济等附属设施；国家直接治理最基本的体现——户口清点、田赋、工商税的征收、办公经费的拨付；国家统治地方的武装力量——军队；对一地文化发展有重要影响的——学校的兴建；以及对传统中国国家治理有重要意义的——祭祀的引导，这些举措俱在20府1州范围。也就是说，在这20府1州内，国家对其辖境有清晰的界定，对其地形地貌知之甚详，对这里的风俗、物产了然于胸，在此自然人文基础之上，国家在这20府1州驻扎军队，配置了基本的机构、人员、设施，对其进行直接统治治理。

以云南府为例，天启《滇志》各卷内容记载其下设置的政区有昆明县、富民县、宜良县、罗次县、晋宁州、归化县、呈贡县、安宁州、禄丰县、昆阳州、三泊县、易门县、嵩明州。秩官设置有知府一，同知一，通判一，推官一；经历司经历一，知事一；照磨所照磨一，检校一；司狱司司狱一；儒学教授一，训导一；税课司大使一；广备仓大使一；滇阳驿驿臣；板桥驿驿臣一；阴阳学正术一；医学正科一；僧纲司都纲一，副都纲一；道纪司都纪一，提点一；阿吒力僧纲司正都纲一，副都纲一。所设立的公署有：府署，经历司、照磨所、司狱司、广盈库、滇阳驿、板桥驿、税课司、阴阳学、医学。兴建的设施有：府城、广备仓、预备仓、常平仓、在城堡、板桥堡、金马关、碧鸡关、养济院、漏泽园。对其户口、田地进行清点登记，分夏税、秋粮征收田赋，征收税金，对所辖各州、县征收民役、课程、站役3项赋役。云南都指挥使司驻地，驻扎有云南左、右、中、前、后、广南卫及安宁、宜良、易门、杨林守御千户所；建有文庙、府学、儒学、社学、书院；设有社稷坛、城隍庙、关王庙、文昌宫、武侯祠、孝子祠、节妇祠、圆通寺、长春观等祭祀宗教场所。通过这些岗位设置、人员配备、办公场所，以及城池、驿站、关隘等设施的营造，军队的驻扎，学校以及祭祀寺庙道观的兴建等，构筑起了一个完整的统治体系，对云南府的政治、经济、文化、司法、军事、教育、交通、医疗卫生、宗教等各方面实施有效的治理。也就是说，明政府在如云南府这样属于内边政区的地方实现了完全的、直接的行政管理。

而在一些偏远的府州，设施配备就不够完全，或者说未及修建。如丽江府、永宁府、镇沅府在天启年间就还没有学校。楚雄府、广西府、寻甸府、武定府、景东府、元江府、丽江府、广南府、顺宁府、永宁府、镇沅府、北胜州无《人物》方面的内容，也表明其地文化发展稍逊一筹，没有出现有影响的人物。

以天启《滇志》为代表的云南明代省志中对云南内边政区的记载，按照统一类目编排内容，正是前文所引王明珂先生《王崧的方志世界——明清时期云南方志的本文与情境》所持观点在明代的印证。方志中沿革、郡县题名、疆域、秩官、官师、乡贤、列女等这些在中国方志中最为普通的内容，体现的是身处边疆的云南与中原内地的整体性、一致性，是其作为中国整体一部分的文本结构。天启《滇志》对云南府等 20 府及北胜州这些地区，是按照与内地一致的标准来治理的，是国家整体的有机构成，因此在方志中也用与内地方志一致的体例来对其进行记载。而在统一类目下不同地区内容的差异，则只是反映出国家治理地方上某一方面的缺失，国家在这些地方的治理还不够全面、完善，是发展程度的差异，而不是社会情形本质的区别。

二　对外边政区的治理

对于外边政区的治理，如《滇略》所说："赋役讼狱悉以委之，量编差发，羁縻而已。"① 国家权力并未深入，也就没有如内边政区一样有各种的建设，对其各方面了解认知的程度也远远不如内边政区，反映在文献上就是对外边政区的记载远远不如内边政区。

天启《滇志·羁縻志·属夷》中对车里军民宣慰使司的记载是这样的：

即古产里。商初，伊尹令以象齿、短狗为献，周公作指南车导之

---

① （明）谢肇淛：《滇略》卷九《夷略》，《景印文渊阁四库全书》，台湾商务印书馆，1986，第 494 册第 221～222 页。

归，故名车里。元世祖命将兀良吉觯伐交趾，经其所部，悉降之。至元中，置彻里路军民总管府，领六甸。后又请置耿冻路，耿当、孟弄二州。皇明洪武十七年，改置车里军民府。十九年，改宣慰使司。永乐元年，其酋刀暹答内侵，虏我官吏。西平侯请讨之，上命以理谕。暹答悔惧，还所虏及地，遣使入谢。至嘉靖间，附于缅。万历十一年，官军击缅，宣慰刀糯猛遣使贡象进方物。兄居大车里应缅使，弟居小车里应汉使。

其地东至落恐蛮界，南至波勒蛮界，西至八百宣慰司界，北至元江军民府界，西北通孟琏长官司。由者乐甸西南行，十一日至其地。其山曰猛永，曰光山。其江曰沙木，曰九龙。其产锗石、铜、木香、沉香。其差发，征黄金五十。民皆僰夷，性颇淳，额上刺一旗为号。作乐，以手拍羊皮长鼓，而间以铜铙、铜鼓、拍板。其乡村饮宴，则击大鼓，吹芦笙，舞牌为乐。①

此两段便是对车里军民宣慰使司的全部记载，与云南府在各卷中俱有内容的全面丰富相比，可以说有天壤之别。天启《滇志》中对云南府等20府、北胜州及者乐甸长官司这些内边政区各方面情况的记载占到了全部内容的十分之九，而6军民宣慰使司、2御夷府、6宣抚司、3州、1安抚司、5长官司这些外边政区，则仅有三十三卷中的一卷之下的一个子目加以记载，两者对比差异之大实在令人瞩目。天启《滇志》各卷对天启年间云南社会发展状况的记载，正是明代官府治理云南成果的反映。而内边与外边政区在文献内容上的多寡，深刻反映出国家政权对云南不同地区所掌握信息的差异、认知程度的差异及治理程度的差异。

外边政区的治理深入程度与内边政区存在差异，但也并不意味着对外边政区的治理的缺失。天启《滇志·羁縻志·属夷》开篇曰："革其昭纲、昭录之旧称，授以宣慰、宣抚之新号。叶文通于银台，象马陈于阙廷，版章设于职方，纲纪之司属在行省。"② 可见，对外边政区的治理，同样涉及职官设置、民政治理、军事、疆域版图、司法等方面，只是采取的方法不同，所收成效也不同。

① 天启《滇志》卷三十《羁縻志·属夷》，古永继校点，云南教育出版社，1991，第986页。
② 同上书，第985页。

　　基于上文所论明代政府对于云南"内边"与"外边"政区的划分及不同的管理政策与治理力度，对于分布在"内边"与"外边"的民族群体上层，即对于土司的治理，因为"内""外"有别而有所不同。

　　首先，朝廷在任命职衔时便存在明显的差别。据统计，有明一代，云南总共设置土司二百三十二家，按照官衔品级由高而低具体为土宣慰使十一，土宣抚使五，土副宣抚使二，土安抚使七，土长官三十七，土御夷长官二，土指挥使一，土指挥同知一，土指挥佥事一，土千户十一，土百户二十六，土守备一，土千夫长七，土副千夫长一，土百夫长十七，土千总三，土把总五；土知府十五，土府同知七，土府通判二，土府知事二，土府经历四，土府照磨三，土御夷府二，土知州二十四，土州同知八，土州判官四，土御夷州三，土知县六，土县丞九，土主簿五，土典史一，土巡检七十四，土驿丞十九，土巡缉一，土把事七，土通事一，土通把二，土舍一，土火头一。① 高品级的宣慰使、宣抚使、安抚使、长官司，主要设置在永昌至元江一线以南地区，也就是澜沧江以外及红河沿岸，如车里、八百、麓川等宣慰司，南甸、干崖、陇川等宣抚司，潞江、耿马等安抚司，茶山、孟连等长官司；中间品级的土府、土州、土县主要设置在永昌至元江以北地区，即澜沧江以内，如楚雄、鹤庆、寻甸、丽江等土府，赵州、路南、阿迷、安宁、沾益等土州，云南、元谋、罗次等土县；低品级的土巡检、土驿丞多由汉族土官充任，也就是在汉人分布集中的云南、澂江等地区。而这种品级高低有规律的土官分布，与上文所论的外边、内边的行政区划设置、民政治理体系与民族认知水平是基本吻合的。即：外边政区，民族认知较弱，国家管控力度也较弱，土司品级较高；内边政区中的中间地带，民族认知处于推进深入中，国家逐步加强管控力度，土司品级中等；内边政区中的核心地区，民族认知较为完善，国家已经牢牢掌控地方，土司品级较低。

　　其次，是"内""外"有别的土司管理。明政府对于土司管理有详细的规程。设置土司定其职衔、隶属，颁给诰敕、印章、冠带等信物，对其承袭、升迁与惩罚、交纳贡赋等都有具体的规定。② 而据业师陆韧《明朝西南边疆的特殊管控与治理——"信符"与"金字红牌"制探析》一文

① 龚荫：《中国土司制度》，云南民族出版社，1992，第460～461页。
② 同上书，第63～100页。

研究，明朝廷对云南外边政区土司，除与内地土司一样赐予"冠服""诰印""印章"外，还特别颁赐给"信符"与"金字红牌"，作为其统治得到明中央朝廷认可的权力象征。明朝廷通过"信符"与"金字红牌"确立疆域与主权；规定外边土司的职权，在其辖境内拥有一定行政、司法、财政和军队自治权力的同时，要履行依制定期向中央汇报、朝贡及缴纳羁縻差发等义务，边地土司还必须听从中央调遣，派遣军队护国卫边维护边地稳定；建立起了具有权威并且有效的土司间纠纷调停机制。① "信符"与"金字红牌"制只在云南外边政区施行，地域特征非常突出。明政府通过对"内边"与"外边"土司施行差异化的管理，在"内边"政区实现社会安定，经济、文化发展的目标，而在"外边"政区，则通过"信符"与"金字红牌"制，起到边疆管理、军事征调、纷争调停的功效。

三　改土归流中的内外差别

在云南"内边"政区中具备条件的地方进行改土归流，也是明代云南治理的重要举措。虽然明代是土司制度完备的时期，但在明代建立之初，改土归流便已在进行。关于改土归流，李世愉在《关于"改土归流"一词的使用》一文中指出："虽然'改土归流'在不同时期、不同地区针对不同的土司会有不同的表现形式、其原因各异，效果也不尽相同……但今天学者们依习惯使用的'改土归流'一词已渐成为规范用语，且有简单明了的内涵，即改土官为流官，这应该是使用'改土归流'一词学者们所共知的。"② 本文认同李文的观点，使用"改土归流"一词来指代明清时期在民族地区废除土司、改设流官的举措。

有明一代，因叛逆、争袭、犯法、绝嗣等原因，云南共进行了 24 次改土归流③，分别是越州（今曲靖越州）、靖安宣慰司（今西双版纳勐腊）、楚雄府、麓川平缅军民宣慰司（今德宏陇川西南）、鹤庆军民府、

---

① 陆韧：《明朝西南边疆的特殊管控与治理——"信符"与"金字红牌"制探析》，《历史地理》第三十辑，上海人民出版社，2014，第 96 页。

② 李世愉：《关于"改土归流"一词的使用》，《遵义师范学院学报》2015 年第 3 期。

③ 关于明代改土归流次数，各学者所论不一，本文认为 24 次的观点为综合以下学者研究成果而得出的结论：王强《明代西南地区改土归流研究》，浙江大学人文学院硕士学位论文，2010，第 16～18 页；谢本书、郭大烈、牛鸿宾《云南民族政治制度史》，云南人民出版社，1996，第 187 页；龚荫《中国土司制度》，云南民族出版社，1992，第 461 页；木芹《云南地方史讲义》（下），云南广播电视大学，1983，第 104～116 页。

阿迷州（今红河开远）、路南州（今昆明石林）、寻甸军民府、广西府（今红河、文山北部）、维摩州（今文山砚山）、弥勒州、马龙州、宁州（今玉溪华宁）、蒙自县、孟连长官司（今普洱孟琏）、元江府（今玉溪元江）、武定军民府、元谋县、罗雄州（今曲靖罗平）、大侯州（今临沧云县）、顺宁土府（今临沧北部）、陆凉州（今曲靖陆良）、云龙州、曲靖土安置宣抚司（今曲靖沾益）。

靖安宣慰司在宣德九年（1434）裁革，归并车里宣慰司管辖。麓川平缅军民宣慰司因叛逆，于正统六年（1441）废除，其地设陇川宣抚司。孟连长官司因内部争斗，于嘉靖中被废除，万历十三年（1585）复设。大侯州因抗命，万历二十六年（1598）改流，但实为土州判掌权。而除此之外的其他 20 地，俱在内边政区的范围之内。根据上文所述，在内边政区，无论是国家管控力度，治理体系还是对民族群体的认知程度，都是有一定基础并且在不断加强深入的。因此，这些地区是明政府对云南地方进行改土归流的重点。

明政府对于内边政区土司的管控力度也是改土归流能否顺利进行的重要条件之一。如上文所说，政府对于内边政区范围内的土司是有具体管理规程的，但具体实施效果因为施政官员、具体举措及针对土司的不同而存在较大的差异。明代云南内边政区改土归流的 20 地，有 16 地改流后没有出现大的反复，终明一朝维持了流官治理，但也有 4 地改流后又先后恢复了土司统治。阿迷州在成化十二年（1476）因兄弟争袭改流，但在天启四年（1624）普氏因军功为阿迷州土知州；元江府在嘉靖三十年（1551）因为土司那氏作乱改流，万历十三年（1585）那氏因招降车里有功，又复土；云龙州在万历四十八年（1620）因争袭改流，天启中因剿寇有功而废流复土。以上 3 地，俱是因为民族首领有军功，朝廷出于奖励的目的恢复土司统治。虽然改土归流出现了反复的情况，但明政府仍然是处于主动的地位，掌控着这些土司。但武定军民府的反复，则是另外一种情况。嘉靖七年（1528），武定军民府土舍凤朝文攻陷武定府城，杀死文官十余人，并与寻甸安铨一起兵犯省城，滇中大扰。隆庆元年（1567），武定府改流，但凤氏势力仍然强大，在朝廷官员索求无度，治理不当的情况下，凤氏接连反叛，明政府与凤氏为首的地方武装反复征战、武定府也历经多次改流、复土的反复。直至明末，明政府所派遣的流官也未能牢固掌握武定府。凤氏一族在改土归流问题上长期与官府对抗，表明以凤氏为首的地方民族势力脱离了明政府的掌控，政府在武定府的改流政策并不能发挥成效，政府进退失据，陷入被动的局面。因此，能否有效地管控土司，也是影响改土归流能否成功的重要因素。

四　差异化治理对云南民族认知的推进

改土归流之后，政府对民族百姓的统治，由通过土司的间接统治变为流官的直接统治。对于中央封建王朝的官府来说，对于民族百姓的治理，其最终目标是实现民族百姓身份的转变，即由首领、酋长、头人的部曲，转变为国家的子民、官府治下的编户齐民，缴纳税赋，承担差役。民族百姓是土司存在的基础以及在朝廷中的进身之阶，而缴纳税赋的编户齐民则是封建王朝统治能够建立以及维系的基石。因此，能否将民族百姓从土司的间接统治纳入官府的直接统治，是关系土司统治能否存在，流官统治能否施行，改土归流能否成功的决定因素。而要实现民族百姓身份转变，隶属关系的改变，首先要对民族百姓的情况有所认知。这也正是本书所论述的核心问题，即国家政权对民族的认知是其进行民族治理的基础。

而在认知基础之上，采取各种手段方法来推动促进民族百姓的转变，是政府进行民族治理的重要内容。如通过建学校，兴教化来转变民族群体的思想。洪武二十八年（1395），明太祖发布谕旨曰：

> 边夷土官，皆世袭其职，鲜知礼义，治之则激，纵之则玩，不预教之，何由能化？其云南、四川边夷土官，皆设儒学，选其子孙弟侄之俊秀者以教之，使之知君臣父子之义，而无悖礼争斗之事，亦安边之道也。[1]

可见通过设立在云南各地的学校，对包括土司在内的民族子弟进行儒学教育非常重要。景泰元年任云南按察司提调学校副使姜浚曾记录曰："臣自受命以来，遍历云南各府司州县儒学，其生员多系僰人、罗罗、摩些、百夷。"[2] 经过长期的儒学教育，将民族子弟从唯土司之命是从而转变为唯王命是从的封建仁人，逐步培育起了忠君的观念。这种观念的转变对土司统治的冲击是巨大的。那些曾在土司制下据地自雄、称霸一方的土

---

① 《明太祖洪武实录》卷二百三十九，洪武二十八年六月壬申条。
② 《明英宗实录》卷一百九十二，景泰元年五月甲辰条。

司们，在民众的观念变化中从"闭门天子"变成了封建帝王臣民的普通一员。边疆少数民族忠君观念、君臣尊卑观念的确立，不仅是边疆民族地区政治进展的象征，也是边疆少数民族对汉民族封建文化的认同，那种"非我族类，其心必异"的华夷芥蒂也在这种文化认同中逐渐消失。当越来越多的边疆少数民族确立起忠君观念、产生了这种文化认同感时，作为"以夷治夷"来实现"用夏变夷"权宜手段的土司制，已失去了存在的必要。应该说忠君观念的确立，使土司制失去了其存在的思想基础，指导着改土归流的顺利进行。① 而与儒学教育相匹配的科举制度也在云南日益完备，越来越多民族子弟通过科举选拔成为官员，更加现实地冲击着世袭的土司官制。对于日常的民风民俗的引导，也是明政府官员推动民族思想、行为方式转变的重要手段。如嘉靖《寻甸府志》中记载，知府王尚用不遗余力地改变其境内色目人、黑倮㑩②的丧葬习俗，抚驭劫掠成性的干㑩㑩，使其耕种自食其力便是具体体现。③ 地方官员孜孜不倦地追求风俗的转变，以期实现"华其人而衣冠之，土其地而贡赋之，秩其上下、区其种类而官治之，涵煦滋久，故习丕变，与中州埒"④ 的目标。

对于土司的治理与对于普通民族百姓的治理，两者既相互独立又相互关联。对民族百姓的治理达到了一定的程度，民族百姓无论是思想上还是行动上都认同朝廷，那土司的统治便失去了存在的基础，对其进行改土归流便水到渠成，不会有太大的反弹和阻力。如楚雄府，是内边政区中民族认知程度较高的地区，在正统元年（1436）土司嗣绝后便顺利改流，其后也没有再出现反复的情况。而武定府，虽然同属于内边政区，但明政府对于其地民族百姓的掌控不如楚雄府，当政府强力推行改土归流时，便遇到了巨大的阻力，屡有反复。而对于外边政区的民族，政府对民族群体的了解、掌控力度更为薄弱，没有条件派遣流官去施行与内地一致的治理体系，即使有了契机裁撤原有的土司，也只能复设或者划归其他土司管辖，如上文所说的靖安宣慰司、麓川平缅军民宣慰司、孟连长官司，就是在裁

① 沈海梅：《明清云南改土归流的文化条件》，《思想战线》1997年第5期。

② 原文为"猓猡"，按照导论所言，将"犭"旁改为"亻"。其后行文，俱照此处理，不再逐条注释。

③ 嘉靖《寻甸府志》卷上《风俗·种类》，高国祥、林超民等主编《中国西南文献丛书·第一辑·西南稀见方志文献》，兰州大学出版社，2004，第二十二卷第21～22页。

④ （明）周季凤：《云南志序》，正德《云南志》，云南省图书馆抄本，第1页。

撤土司之后又复设。因此笔者认为，政府对于民族的认知，是国家民族治理的基础，而且随着民族治理的深入，民族认知在民族治理中所起的作用愈加重要。

天启《滇志·羁縻志·属夷》下还附有一个子目《贡道》，记载从永昌出发越高黎贡山到摆古（今缅甸南部）、由景东出发经老挝到西洋海岸（今缅甸南部印度洋沿岸）两条道路的情况。对其进行记载的原因，刘文征说得很明白，"贡道联络诸夷，实为要领"。① 因此，虽然内容很少，仅三四百字，但因为对于国家掌控外边政区具有重要意义，故仍然设专目加以记载。对于道路的重视，是中国历代王朝对边疆治理的重要内容，而这反过来又说明，国家对于此地的控制力度有限，并不能普遍深入，只能局限在道路沿线。因此，此处也体现出明政府对于云南"内边""外边"政区管控力度的差异。

通过对天启《滇志》的分析，可以发现这样一个相互关联的逻辑关系：明政府对云南境内诸多民族的认知呈现出由内向外减弱的圈层结构，基于这种存在明显差异的认知，政府对云南政区进行了"内边"与"外边"的划分，并因地制宜在"内边"与"外边"政区施行了差异化的管理，其管控力度、治理效果同样呈现出由内向外减弱的圈层结构特征。而这种"内""外"分野的政区划分与治理，又强化了对"内""外"政区内民族认知的差异，对分布于内边政区的民族，认知更加细化、全面与准确，而对于分布在外边政区的民族认知则进步缓慢。体现在文献上，便是对"内边"政区民族情况记载详尽，而对"外边"政区民族的记载比较简略。

通过对景泰《云南图经志书》、正德《云南志》、万历《云南通志》、《滇略》、天启《滇志》几部明代云南省志的梳理，可以发现，无论是对云南民族的数量还是对各个民族生产生活情况的了解，有明一代，政府对云南民族的认知，呈现持续进步与发展的演进态势，是在不断增加、完善中的。

以明代云南政区的"内边""外边"政区分野为基础，明政府对云南不同地区的治理也呈现出差异性。在内边政区之内，以相对丰富、完善的民族认知为基础，政府设置郡县、修筑城墙、兴建学校，时机恰当之时对

---

① 天启《滇志》卷三十《羁縻志·属夷·贡道》，古永继校点，云南教育出版社，1991，第986 页。

土司进行改土归流，变土司的间接统治为官府的直接统治，将普通民族百姓编户齐民，对其征收赋税，实现与内地一体化的统治。在外边政区，对民族的认知相对薄弱，明政府以墨渍浸染式的认知方式，以汉族移民区为依托，对与其相邻的民族接触、了解，推进拓展对于外边区民族的认知。而差异性的民族治理，又反过来影响了其后民族认知的发展。统治的深入，使得政府相对能够更为细致准确地掌控百姓。不同民族各方面的情况，包括外貌服饰、生计方式、民族性情、宗教信仰、婚丧节礼等信息，都被收集、汇总、整理，并随着民族情况的变化而不断修正，最终形成了对民族相对丰富完善的认知体系，在方志中，以《种人》这种专门的文本形式表现出来。

天启《滇志·种人》专目的出现及对各民族分条记载的内容已经证明，有明政府对云南民族百姓的认知，在天启年间已经达到了一定的程度，其资料已经足够充分，能够形成一个专门的目类，来对民族普遍的情况进行记载。天启《滇志·羁縻志》中《土司官氏》《种人》《属夷》等不同类目的出现，则表明政府对于云南民族的认知，已经按照土司与百姓、靠内地区与靠外地区等不同的标准进行了分化，以适应时代的发展，统治的需要。天启《滇志·种人》的出现，是方志体例的重大创新，是对当时国家政权民族认知完善丰富这个社会情境的文本观照。

第四章　清前期对云南民族认知的发展

明崇祯十七年（1644），李自成率领的大顺农民军攻陷北京，明王朝灭亡。清军乘机入关，击败大顺军，顺治皇帝于 10 月在北京举行定鼎登基大典。经过与南明朝廷各地反抗势力的争斗，以康熙二十二年（1683）收复台湾为标志，清廷最终确立了对全国的统治。清朝作为中国最后一个封建王朝，是中国民族分布格局全面确立与巩固的时期，也是中国以多民族统一国家之姿自立于世界民族国家之林的关键时期，对近代中国民族国家的形成与发展有直接而深刻的影响。

清王朝核心统治者以其特殊的非汉民族当权者的视角，对待民族问题的态度、角度，处理民族问题的方式呈现出与明代不同的特点。经过明朝时大规模的汉族移民，清代云南的民族构成与分布局面都发生了很大的变化。其境内各民族之间的交流融合程度，都大大超过了以往各个朝代。清王朝国家政权不断调整修正对云南各民族群体的认知，并在此基础之上采取了差异化的民族治理政策，实现对边疆的掌控，对民族的治理。

第一节　清前期统治者民族观及清初云南治乱

清朝作为以满人为皇族建立起来的大一统政权，其核心统治者本身即为非汉民族，其民族观天然有别于汉族政权传统。有清起于东北，从一个边疆非汉民族政权，逐步向西南推进，不断扩大统治范围，最终入主中原确立了其对全国的统治。随着疆域的扩大政权的发展，诸多不同的民族陆续被纳入了其统治范围，清朝统治者面临的民族情况、民族问题随着形势的发展处于不断的变化过程中，清朝统治者的民族观与民族政策也随着形势与时代的发展而发生着不断地变化。

一　清前期统治者民族观的演变

清朝统治者的民族观在不同时期呈现出不同的特点。努尔哈赤时期，通过统一女真部落的战争以及创建军政合一的八旗制度，实现了女真人从部落认同到集权认同的转变；后金建立之后，努尔哈赤与皇太极不断完善政治制度，天聪九年（1635）改族称为满，改国号为清，废汗号改称皇帝，表明满族统治者对自身的定位，不再仅仅是边疆少数民族政权，而是有能力争夺天下的正统王朝，实现了从集权认同到国家认同的转变；清军入关，顺治帝即位之后直到康熙时期统一全境，清朝逐步确立了对全国的统治。为适应大一统的需要，清统治者学习采用明王朝的统治体系与方式，吸纳汉人、蒙人等族裔进入统治集团，缓和民族矛盾，笼络边疆各族，加强边疆治理。顺治时期通过满汉联姻、尊孔崇儒，开科取士等方式，扩大统治阶层的范围。但同时又认为语言与服装发式是民族认同臣服的重要标志，故其严厉推行"薙发易服"，施行高压民族政策。康熙时期，民族矛盾进一步缓和，积极弘扬理学的伦常观，强调理学的君臣、父子、夫妻伦理关系，以此来替代"华夷有别"，巩固清政府的统治；到雍正乾隆时期，主要是对"华夷之辨"思想进行批驳。雍正皇帝强调中外一家，他并不讳言满洲是夷狄的事实，但是认为"夷"只是地域概念，"夫满汉名色，犹直省之各有籍贯，并非中外之分别也"①。疆土之内"何得尚有华夷中外之分论哉"②。明确反对"内华夏外夷狄"的划分，一方面否认民族差别与歧视，另一方面强调有德者可得天下大统。雍正皇帝进而指出，清朝的统治不能因满人这个地域的差别而不视之为奉天承运的一统王朝。而在一统王朝的统治之下，"华夷之辨""尊王攘夷"的思想是对君主专制一统的毁谤。乾隆皇帝则承认夷夏有别，但认为夷夏可以互变，夷狄可以发展为华夏，清王朝是接续明代的正统王朝，清政权统治之下的民族均已是华夏，身为华夏的满人的正统统治已与夷狄无关，因此"华夷之辨"思想不再适用于清王朝统治范围之内。③ 乾隆皇帝认为，"夷狄"所包含的内容已经发生了本质的变化，开始指向疆域之外，如对西洋诸国的"外国人"。

　　清朝历代皇帝对"大一统"的发扬，对"华夷之辨"的批判，主观上在于为出身为夷狄的清朝皇帝统治中国的合法性辩护，但客观上在统一思想，进而为统一国家的建立和维护方面发挥了积极的作用。历代清朝皇

① 《清世宗实录》卷一百三十，雍正十一年（1733）四月己卯。
② 《清世宗实录》卷八十六，雍正七年（1729）九月癸未。
③ 刘正寅：《清朝前期民族观的嬗变》，《史学集刊》2014 年第 4 期。

帝都强调"中外一家",顺治皇帝强调:"满汉官民俱为一家"①,康熙皇帝曰:"朕统御宇内,率土生民,皆朕赤子。"② 乾隆皇帝曰:"朕总理天下,无分内外,一视同仁。惟期普天生灵各得其所。"③ 清朝统治者刻意模糊"华夷之辨",或对其进行再解释,将生存繁衍在版图之内语言、文化、宗教、习俗不同的各民族视为一个大家庭内的成员,有利于国家统一,民族间的交流融合。而在实际的治理过程中,以相对较少歧视性的眼光看待、认知其他非汉民族,并能根据各民族的实际情况,采取差异化治理。这在民族众多、发展程度不同、民风民俗各异的云南,体现得尤为明显。

处于不同社会形态,持不同生计方式,各有其文化的众多民族共同生活在云南这片地理空间,虽然民族人口有多寡之别,影响有大小之分,也有占主体地位与次要地位的区别,并且在不同的历史时期,主体民族还发生过复杂的更替变化,但是不论如何,云南也从未出现过只有单一民族构成的局面,云南从来都是不同民族共有共存的家园。经过明朝时大规模的汉族移民,清代云南的民族构成与分布局面都发生了很大的变化,其境内各民族之间的交流融合程度,都大大超过了以往各个朝代。作为中国最后一个封建王朝,清朝是中国民族分布格局全面确立与巩固的时期,其对近代中国民族国家的形成与发展有直接而深刻的影响。在其相对特殊民族观的指导下,清廷统治者看待民族问题的角度与方式,处理民族问题的方法也呈现出不同的特点,并随着时代的发展而不断变化。清廷统治者以其特殊的少数民族当权者的视角,随着时代的变化而不断调整修正对云南各民族群体的认知,并在此基础之上采取了差异化的民族治理政策。

比起汉族政权被动等待"远人来服",清政府以一种更加主动积极的心态及行动来了解其治下的不同民族,并能在推行国家一体化管理的同时,相对更加尊重不同民族之间存在的差异以及采取相应的治理政策,并在不同历史时期呈现出不同的特点。

二　清初在云南民族地区的治乱

虽然顺治元年（1644）清廷便已定鼎北京,但直到顺治十六年（1659）,吴三桂率领清朝军队攻入昆明城,镇压一系列抗清反抗,康熙元

---

① 《清世宗实录》卷十五,顺治二年四月辛巳。
② 《清圣祖实录》卷六十八,康熙十六年十月甲寅。
③ 《清高宗实录》卷二百六十一,乾隆十一年三月甲申。

年（1662）将南明永历帝从缅甸索回并杀害于昆明之后，才稳定了云南的局势，确立了清政府在云南的统治。从顺治十六年（1659）至康熙二十年（1681），云南实际处于吴三桂及其孙吴世璠的控制之下。三藩平定之后，清政府在云南的统治才开始走上正轨。因此康熙时期清政府对云南的治理，可以以三藩平定为界分为前后两个时期。

在清廷锐意平定西南之初，为尽快统一全国，稳定局势，清初朝廷对于南方的土司实行比较优容的政策。顺治十五年（1658），顺治皇帝便针对西南地区民族问题发表过旨意：

> 四川、贵州、云南等处地方所有土司等官，及所统军民人等，皆联远徼臣庶，自寇乱以来，久罹汤火，殊可悯念。今大兵所至，有归顺者，俱加意安抚，令得其所，秋毫无有所犯。仍严敕兵丁，勿令掠夺。其中有能效力建功者，不靳高爵厚禄，以示鼓劝。①

因此，清军在进入云南时，所到之处，只要当地土司归降，清政府一律给予承认，并对其进行安抚，力求尽快稳定西南局势。顺治十六年（1659）六月，景东、蒙化、丽江、姚安、北胜、兰州、姚州、镇南、顺州、云南县、鹤庆、定远、广通、楚雄、永平、剑川、黑盐井、南甸、干崖、陇川、猛缅、潞江、镇沅、沾益、元谋，并四川乌撒、东川、乌蒙、镇雄等土司悉先后归附。顺治十七年（1660）正月，吴三桂受命镇守云南，随即开始整顿云南土司，加强控制。三月"请准土司世袭"，对于蒙化、景东、永宁、丽江、镇沅仍设土知府，蒙化、景东、永宁同时设流官同知，掌印。给南甸、陇川、干崖、盏达、耿马、镇康、湾甸、威远、猛缅各级土司"给印札，世袭"。十月，车里宣慰司刀木祷投诚，给印，世袭。顺治十八年（1661）八月，分别对宁州、曲靖府、姚安府铁索营、寻甸、临安府纳楼司地方土司的管理进行了调整归置。康熙元年（1662）九月许南甸、干崖、陇川、猛卯、遮放、芒市等土司世袭。二年（1663）准姚安土官高鼐映世袭土同知。康熙三年（1664）准广南府富州土官承袭。康熙五年（1666）二月准阿迷州土官世袭土知府。②

---

① 《清世祖实录》，卷一百二十二，顺治十五年十二月己丑。
② 康熙《云南通志》卷三《沿革大事考》，凤凰出版社选编《中国地方志集成·省志辑·云南》，2009，第1册第92~96页。

自顺治十七年（1660）正月，吴三桂受命镇守云南之后，渐将云南视为其私人禁脔，大力加强对云南的控制，对包括土司在内的云南各族人民盘剥加剧。加上当时李定国等南明将领仍在云南边境坚持抗清，一些土司也心怀前明，云南屡次爆发反清叛乱。顺治十六年（1659）九月，元江府土知府那嵩反清。康熙四年（1665），乘吴三桂率军镇压水西安氏土司之机，滇东宁州、新兴、嶍峨、蒙自、元江、路南、陆凉、弥勒等地爆发反清叛乱，攻临安，陷蒙自，省城震动。但这些反清叛乱俱被吴三桂率大军镇压。为削弱土司势力，巩固统治，吴三桂乘胜向朝廷上书奏请对这些地方的土司进行改土归流。顺治十七年（1660）五月，镇压元江土官那嵩之后，清廷"置元江府流官，并设元江副将"，并于顺治十八年（1661）五月，报定元江府新编钱粮，还安插投诚土官那仑于临安垦荒，十月，以普洱地方半归车里，半属元江，并编普洱、思茅、普藤、茶山、猛养、猛暖、猛捧、猛赖、整歇、猛万、上猛乌、下猛乌、整董等十三处隶元江府，及编枯木八寨、牛羊新县、李日芳、李大用等四处隶蒙自县。① 康熙三年（1664），平定水西安氏土司叛乱，康熙四年（1665）即于水西等处请置郡县②，王朔、张长受、沈应麟叛，大军讨平。其后在康熙六年（1667）二月，以教化王弄安南三司地置开化府。康熙八年（1669）改寻甸府为州，隶曲靖，裁顺州、归化、阳宗、亦佐、维摩、三泊、碽嘉七州县，归并近府州县。③

从以上资料可以看出，吴三桂掌滇时期对云南民族的治理方式可以分为两种：一种是维持原状的地区，承认当地土官的管辖范围和统治权力，并颁赐给印札等信物，准其世袭，如车里等处仍设宣慰司，按照旧有方式进行统治。另一种是做出改变的地区，而这种改变主要有两个途径：其一是军事征讨，一般的流程是某地土司发生叛乱，清军进行征讨，平定后即在当地设置郡县，派驻流官，进行改土归流。如对水西安氏土司和元江府那嵩的处理，以及开化府的设置，俱是按照这一流程进行的。而发生叛乱并非清廷所愿，平定叛乱后采取的改流举措都不是有充分准备的行动，相反是带有应急性的，甚至可以说是被动的。正如康熙四年（1665）四月吴三桂上奏朝廷建议在水西地区推行"改土归流"政策时的奏疏所云："查水西地有十一则溪，

---

① 康熙《云南通志》卷三《沿革大事考》，凤凰出版社选编《中国地方志集成·省志辑·云南》，2009，第 1 册第 94 页。
② 同上书，第 93～95 页。
③ 同上书，第 96 页。

度量延袤之形，其地可置四府州县，但恐大创之后，人民死伤甚多，兼值草昧之初，今应先设三府以试其治，可乎?"① 可见清廷上下当时对这些地方进行改土归流并没有充分准备，对其功效也不能完全确定，因此才会"先设三府"来"以试其治"，实验的性质与目的非常明显。其二是通过政区区划的调整，裁撤或降低土司的职衔，消除打压土司的势力，改变地方的政治格局，如对普洱、思茅、茶山归属的调整，以及对寻甸州的裁撤之举。比之军事行动后的被动应急举措，吴三桂在这些地方采取的措施更主动，更有针对性。但是，从另一个角度看，军事行动对原有土司掌控的社会组织体系有更大的冲击与破坏，新的制度、治理方法更容易确立与推行。而普洱等地，虽然是主动推行的政策，但在实际执行过程中，原有的社会组织及文化对新政策的阻力会很大，政府的统治更加难以深入基层，普洱地区在雍正年间再次进行行政区划调整即是其反映。虽然如此，但吴三桂掌滇期间进行的元江府改流，设开化府，以及对普洱地区进行调整这些举措，使其后清政府对于滇南民族的认知及治理，以及滇南各民族的发展都产生了巨大的影响。

吴三桂在顺治末康熙初对云南民族的治理，无论是维持原状还是做出改变，其主要针对的还是民族中的上层即土司土官来进行的，着眼的是政治与军事权力方面。而对于各民族中的普通百姓，无论是对其民风民俗方面的认知，还是对其进行有关生产生活方面的管理，在这一时期都没有实质性的改善。

第二节　康熙《云南通志》对明末云南民族认知的继承与发展

康熙二十二年（1683），云贵总督蔡毓荣主持修纂了清代云南第一部通志，作为清廷在云南的主政官员，其思想观点必然会通过所修志书的内容表现出来。本书所关注的有关民族认知、民族治理方面的问题同样如此。但此部志书因"是时方初复，迫于限期，遂致考订难称至当，蒐罗尚未□□②……但钞未刻"③，未能流传下来。

---

① （清）刘健：《庭闻录》卷四《开藩专制》，方国瑜主编《云南史料丛刊》第八卷，徐文德、木芹纂录校订，云南大学出版社，2001，第400页。

② 原书文字漶漫，不能辨识。

③ （清）王继文：《题明续纂云南通志疏》，康熙《云南通志·疏》，凤凰出版社选编《中国地方志集成·省志辑·云南》，2009，第1册第1页。

康熙三十年（1691），由当时的云贵总督范承勋、云南巡抚王继文主持，学政按察使司佥事吴自肃、姚安府知府丁炜纂修的清代云南第二部省志问世，即为今天所见康熙《云南通志》。康熙《云南通志》是在康熙二十二年（1683）志书基础之上"重加纂辑"而成①，反映了清朝前期政府对云南民族认知的情况。

一　康熙《云南通志》对西南边疆界限的明晰

康熙《云南通志》开篇为舆图部分，所收 22 幅舆图为云南总图、云南府图、曲靖府图、临安府图、澂江府图、武定府图、广西府图、元江府图、广南府图、开化府图、大理府图、永昌府图、楚雄府图、姚安府图、鹤庆府图、顺宁府图、蒙化府图、永宁府图、景东府图、丽江府图、镇沅府图、西南诸彝总图。与天启《滇志》23 幅地图相比，无寻甸府、北胜州图，增加了开化府图。寻甸府在康熙八年（1669）降为州，隶曲靖府，北胜州在康熙五年（1666）改隶大理府，开化府是在康熙六年（1667）新置。

正如《凡例》中所说："舆图所以考职方非徒备观览已也。况滇为边地，尤不可以绘事目之。今仍依前志附以诸彝总图，内外之形庶几了如指掌。"② 可见康熙《云南通志》舆图部分内容基本是前志的内容，20 幅各府地图，除开化府外，基本是抄绘天启《滇志》，不同之处仅是根据清廷在云南政区设置的变化而对地名与辖境做了修改。但这些不同之处，仍值得深入分析。

与天启《滇志》的《全省地图》相比，康熙《云南通志》中《云南总图》的四至八到与之完全一致。但康熙《云南通志》对云南的疆域文字描述却有所不同：

> 滇在西南边徼，其地东至广西泗城州界七百五十里，西至神护关接野人界一千七百六十里，南至交趾界七百五十里，北至四川会川卫界四百里，东南至贵州普安州界五百里，东北至贵州乌撒卫界六百三

---

① （清）丁炜：《云南通志序》，康熙《云南通志·序》，凤凰出版社选编《中国地方志集成·省志辑·云南》，2009，第 1 册第 26 页。

② 康熙《云南通志·凡例》，凤凰出版社选编《中国地方志集成·省志辑·云南》，2009，第 1 册第 39 页。

十里，西南至巨石关一千八百五十里，西北至吐蕃界二千里。①

与天启《滇志》对云南西部"西界西洋海六千里"和西南部"西南界南海五千五百里"这样不确切的描述相比对，康熙《云南通志》对云南西部和西南部疆域的描述在准确性上可以说是有了质的飞越，不仅东、北、南边一样有了可计的里数，还有了具体的标志物：西是神户关，西南是巨石关。地图与疆域表述的云南疆域在西、西南方向上存在的矛盾之处，一方面反映出康熙《云南通志》内容对天启《滇志》的承袭；另一方面也又反映了康熙初年云南疆域问题所发生的变化，即疆域的界限逐渐明晰，而疆域的范围则明显的有所收缩。

康熙《云南通志》卷二十七《土司》子目对分布于云南各府土司土官的历史承袭、清建立之时的态度，以及清廷对其封赐等情况做了描述。其内容所涵盖的地区有云南府、曲靖府、临安府、澂江府、武定府、广西府、元江府、广南府、开化府、大理府、永昌府、楚雄府、姚安府、鹤庆府、顺宁府、蒙化府、永宁府、景东府、丽江府、镇沅府、孟定土府、直隶威远州、直隶耿马宣抚司、直隶者乐甸正长官司21府、1州、1宣抚司、1长官司。再看康熙《云南通志》其他卷内容，《建置郡县》《户口》对云南府、曲靖府、临安府、澂江府、武定府、广西府、元江府、广南府、开化府、大理府、永昌府、楚雄府、姚安府、鹤庆府、顺宁府、蒙化府、永宁府、景东府、丽江府、镇沅府、孟定土府21个府进行记载。与明末对内边政区的划分相比，清代康熙年间的内边政区少了寻甸府、北胜州，多了开化府、孟定土府。以上俱是因为政区调整而导致的变化，而孟定土府则不然，孟定府在明代即已设立，清初"因之"②。康熙《云南通志》载其疆域曰："在省之西南，其地东至云州德化里猛回界，西至木邦河口界，南至野人地界，北至无量山顶界。"③ 在明代，孟定府是御夷府，还属于外边政区，但在康熙三十年（1691）则已然与开化府、镇沅府一样，成为一体统治的地区。但是，在《田赋》《秩官》两卷中，又没有设置孟定府的条目与内容，这说明在国家实行一体统治下的孟定土府境内，

---

① 康熙《云南通志》卷五《疆域》，凤凰出版社选编《中国地方志集成·省志辑·云南》，2009，第 1 册第 137 页。
② 同上书，第 134 页。
③ 同上书，第 143 页。

在田赋、秩官等方面制度还不完备。具同样情况的还有者乐甸长官司，《疆域》与《山川》两卷中有对者乐甸长官司的记载，但《户口》《秩官》又没有关于此地的条目内容。可见，在康熙年间，政府加强了对云南府等 20 府的治理，对于孟定土府与直隶者乐甸正长官司两处相对靠外地方的治理虽然还不完备，但明显深化。

对于在明代属于外边政区的地方，情况则发生了变化。威远州、耿马宣抚司变为直隶，车里宣慰司归元江府管辖，干崖宣抚司、镇康州、湾甸州、芒市安抚司、潞江安抚司归永昌府管辖。可见在康熙三十年（1691）之前，清政府通过升直隶，或者降低层级，由省管改为府管的不同方式，对威远、车里等明代的外边政区开始进行消化、强化统治。如果说孟定府虽然制度等还不完备，但已经跨过了由外转内这个质变的界限，开始了逐步完善与内地一体化统治的各项政策、设施。威远、耿马、车里等 11 地虽然建置、户口、田赋、秩官等基础还薄弱，但也处在向内地靠拢的准备过程中，其政区性质、发展轨迹已经与缅甸、木邦等原本同属明代外边政区的地区有了本质的区别

缅甸、木邦等原明代的外边政区，在康熙《云南通志》中仅以小字双行格式附于《土司》卷末，其文末有言曰："以上各土司俱旧志所载，本朝未经授职，附录备考。"① 可见至康熙三十年（1691）修志时，这些地方已经不被视为疆域内，将其排除在了清政府的统治管辖之外。

康熙年间云南政区变化的现实，再结合康熙《云南通志·疆域》中对云南省疆域的描述，可以发现如下事实：以刘文征为代表的明代官员认为，中国西南边疆，其覆盖范围是延伸到印度洋海岸的。而康熙年间以范承勋为代表的清廷官员，他们观念中的边疆已经退缩到了八关一带。比之明朝，清朝的疆域明显缩减。虽然存在诸多地理坐标错误，且实际控制力度微小，但是在明代属于外边政区的孟定等地，在清代则已经成为内地。也就是说，清政府加强了对边疆的管控力度，在当时的技术条件下，尽可能地明晰了西南边疆的界限，并在自己的边疆地区大力推行与内地一致的一体化统治。

二　"夷"变"彝"反映的民族观、社会情境变化

康熙《云南通志》中最后一幅地图名为《西南诸彝总图》，也是抄绘

---

① 康熙《云南通志》卷二十七《土司》，凤凰出版社选编《中国地方志集成·省志辑·云南》，2009，第 1 册第 94~97 页。

自天启《滇志》的《西南诸夷总图》。康熙《云南通志》将天启《滇志》图中用圆圈与方框分别标识的地名统一用方框表示，改变了天启《滇志·西南诸夷总图》中用不同符号来表示内外有别的表现方法。除此之外，康熙《云南通志》图名还将"夷"字改为了"彝"字。考察康熙《云南通志》其他内容，在涉及对民族的描述时，俱用"彝"而非"夷"。可见这样的更改并非手误或偶然的行为，而是有意为之。

对于"夷"字，《说文解字》曰："从大从弓。东方之人也。"注曰："夷篆从大，则与夏不殊。夏者，中国之人也。从弓者，肃慎氏贡楛矢石之类也。"而"彝"字，《说文解字》的解释为："宗庙常器也。从糸；糸，綦也。廾持米，器中宝也。"① 传统上夷字是对东方民族的带有歧视意味的统称，彝则是对重器的美称。一为民族贬称，一为器中之宝，褒贬之意截然不同。在从《史记》的《西南夷列传》开始，直到明末天启《滇志》的《种人》《属夷》，在对西南诸多民族进行描述时，都使用的是"夷"，而到了清康熙年间，"夷"字则为"彝"所取代。如康熙《云南通志·凡例》中曰："本朝德威四讫，群彝效顺。"② 康熙《建水州志》卷三即是《彝人》。③ 如前文所说，清朝皇帝的满人身份，使得其在面对同样是非汉民族的西南边疆各族时，能够以相对更为平等的、较少歧视的态度来进行治理。因此在文献中，用"彝"而不用"夷"，用相同读音但意义较佳的文字替代含有贬义的字样，来进行涉及民族内容的书写。康熙《云南通志》中"夷""彝"的文本变化，反映的是以范承勋、王继文、丁炜为代表的清朝官员，秉承来自康熙皇帝的态度与做法，采取对云南民族较少歧视的眼光。这种转变进一步反映出，从中央到地方都是在相对平等的、对民族较少歧视的民族观指导下，来看待治理西南诸民族的。而这正是清前期社会情境的一个方面，方志中"夷"与"彝"的一字之差，正是这种社会情境的转变在文本中得到反映的典型例证。

三　康熙《云南通志》中的《风俗》与《土司种人贡道附》

康熙《云南通志》中有关民族情况的记载集中在卷七《风俗》和卷

---

① 《说文解字》卷十"大"部、卷十三"糸"部，《景印文渊阁四库全书》，台湾商务印书馆，1986，第 223 册第 277、334 页。

② 康熙《云南通志·凡例》，凤凰出版社选编《中国地方志集成·省志辑·云南》，2009，第 1 册第 39 页。

③ 康熙《建水州志》卷三《彝人》，云南省图书馆抄本，第 6 页。

二十七《土司种人贡道附》中。

关于风俗，凡例中曰："风俗所载，率多增饰，殊非确论。兹据前代所传，参以今时共见者，定其习尚，移易变化，是又在风厉之人耳。"① 《风俗》卷端又曰："滇固百濮之遗也……明初以卫人实其地，由是冠婚丧祭颇同中土。"② 可见康熙年间人们已经意识到，明代汉族移民进入对于云南各地风俗产生了巨大的影响。而进入清朝以后"近则朴鲁渐化而文明习尚日益丕变，盖沐浴圣朝之声教久矣"③。不同民族间文化的交流与融合在逐步加深。在此基础之上，"有移易之责者更亟范之以礼，导之以俭，柔之以仁"④。政府官员以一种更积极的态度来推动风俗的转变。以期实现"乂渐摩涵濡将见，士有诗书之气而不佻，民安耕凿之常而不□⑤，又何俗之不淳而风之不古也哉"⑥ 的目标。

其后康熙《云南通志》以府为单位对各地的风俗进行了描述，云南等府主要是对节庆、婚丧、祭祀、交易等方面情况的描述。涉及民族风俗的地区有元江府、广南府、顺宁府、永宁府、景东府、丽江府、镇沅府和孟定府等。在抄录天启《滇志》的基础上略有增加，但没有太大的改变。开化府为新设政区，对其记载为："彝猓崇巫祀鬼，啖鼠咀蛇，迁徙无常。喜斗轻生。间有藏虫毒杀人者。设流之后学校既开，习俗渐迁，汉人近稍寄居焉。"⑦ 对开化府风俗的描述，表明了从康熙四年至康熙三十年（1665~1691）间，政府在此地区民族认知方面取得的进步。天启《滇志》中属于外边政区的孟定府，在康熙《云南通志·风俗》中也有对其民族风俗的描述："男皆黑齿，竹丝为帽。女衣彩绣，漆藤作笠。语音啁喳，性情质鲁。"⑧ 以上对新增各府风俗的描述表明，清政府增强了对于这些地区民族的认知。

---

① 康熙《云南通志·凡例》，凤凰出版社选编《中国地方志集成·省志辑·云南》，2009，第 1 册第 40 页。
② 康熙《云南通志》卷七《风俗》，凤凰出版社选编《中国地方志集成·省志辑·云南》，2009，第 1 册第 191 页。
③ 同上。
④ 同上。
⑤ 原书此字漶漫不清。
⑥ 康熙《云南通志》卷七《风俗》，凤凰出版社选编《中国地方志集成·省志辑·云南》，2009，第 1 册第 191 页。
⑦ 同上书，第 194 页。
⑧ 同上书，第 196 页。

《风俗》中提及的民族群体情况，是在对各地风俗进行了解时顺带取得的成果，所记并不详尽。而康熙《云南通志》卷二十七《土司种人贡道附》是记载云南民族各方面情况的专目，此部分内容最能反映当时清政府对于云南民族情况的认知水平与程度。

《土司种人贡道附》的主旨，凡例中曰："夫西南治乱，半由于土司。本朝德威四讫，群彝效顺，此往代所未有也。纪其隶于职方者，并种人贡道而共载之。大一统之模于兹可见。"① 可见，康熙年间主政云南的官员认为，土司问题是云南的主要矛盾之一，关系到云南、进而西南地区的治乱，也与清王朝的大一统统治息息相关。

康熙《云南通志》延续了天启《滇志》的做法，将土司与民族百姓分开记载。但经比对，康熙《云南通志·种人》的内容全部抄自天启《滇志》。由此可知，直至修纂康熙《云南通志》时，清政府对云南民族情况的认知较之明末并没有明显的改变，而这也就意味着直至康熙三十年（1691），清政府在对云南民族认知、民族情况资料累积方面没有显著的进步。也就是说，当时的国家政权对云南民族的认知基本停留在明代天启《滇志》修纂时的水平。这与上文所说康熙时期云南省政府官员重视对民族上层土司的管理，而轻乎对一般民族百姓的了解是一致的。

康熙《云南通志》修纂于康熙中叶，正是云南由乱转治的关键时期，其所反映的清政府对民族情况的认知，在继承前朝"志"的基础上也出现了一些变化，虽然因时日尚短，这些变化的效应还不明显，但也是当时主政者基本民族观，对民族认知水平的真实反映。

四　康熙时期对云南民族认知的地域推进

康熙三十年（1691）《云南通志》的出现，带动了康熙朝云南各地方志的修纂，对各地民族情况的记载也大为增加。

在康熙三十年之后修纂的云南各地方志共有 51 部，而修纂于康熙朝最后十年，也就是康熙五十至六十一年（1711 ~ 1722）的方志又达 32 部，占到了康熙朝所有云南方志的六成以上。其中有 6 部方志记载了新的民

---

① 康熙《云南通志·凡例》，凤凰出版社选编《中国地方志集成·省志辑·云南》，2009，第 1 册第 42 页。

族。可见，康熙朝的最后十年，即是方志修纂的高潮，也是云南各级官府对云南民族认知的高潮。

不过在康熙三十年（1691）以后所修纂的云南各府、州、县方志中，安宁州、富民县、昆阳州、嵩明州、罗次县、易门县、剑川州、浪穹县、云南县、通海县、河西县、石屏州，以及黑盐井、琅盐井14个地方的志书没有收录有关民族方面的资料；而禄丰、宁州、建水、弥勒4地的方志虽然有涉及民族的内容，但仅有民族的名号而无具体的描述；呈贡、晋宁、宜良、马龙、大姚、鹤庆6地的志书虽然有对民族情况的描述，但没有对每个民族分别描述，而是笼统以"彝俗"之类的词句来概述之。

康熙《黑盐井志》与《琅盐井志》为盐井志不计，无民族情况记载的安宁州、富民县、昆阳州、嵩明州、罗次县、易门县，有目无文的禄丰县，记载笼统的呈贡县、晋宁州、宜良县，这11处俱属于清代云南府，再加上康熙年间没有修纂方志的附郭县，就是云南府全境的所有辖地。可见在当时，作为云南省核心地区的云南府，各地在修纂方志时，有关民族方面的情况并不是其工作的重点。云南府、澂江府及其周边地方，在康熙年间所修纂方志表现出在民族情况记载方面薄弱、停滞的特点，是云南省腹心地域，民族特征不突出、非汉民族与汉人的界限模糊，是非汉民族逐渐被纳入官府一体统治这一民族发展趋势的表现。

而在滇西北、西南等地的方志情况则不同。康熙《云州志》、《新平县志》、《广西府志》、《元江府志》等在"种人""土人""种彝""种类"等专门的子目下，对民族记载不断丰富完善，内容不断增加。而这些对民族记载较多，或认知了新民族的地区，俱位于云南腹心地区外缘。

与腹心地区方志对民族情况记载薄弱、停滞的同时，在腹心之外的地区，不同民族百姓的形象在朝廷派来的官员眼中、方志修纂者笔下却日益清晰，内容逐渐丰富，不同民族间的差别也愈发明显。而这种看似矛盾的局面，恰恰是清政府在云南不同地区，基于不同的民族情况，以及相应的民族认知采取的差异统治策略的表现。在云南府、澂江府等腹心地区，非汉民族与汉人的界限模糊，民族特征逐渐趋同，地方风俗逐渐向内地靠拢，在民族和社会风俗的基础具备之后，官府便能在这些地方实行与内地一致的治理，民族百姓逐步成为王朝统治之下的编户齐民。而在腹心之外的地区，随着对不同民族情况由陌生变熟悉，或由初步了解变为深入了解，原本只能任由土司完全掌控的民族百姓在官府眼中有了不同的形象。随着原本认为是一类的民族因认知的深入而辨识出不同的群体、支系，或者不同的民族，把原本势力庞大的个别土司分封成了不同的诸多小土司。而原本认为属于不同类别，或分布于不同地域的民族群体被归并为一类，这便可以对其采取比较一致的统治方法与策略。对剽悍者施之以威，淳良者抚之以慰，开办学校，教化百姓，采取多样化的治理手段，以实现边疆安定与发展目标。

康熙年间云南各地方志对于本地民族情况的记载，或是对已知民族情况的新的描述，或是有新的民族名号及记载内容出现，正是康熙年间各地政府对各个民族情况日益了解，信息逐渐丰富，民族认知水平逐步进展的表现。

第三节　清初对云南民族问题的深入思考

一　蔡毓荣《筹滇十疏》

在康熙二十一年（1682），蔡毓荣被任命为云贵总督，统筹云南事宜。此时，三藩之乱刚刚结束，清廷对云南的统治才被纳入正轨。蔡毓荣主政云南，对于如何铲除吴三桂在云南的影响，处理三藩之乱后在云南的遗留问题，确保清廷在云南的统治提出了系统的施政理念，即《筹滇十疏》。十疏具体为请蠲荒、制土人、靖捕逃、议理财、酌安插、收军器、议捐献、弭野贼、敦实政、举废坠 10 篇，涉及云南的政治、经济、文化、民族等各领域。而其中的第二疏《制土人》是专门针对云南民族问题的，对云南民族提出的治理方略，是康熙时期云南民族政策的基本体现。其主要内容包括以下几个方面。

第一，蔡毓荣认识到，清朝要有力地控制和治理边疆，就必须充分了解云南民族问题的特殊性。云南民族问题在于其民族多样性以及地理环境影响下的民族杂居和立体分布的特殊性。云南地理环境复杂，在地理环境的影响下形成了多样的民族，有坝区以稻作农业为主的白、傣、壮、布依等族，有在山地从事畜牧与旱作农业的彝、纳西等族，还有分布于深山峡谷之间仍然处于狩猎和刀耕火种生产方式的怒、独龙、景颇等族。云南原

有的世居民族分布状态，历经明洪武十五年至康熙年间 300 余年连续不断
的大规模汉族移民和移民土著化发展，已经发生了巨大变化，汉族成为云
南最大的民族，云南民族分布呈现出汉夷杂居的局面。① 清初汉族与云南
原有的各世居民族形成"汉土交错"的民族分布地理格局，明代汉夷分治
的模式在民族构成和民族分布变迁中，已经不能适应清朝治理云南的需
要，因此清朝在实现一体化统治的大目标下，又不能完全照搬内地汉族区
域的政策，只有通过对清初存在的云南民族问题的深入探讨，才能制定符
合云南民族社会发展、适应清朝边疆治理的政策。因而蔡毓荣《筹滇十
疏·制土人》中强调："滇省汉土交错，最称难治。治滇省者先治土人。
土人安而滇人不足治矣。"② 云南"汉土交错"的民族地理形势，决定了
清朝必须"先治土人"，"土人安"云南则治，所以制定特殊的适合云南
的民族政策，应当根据云南民族的实际恩威并施，"然非姑结之以恩而能
安，亦非骤加之以威之所得治也。"③

　　第二，蔡毓荣认为，清朝制定适合云南实际的民族政策，就必须深化
对清朝云南存在主要民族问题的认识。历经明末至康熙二十三年（1684）
的数十年战乱，明朝原有的民族管理体制遭到破坏，吴三桂在云南称藩割
据时期，导致云南民族地区社会动荡，民不聊生。清朝平定三藩，才在云
南真正实现了初步的"治乱"。我国历代王朝治理边疆的重要历程表明，
每当在边疆完成统一和平定战乱的"治乱"后，往往采取"善后"措施，
重新制定合理的民族政策，恢复民族地区的社会秩序和国家管控。④ 所以
"治乱"之后的"善后"，制定适宜的民族政策，就需要深刻认识当下所
面临的民族社会情况。正如蔡毓荣所说："查土人种类不一，大都喜剽劫，
尚格斗，习与性成。其土目擅土自雄，争为黠悍，急之则易于走险，宽之
乃适以生骄。"⑤ 可见，蔡毓荣已经清醒地认识到云南民族地区与内地汉
族区的差异，才提出要制定宽严得当的民族政策。而明末清初，云南累遭

① 陆韧：《变迁与交融——明代云南汉族移民研究》，云南教育出版社，2001，第 318 页。
② （清）蔡毓荣：《筹滇十疏·制土人》，康熙《云南通志》卷二十九《艺文三》，凤凰出
　版社选编《中国地方志集成·省志辑·云南》，2009，第 2 册第 156 页。
③ 同上。
④ 聂迅：《清代滇东南边疆民族地区国家治理的区域演进与历史进程研究》，云南大学历史
　地理专业博士学位论文，2016，第 315 页。
⑤ （清）蔡毓荣：《筹滇十疏·制土人》，康熙《云南通志》卷二十九《艺文三》，凤凰出
　版社选编《中国地方志集成·省志辑·云南》，2009，第 2 册第 156 页。

兵燹，加上吴三桂在云南弊政和三藩之乱，破坏了云南的社会秩序，造成严重影响，制定云南民族政策时必须对云南民族地区"治乱"有深刻认识。

> 自吴逆构叛悉征士兵，滥加士秩，狂逞无忌，伪总兵、副将、伪参、游、都、守遍及诸蛮，甚或伪将军、伪监军，狂逞无忌。迨我大兵深入各土司，先后归诚……先是大将军等鼓舞招徕各照伪衔换给札，付彼一时之权宜已耳。今滇中一切弊政悉与革除。若土司而加之总副等官，弊政之大者也，顾独因之可乎？夫恩不自上出，则玩小人而乘君子之器则骄。此辈狼子野心，居为固有，竟欲使监司镇将相与颉颃，而地方有司不敢望其项背。反常甚矣，尾大堪虞。①

第三，为适应清朝对云南边境民族治理的需要，蔡毓荣认为有必要对业已实施三百余年土司制度的利弊得失进行评估，也就是对土司制度重新认识，"故从来以彝治彝，不惜予之职使，各假朝廷之名器，以慑部落而长子孙。然武不过宣抚、宣慰司，文不过同知、知府，悉听流官节制。无敢抗衡。故安于并生而不为大患"②。蔡毓荣指出，对土司间接管理治下的各民族社会状况要重新认识，清廷对云南民族的认知不能停留在明代，而要统筹考察土司制度实施三百年来是否仍然适合清初云南民族社会发展的现实。故"查土官应否需用武衔？业准部咨行查，仍令照旧换袭土职。是廷议下反经之令，已为跃冶之防。臣无庸复赘矣……臣愚以为滇省土司，亟宜请旨追夺武衔，其大将军等所给衔札，无分文武，既行追缴。惟祈皇上特沛恩纶，各照旧袭职衔，量加一等服色……既夺其器凌之气，复牖以章服之荣，有不畏威而怀德者乎？此制之安之一大关键也"③。蔡毓荣认为，"照旧换袭土职"，保留云南的土司、土官，是朝廷的既定政策，毋庸多言。但土司、土官乘吴三桂叛乱之时取得的权力朝廷应当收回，以此来控制削弱土司、土官的势力。作为补偿，则应在章服上给以加赏。既要树立朝廷在云南民族地区的权威，使之"畏威"，又要对其加以抚慰，

---

① （清）蔡毓荣：《筹滇十疏·制土人》，康熙《云南通志》卷二十九《艺文三》，凤凰出版社选编《中国地方志集成·省志辑·云南》，2009，第 2 册第 157 页。
② 同上。
③ 同上。

使之"怀德"。蔡毓荣指出,对土司、土官的治理,是云南安定与否的主要因素。针对土司"互相仇杀,一不禁而吞并不已,叛乱随之"① 的情况,"则请著之令曰:各守常度,毋相侵犯,其有称兵构衅者,歼厥渠魁,捣其巢穴,务伸锄强扶弱之义。用遏乱萌,此其一也"②,禁止兴兵作乱,扰乱地方;鉴于土司"熟于山箐,易为力也"③ 的实际,"则请著之令曰:一乃心力备我声发,其有事而征调不赴,或观望迁延者,立逮而置之军法,一面奏闻,如果著有成劳,仍准论功行赏,使彼乐为我用,而控纵在我矣。此其一也"④,强调土司要听从调遣;针对"土人知有土官而不知有国法"⑤ 的情况,"则请著之令曰:无萌故智,勿悖王章。其犯罪至死者,械送督抚,明正其罪,务使土人遵朝廷。土官不敢擅威福,此其一也"⑥,强调土司要遵从国家律法的管束。

从以上内容可以看出,蔡毓荣对云南土司问题的历史与现状有清晰的认识,特别是对于土司、土官兼武职,导致其势力膨胀这一点尤为关注。在蔡毓荣看来,土司与流官本为两个体系,但吴三桂因为要借土司之力对抗中央,滥封官职,给予其进入流官体系的机会。这一方面导致土司势力膨胀;另一方面对官员的选拔、任命、监察等都造成了混乱,因此必须厘清二者的权属,理顺流官与土职两个体系,使其不相混淆,确保流官体系不受冲击。因此蔡毓荣上疏建议清廷以平定吴三桂叛乱为契机,实施改革。蔡毓荣指出:"土官以世系承袭,不由选举,其祖父势利相传,其子弟恣睢相尚,不知诗书礼义为何物,罔上虐下,有由然矣。我国家八法计吏,三年考绩,土官皆不预焉,不肖者无惩,间有一二贤者,亦无以示劝,欲其奉职守法也得乎。"⑦ 因此"臣请著为定例,嗣后土官应袭者,年十三以上令赴儒学习礼,即由儒学起送承袭。其族属子弟有志上进者,准就郡邑一体应试,俾得观光上国,以鼓舞于功名之途……其土官于岁终开列所行事实,申报督

---

① (清)蔡毓荣:《筹滇十疏·制土人》,康熙《云南通志》卷二十九《艺文三》,凤凰出版社选编《中国地方志集成·省志辑·云南》,2009,第 2 册第 157 页。
② 同上书,第 158 页。
③ 同上。
④ 同上。
⑤ 同上。
⑥ 同上书,第 157 页。
⑦ 同上书,第 158 页。

抚，察核具题，不肖者降革有差，贤者增其秩或赐之袍服以示优异，使知以朝命为荣辱，自不以私心为向背，此又其一也"①。认为朝廷应当一方面要掌握土司的承袭，另一方面要对土司的功过进行考核，根据考核结果而加以赏赐或降革。这些认识成为此后雍正时期进行大规模改土归流政策制定的重要依据。

第四，对民族的教化，蔡毓荣认为："土情多诈，未始不可以信孚，土性至贪，未尝不可以廉格……良由教化未明，徒议招讨，无益也。"②因此"臣请以钦颁六谕，发诸土司，令郡邑教官月朔率生儒耆老齐赴土官衙门，传集土人讲解开导，务令豁然以悟，翻然以改。将见移风易俗即为久安长治之机，此其一也"③。强调以教化为手段，达到移风易俗的目的。并且认为，此为关系到"久安长治"的重要事项。蔡毓荣还特别指出，应当重视对土司子弟的教育，送学习儒，鼓励他们参加科举考试。

第五，对于附从吴三桂的民族百姓，蔡毓荣考虑"附之有司，编入里甲，则汉彝杂处，必有隐忧。若以归附邻近土司，无论必不相安，尤恐所附者益强大而难治"。因此"臣请稽其宗派，取其邻司保结，果无虚冒，准其一体报部照袭原职，按其原管之地，责令供办粮差……此又其一也"④，此一条是专门针对吴三桂叛乱遗留问题而提出的举措。但从中也可看出，蔡毓荣考虑过将民族百姓如内地百姓一样编里甲，但鉴于当时的实际情况，"汉彝杂处，必有隐忧"，放弃了这个方案。这也从一个侧面说明，康熙年间少数民族百姓的情况与内地百姓还是有差别，在民族地区推行里甲制度并不适合。

随后，蔡毓荣总结道：

> 总之，今日之土司，非犹夫承平日久之土司，臣熟察情形，悉心筹画，所当大为防闲，曲为调剂者有如此。皇上明鉴万里，如果以臣言为不谬，伏冀按臣所请，特颁天语饬行，斯遐荒之观听一新，而彝俗之身心交戢矣。⑤

① （清）蔡毓荣：《筹滇十疏·制土人》，康熙《云南通志》卷二十九《艺文三》，凤凰出版社选编《中国地方志集成·省志辑·云南》，2009，第 2 册第 159 页。
② 同上书，第 158 页。
③ 同上书，第 159 页。
④ 同上。
⑤ 同上。

在此处，"熟察情形"要先于"悉心筹画"，也就是说蔡毓荣认为，前者是后者必不可少的基础。这也反映出蔡毓荣对于云南民族治理问题的思想，即只有对云南的民族问题有了一定的认知，才能提出有针对性的治理政策与措施，民族治理才能取得成效。

蔡毓荣作为首任云贵总督，是云南在康熙年间由乱到治的关键人物。《筹滇十疏》所反映的施政理念以及其中拟定的具体施政措施，是当时政府对云南社会矛盾的应对，对云南社会政治经济文化的发展产生了巨大的影响。从《筹滇十疏·制土人》来看，三藩平定后清政府对云南民族的治理，主要还是聚焦于如何管理土司，稳定统治秩序，对一般民族百姓的治理还没能涉及，对民族群体情况的了解有待深入。

二　刘彬《永昌土司论》

康熙时期，除了云贵总督蔡毓荣认识到云南民族问题的症结在于业已实施300余年的土司制度产生的流弊外，在云南地方政府任职的其他官员及有见识的地方知识分子也有同感，特别是地方基层政府官员在处理民族问题时，也将云南民族问题归结到土司制度的流弊和对此制度进行改革的认识上。如康熙永昌人刘彬所著的《永昌土司论》，对如何因地制宜治理土司，有精到的论述。其文被节抄收入康熙《永昌府志》①，并作为其子目《土司种人》内容的总论，表明方志修纂者对这篇文章的认可。而康熙《永昌府志》为康熙四十一年（1702）时任永昌知府的罗纶主持修纂的，所以，《永昌土司论》代表了永昌府官员对于云南西南边疆民族问题的看法。

其一，《永昌土司论》指出，解决土司问题、进行民族治理的前提，是要对民族情况有相应的认知。"于土彝情形犹未透悉，故于何者宜去，何者宜留，未知分析。"② 对民族情况认识不清，没有进行深入的分析研究，不能提出有针对性的、有效的治理政策与措施来解决民族问题，因此必须加强对民族情况、民族问题的认知。作者刘彬认为："论者固未可执一而观，治者尤当因时而变。"③ 强调对民族的认知，需要与时俱进，不

---

① 康熙《永昌府志》卷二十四《土司总论》，云南省图书馆抄本，第18~24页。

② （清）刘彬：《永昌土司论》，《小方壶斋舆地丛抄》，上海著易堂，光绪二十年（1894）铅印本，第八帙47页。

③ 同上。

断完善，而民族政策的制定也并非一劳永逸的事情，而是要根据时代的发展，民族情况、民族问题的变化而不断调整。

其二，刘彬对永昌地区的土司作了层级划分。《永昌土司论》云：

> 即以永郡之彝论之，有内地之彝、有外地之彝、有沿边之彝、有虽在沿边而实同于内地之彝。内地者，如永平之土县丞、土驿丞，保山之潞江安抚司是也。此皆地界通衢，境连郊邑，并用向往，阡陌相错，与汉人杂处而居者也；沿边者，如镇康、湾甸、芒市、遮放、盏达、猛卯、干崖、陇川是也。此则环永腾西南，北邻江域，奉节制、供差发者也。其西北之沿边者，漕涧上江。此外，即为茶山、里麻、古勇、野人等彝，虽有节制之名而已，非我部属，俨然外地。野人则并非控制，赤发野人又在野人之外矣；虽在沿边而实同于内地者，如腾越之南甸司，保山之十五喧二十六寨是也。其境界相连，田里相杂，犹夫永平之土县丞、土驿丞，保山之潞江安抚司是也；外地者，如威远、孟连、耿马等彝是也，此则虽在控驭直隶之内，不过供差发，属羁縻而已，法令所不及也。①

刘彬认为，永昌地区的土司有内地、沿边、虽在沿边而实同于内地、外地四种之分。内地之彝分布在永平、潞江这些交通要道的地方，其首领任土县丞、土驿丞及安抚司之职，与汉人杂居；沿边之彝分为两块，位于永昌府西南的镇康、湾甸、芒市、遮放、盏达、猛卯、干崖、陇川为一块，这些地方的民族奉节制、供差发。永昌府西北的里麻、茶山、古勇、野人（山）等曹涧之上澜沧江以西的地方为一块，这些地方的民族被认为"非我部属"，官府对其仅仅是有控制之名；虽在沿边而实同于内地之彝包括南甸、十五喧、二十六寨地方，地理位置上属于沿边，但各方面发展情况与永平、潞江相差无几；外地之彝分布在威远、孟连、耿马，这些地方虽然也在"控驭直隶"范围之内，但是"法令所不及"，不过仍然承担供差发的责任。由此可见，康熙时期，凭借已有的对永昌地区地理和民族的认知，将永昌划分成了不同的层级：内地、沿边、虽在沿边实同内地、外地。

---

① （清）刘彬：《永昌土司论》，《小方壶斋舆地丛抄》，上海著易堂，光绪二十年（1894）铅印本，第八帙47页。

内地、沿边或虽在沿边实同内地三种土司之地，俱分布在永昌西北部。内地在最东，虽在沿边实同内地次之，沿边最西，呈现出一个由内而外层层包裹的态势，而这种由东向西递进的地域层级，正是国家治理、管控力度由云南腹心向西逐渐减弱的表现。而外地之彝俱分布在永昌府之南，也就是云南的西南部边疆地区。外地之彝的这种地域集中性说明，国家对滇西南的管控力度，开发程度是要弱于滇西的。

除地域特征外，这个圈层结构也有划分民族认知层级的属性。在民族上，从内而外由与汉人杂居逐步向汉人稀少过渡。官府对其的管理力度，也从等同汉人管理、到控制力度不同的奉节制供差发、到仍在控制范围之内但法令所不及、再到"各长其长，各世其世"逐渐递减。在不同的地域范围内，随着民族构成在逐步变化，官府采取的治理政策有明显的区别，对其的管控力度与效果在逐步减弱，民族百姓所承担的赋税等责任也在逐步递减。

其三，刘彬分别就内地、沿边、虽在沿边而实同内地、外地四种土司对地方造成的不同影响做了分析，着重指出了土司制度的流弊。外地土司"诛求不能及，凌虐不克施，隙衅之起，既无其由。而况时当全盛，彼诸夷又岂敢有不逞之念哉"①。而内地、沿边、虽在沿边而实同于内地的土司情况则不同："其地最近，势最柔，故其为累也最苦，为祸也最易，为恶也又最深。"② 因为处于内地或与内地毗邻，一方面易受到内地官员的骚扰盘剥，为累也最苦；另一方面也容易对内地安全稳定造成威胁，为祸也最易。土司统治妨害地方治安，致使官府"缉捕固不可得，行查仅为虚文"③；土司世袭，有恃无恐，盘剥民族百姓。官府统治下的人民可以状告上官，但民族百姓因为属土司管辖，投告无门，刘彬感叹"彝民何辜而罹此惨耶？"④ 土司盘踞地方"肆屠虐而不悛，玩法纪若罔闻"⑤，平日无事宽容，有事难以调遣，骄纵滋蔓，成尾大不掉之势。总之，内地与沿边及虽在沿边而实同于内地的土司，其统治无论是对国家一体统治，还是对

---

① （清）刘彬：《永昌土司论》，《小方壶斋舆地丛抄》，上海著易堂，光绪二十年（1894）铅印本，第八帙47页。
② 同上。
③ 同上。
④ 同上。
⑤ 同上。

当地的黎民百姓，都已经是弊大于利，成为社会发展的阻碍，必须加以解决。

其四，刘彬针对土司的弊病，提出了总体的解决方针。他认为："其恶宜除也，其祸宜防也，其苦宜恤也。"① 也就是说，在防范土司反叛为祸、凌虐彝民作恶的同时，也要避免民族百姓不使其被官府、奸诈汉人诛求、诱骗、为累受苦，保障民族百姓的利益。而如何实现除恶、防祸、恤累的目标呢？他认为，外地之彝因为距离遥远，国家对其治理难免鞭长莫及，在国家的威慑之下，其对"内地""沿边"地方的影响也有限。但"内地"与"沿边"的民族则不同，因为"其地最近，其势最柔……分踞于郡县之中"，受国家治理的影响巨大，同时对地区也有着重要的影响，因此，民族治理对于云南来说是"卧榻之侧、肘腋之地"，不容轻忽。但刘彬也清醒地认识到"欲举若辈一旦尽去之"的方法不可能实现，因为现实是"党类实繁，卒难遽去"，因此结论是此种方法"势必不能"。在刘彬看来，适宜的民族治理手段是采取"渐变之策"，用法度来规范民族，特别是土司土官的行为，使其畏惧朝廷而不敢肆意妄为，对于民族百姓，则"抚之以恩，恤之以仁"，将其变为良民。并且强调这种渐变之策，要由内而外，由近而远地推行，"潜消焉，默化焉、仁渐焉、义摩焉"②，等到诸彝都被纳入郡县治理的时候，永昌的民族问题就自然解决了。

其五，刘彬提出针对土司问题的具体解决办法。对于内地及虽在沿边而实同于内地的土司，刘彬认为："可裁也。"③ 对于反对意见，刘彬一一进行了批驳。以"所谓夷人鸟语卉服，习俗攸殊，爰置土司统之，所以藉其保固藩篱之用"④ 为由的，刘彬反驳道："夷民种类虽别，而畏威惧法之心，与舍苦就乐之情则一。苟善抚之，畴非赤子？就滇而论，从前皆夷也，而今之城郭人民风俗衣冠，改土归流，变夷为夏者十且八九，未闻必藉土司而后保固也。若所谓藩篱者，乃边境之外者也，岂有在内地者而亦藉以为藩篱乎？"⑤ 对于认为"夷人在内地者，虽属土官管辖，土官仍属

---

① （清）刘彬：《永昌土司论》，《小方壶斋舆地丛抄》，上海著易堂，光绪二十年（1894）铅印本，第八帙47页。
② 同上书，48页。
③ 同上。
④ 同上。
⑤ 同上。

流官节制，比于子民，相安已久，何以更张为哉"的观点，刘彬更是重点加以批驳，他说："此庸流浅见也。筹边之道，在乎防微。保民之方，实于经久。若仅泥于目前，非不晏安无事，而不知其有事之机自在也。且以土人言之，同在中华之内，而风化不能及，恩泽不克沾，盖各有土官以隔别之。"① 要言之，刘彬在此主要持以下两个观点：（1）土官是影响其筹边保民、长治久安的不稳定因素。并不能因为目前无事，而忽略其隐藏的威胁；（2）因为有土官的存在，国家并不能实现对土民、土人的直接统治。因此，对于内地以及虽在沿边而实同于内地的土司，必须裁革。至于如何裁革内地及虽在沿边实同内地的土司，也分为不同的情况。"倘罪应斥革，即以汉官代之，停其承袭"②。而在取消土司统治的同时，刘彬强调，官府的统治必须跟上："然后录其人民、籍其田地，减赋役因苏其力，给牛种意裕其源，选用循良，善加抚恤。"③ 而对于沿边土司，刘彬认为应该保留："彼既不在我腹里之地，与我土地不相错杂，城郭不相逼近，无事则藉为藩篱之用，设或有事，犹可一面御之。"④

刘彬在康熙年间提出的解决云南土司问题的办法，在其后雍正年间鄂尔泰在云南改土归流过程中得到了验证。如姚安、邓川、沾益等处内地的土司，均是以土司不法为由，将其参革，搬于他省安置，以流官取而代之，基本是和平实现改流。而东川、乌蒙、镇雄、威远、镇沅则属于刘彬所说的虽在沿边而实同于内地一类，和平手段并不能起实效，因此以军事手段进行，但最终结果是和内地土司一样，彻底铲除土司势力。而属于沿边的车里、广南土司，虽然当时鄂尔泰领导的官兵已经占据了优势，但仍然将其保留下来，以作藩篱，防御缅甸、越南起事。

刘彬最后强调，只有解决了土司问题，才能使"百姓免于荼毒，为之统驭者亦不病于掣肘"⑤。达成"内地可以肃清，肘腋可以无虞。使数千万众虫蠢穷夷悉得变禽兽而隶编氓"⑥ 的治理目标。所以，土司问题在三藩平定之后，已经成为云南社会的主要矛盾。对民族的认知，民族治理政

---

① （清）刘彬：《永昌土司论》，《小方壶斋舆地丛抄》，上海著易堂，光绪二十年（1894）铅印本，第八帙48页。
② 同上。
③ 同上。
④ 同上书，49页。
⑤ 同上书，48页。
⑥ 同上。

策的制定执行，都要围绕这个中心来进行。

《永昌土司论》一文以永昌为例来认识云南的土司问题，但其眼光并没有仅仅局限于永昌，而是从云南全省的角度来进行思考。是刘彬、罗纶等为代表的云南地方人士、官员对云南全省民族问题的思考，体现了康熙后期国家政权对云南民族情况、民族问题认知的深化。

清朝统治者在其相对平等的民族观指导下，对云南民族的治理经历了清前期吴三桂之乱与后期治理的过程。经过康熙朝一甲子时间的发展，云南民族情况、民族问题有了新的变化，反映在以康熙《云南通志》为代表的文献上。而随着时代的发展，土司逐渐成为云南民族治理的主要问题，针对这个问题，蔡毓荣、刘彬等云南的官员、精英知识分子都进行了深入的思考。

综上所述，无论是民族认知的指导观，还是具体对民族情况的认知，康熙朝都在继承前明的基础上，处于逐步的进展过程中。在明代，逐条记载各个民族情况，与分地区记载各地民族情况的方式在云南方志中是同时并用、不相上下的。但进入清朝康熙年间以后，列举民族名号，分别对各个民族情况进行记载的文献形式占据了主流，而且随着政区层级越高，这种文献形式的优势越明显。《种人志》以各个民族为单位，分条描述的记载方志条理更清晰，内容更集中，因此逐渐成为方志对民族情况进行记载的主流。

以康熙《云南通志》为代表的方志文献，记载了云南不同地域的民族情况及民族问题。云南府这样的云南政治经济文化中心地区，民族界限模糊，民族问题不突出，而在临安府、元江府、顺宁府、永昌府这些处于云南外缘的地区，则在民族认知方面进展显著，民族种类增加，对各民族的了解深入。正如前文所说，云南核心地方的方志缺乏对于民族的记载，是这些地方民族结构发生变化的表现。随着明朝汉族移民的进入及土著化发展，清代云南汉族人口大量增加，云南的民族构成发生变化，风俗也有了很大的转变，汉人与其他民族之间的界限模糊，民族的特征不再显著，众多少数民族的百姓与族人百姓一样被纳入了国家政权的一体统治，反映到文献上便是相关信息的弱化甚至消失。需要指出的是，虽然对民族百姓的记载在弱化模糊，而对民族上层土司的记载却仍然清晰。但是，作为其统治基础与在清廷进身之阶的部族百姓都已经被纳入了官府的一体统治，民族上层土司便失去了存在的社会基础。土司问题逐渐显现出来，成为当时云南社会发展的主要矛盾。在康熙《云南通志》等文献所反映的民族认知基础之上，蔡毓荣《筹滇十疏》、刘彬《永昌土司论》等对云南的边疆民族治理、如何解决土司问题进行了深入的分析，提出了大略方针及规划了具体的实施举措。要言之，经过康熙时期的发展，无论是在民族认知，还是在政策方针思考上，都为其后雍正时期云南的大规模改土归流，民族政策的重大调整做了准备，清政府在云南的民族治理即将进入新的历史阶段。

第五章　清中期民族政策调整与
云南民族认知互动

如前所述，清初康熙年间，以云贵总督蔡毓荣为代表的云南地方官僚集团对土司制度危害的认知逐步加深。明朝推行的土司制度历时300余年，加之明清之际云南连绵数十年的兵燹危害，使得云南民族地区出现了土司坐大，占地为王的情况，"从来以彝治彝，不惜予之职使，各假朝廷之名器，以慑部落而长子孙"[①]。土司成为严重阻碍国家统一的割据势力，尾大不掉；明代以来中央王朝通过土司对当地民族进行间接管理，土司作为朝廷的代理人对其辖下的民族具有完全的治权，在300余年的土司世袭管辖下，土司家族势力日益壮大，对治下民族的盘剥则日益加深；以土司为代表的地方势力，在明清改朝换代之中央王朝管理削弱的情况下，土司之间"互相仇杀，一不禁而吞并不已。叛乱随之"[②]，致使云南民族地区人民"土人知有土官而不知有国法"[③]，清朝的政令律法无法顺利贯彻到民族地区，危害国家治理。因此，清初云南民族地区的核心问题就是土司制度所带来的一系列严重危害。经过康熙年间对云南民族问题的深入了解探讨，清朝统治者日益清晰地认识到土司治理的流弊和危害。到雍正皇帝统治期间便进行了民族政策的重大调整，即在云南、贵州、广西、四川、湖南、湖北等民族聚居区进行大规模改土归流。这是清政府在民族治理上的重大制度变革，这一时期清政府的民族治理举措，对于西南边疆民族、民族地区的发展，以及多民族国家的巩固和统一都产生了巨大而深远的影响。

第一节　改土归流的初步实施

三藩平定之后，云南社会经济逐渐从战乱中恢复，开始平稳发展，清

---

① （清）蔡毓荣：《筹滇十疏·制土人》，康熙《云南通志》卷二十九《艺文三》，凤凰出版社选编《中国地方志集成·省志辑·云南》，2009，第2册第156页。
② 同上书，第158页。
③ 同上书，第157页。

廷在云南的统治也日益牢固。在经济文化逐步发展的基础之上，与流官体系相匹配的封建集权统治秩序也在逐步推行。这种国家集权的统治秩序，与土司割据统治是相悖的。在云南的靠内地方，也就是原来设有土司但国家统治逐步深入加强已经占据主导地位的地区，土司割据统治与国家集权统治两者之间矛盾日益明显。这种矛盾已经影响到了社会的安定与发展，成为政府亟待解决的问题。雍正时期政府采取的措施，便是在滇东北、滇南地区成片、强力推行改土归流。

一　改土归流的云南背景

如上文所述，云南的改土归流早在明代建立之初便已开始，明代的改土归流，政府多是采取被动的姿态，等待恰当的时机与理由出现，如土司触犯了律法、争袭、绝嗣等，政府才顺势而为对其进行改流。这种做法阻力较小，相对比较顺利，但需要付出长久耐心的等待，地点分散而孤立，耗费时间长，随机性也很大。清军进入云南之初，为尽快掌控云南局势，对云南土司采取的是拉拢、安抚的政策。康熙朝吴三桂掌滇时期以及三藩平定之后，虽然也在云南进行了几次改土归流①，但其做法与明代并无二致。作为康熙朝治滇指导方针的蔡毓荣的《筹滇十疏》，其中的《制土人》专门论述如何治理民族，涉及土司权限、承袭、调动、教化等方面，但没有明确如何改土归流。可见在康熙时期，至少在康熙二十年前后，云南并不具备大规模改土归流的条件，改土归流也并不是当时执掌云南的封疆大吏所优选的治理手段。

随着时代的发展，清政府对于云南掌控逐步加强，特别是在靠内地的政区范围内，与内地一致的各项制度、机构、人员设置逐步完备。而与内地不一致的土司，其相对割据的治权、军权，则成为推行国家集权统治的绊脚石。经过康熙朝的休养生息与经营，清政府对于这些地区内的土司已经占有了优势。对于民族百姓，政府对其的认知治理则在康熙《云南通志》所反映的水平上又有了发展，达到了相当的水平，某些地方甚至已经

---

①　第一次，顺治十七年（1660）废元江府土府设置流官；第二次，康熙四年（1665）废滇南教化三部长官司、王弄山长官司，设置开化府。废宁州、嶍峨、蒙自土官改设流官；第三次，康熙八年（1669）降寻甸府为州，隶曲靖府。裁顺州、阳宗等七州县，就近归并；第四次，康熙二十二年（1683）废剑川土千户、鹤庆千户；第五次，康熙三十五年（1696）废阿迷州。

将其纳入了户籍管理，承担国家的赋税义务。如康熙《蒙化府志·风俗》中回回"入里甲有差徭"、僰夷"编入里甲，有粮差者谓之土著"①。康熙《顺宁府志·风俗》中所记载的小俫㑩，便"纳赋如期"②。康熙《寻甸州志·彝俗》黑㑩"近居城者应差役纳条粮，守法度"③。再加上各地以学校为依托而推广的儒家忠君、大一统思想，民族百姓唯土司之命是从的民风民俗也在发生着转变。总之，在雍正初年的滇东北、西南诸地，土司统治的人口基础、经济基础、思想基础等都发生了动摇，取缔土司统治，改土归流的条件已经具备。

关于雍正朝改土归流的原因，不同学者从不同的专业角度有不同的见解。④ 但归纳起来主要有以下几点：其一，土司制度下的封建领主、奴隶制经济，使得土司对山林、田地等基本生产要素，以及土民形成了占有关系，这种占有关系严重阻碍了封建地主经济的发展。更甚者，土司因为要占有更多的人口，经常相互或者到流官辖地掳掠百姓，而随着清廷统治的稳定，内地与西南民族地区联系日益紧密，人员迁徙、物资交流频繁，这种占有民众、掳掠人口的行为严重阻碍了封建地主经济发展以及各地之间经济物资等方面的交流往来。其二，土司凭借所占有的土地、民众和土兵，成为一方割据性势力，对中央集权的地方统治造成了威胁，不利于统一多民族国家的发展。这一点在明末体现得尤为明显：普名声、沙定州等土司凭借自身膨胀的势力，或为私欲、或为权势而祸乱地方，对地方造成严重摧残，百姓生命、财产蒙受了巨大的损失，明朝廷失去了对抗北方满族军队进入关内的稳定后方，无力应对土司势力。雍正君臣在面对西南地广人多，势力雄厚的土司时，不会不引以为戒。其三，中央拥有强大的政治、经济、军事实力，能够支撑改土归流政策的实行。清政府在入主中原之初对土司采取安抚的策略，在平定三藩、收复台湾、平定准格尔之乱后，清中央力量逐步强大。进入雍正朝之后，经济发展使得国库充裕、科

---

① 康熙《蒙化府志》卷一《风俗》，凤凰出版社选编《中国方志集成·云南府县志辑》，2009，第79册第48页。

② 康熙《顺宁府志》卷一《地理志·风俗》，云南省图书馆抄本，第27页。

③ 康熙《寻甸州志》卷三《地理·彝俗》，云南省图书馆抄本，第29页。

④ 龚荫：《试论土司制度和改土归流》，《昆明师范学院学报》（哲学社会科学版）1983年第2期；林建曾：《试论改土归流政策形成、推行的几个阶段》，《广西民族研究》1988年第2期；李世愉：《清政府对云南的管理与控制》，《中国边疆史地研究》2000年第4期。

举顺畅而有充足的人才储备，各方面实力都足以承担并能够解决改土归流中出现的各种问题。其四，主政者的个人因素。雍正皇帝在即位之初为巩固其统治，并不支持地方官员的改土归流举措。但当其皇位稳固之后，就对鄂尔泰等坚定推行改土归流政策的官员给予了强力的支持。而鄂尔泰在确立改土归流的施政纲领之后，主动出击，攻坚克锐，经过数年不懈的努力，确立了西南地区改土归流的大局。因此，从中央到地方主政者的个人因素对改土归流也有很大的影响。总之，土司制度在滇东北、滇西南地方已经成为社会政治经济文化发展的阻碍，改土归流成为时代的选择。

虽然改土归流并非雍正时期首创，但雍正年间进行的改土归流规模之大，覆盖地域之广，是历史上前所未有的。土司制度本身是历史的产物，而当历史发展至清雍正朝时，云南的土司制度已经明显弊大于利，阻碍了社会的发展，不适应多民族国家的一体治理与巩固。随着政治制度的完善，社会经济的发展，以及思想文化的转变，土司制度失去了存在的基础。另外，雍正时期政府具备了强大的政治、军事、经济力量，有能力在更广大地域范围内大规模地改土归流，因此雍正君臣才能将改土归流定为基本政策，在民族地区强力推行。

雍正元年（1723），丽江府改流。关于丽江府改土归流的原因，方志记载为"时土府暴敛肆螫，民不堪命……雍正元年……知立、阿仲苴、和日嘉、阿宝他等赴省申诉。时高文良公其倬，悯其情词质实，为之具奏于朝，降袭土知府为通判，改设流官知府"①。据学者研究，丽江府在雍正初年改土归流的主要原因，在于清王朝驱逐准噶尔军队后的治藏大战略布局。丽江与滇西北藏区相连，是云南与藏区之间军队及牲口、粮食等物资往来的重要通道。在面对罗卜藏丹津叛乱威胁的时候，土知府统治已不能确保丽江的稳定。因此清王朝需要改设流官以直接控制丽江。正是由于这一主要原因，云贵总督高其倬在丽江府改设流官的奏疏雍正元年三月上报，雍正皇帝很快批准，首任流官知府也于次年正月到任。② 可以看出，对于丽江府的改流，是因罗卜藏丹津叛乱，时机成熟才进行，有着非常明确的目的。而其改流的手法与程序，甚至"土官残暴"的借口，都与明代、清康熙时期的改土归流没有太大的区别。而后，云南进入了鄂尔泰主

---

① 光绪《丽江府志》卷七《人物志》，云南省图书馆抄本，第3页。
② 赵心愚：《罗卜藏丹津反清与丽江的改土归流——试析雍正初丽江改土归流的主要原因》，《西藏大学学报》2008年第1期。

政的阶段。在鄂尔泰主持下云南所进行的改土归流，则呈现出不同的面貌。鄂尔泰并非一开始就坚决进行改土归流，其民族治理思想也经历了一个发展转变的过程。

二　从"制土司"到"改土归流"

雍正三年（1725）十月，雍正皇帝任命鄂尔泰为云南巡抚，监管黔、桂，次年十月被授予总督实权。雍正四年（1726）二月初一鄂尔泰到任，二十四日上《遵旨覆议滇省田则增减之法折》曰："土司……虽依例输粮，其实占据私享者不止十数倍，而且毒派夷人，恣肆顽梗。故欲靖地方，须先安苗猓。欲安苗猓，须先制土司。欲制土司，须先令贫弱。臣方思设法鼓舞，济以威严。俾各土司自报田亩，按则升增。"① 作为新上任的西南地区封疆大吏，鄂尔泰认为在多民族共存的地区，要维持地方安定，其抓手在于"安苗猓"，即民族的治理，而民族的治理，其抓手又在于"制土司"。"制土司"的第一步，鄂尔泰提出是令其贫弱，从经济和政治等方面限制削弱土司实力，如先让土司上报所辖田地的数目，增加对其收取田粮的数额。

四月初九日，鄂尔泰上《肃清抗阻建造营房苗人折》，对派军队清剿贵州长寨（今贵州长顺镇）与清廷对抗的苗人的事宜进行报告。在此奏折中，鄂尔泰指出："制苗之法，固应恩威并用，然恩非姑息，威非猛烈。到得用着威时，必须穷究到底，杀一警百，使其不敢再犯。"② 可以看出，对于如何治理土司，鄂尔泰此时仍主张恩威并重，通过强大的军事手段清剿与之对抗的民族群体，达到"杀一警百，使其不敢再犯"的目的。而"警百""再犯"则意味着土司制度是可以保留的。在其后鄂尔泰还提出调用其他听从朝廷调遣的苗兵作为大军前导，许诺事毕后给予厚赏。可见此时鄂尔泰仍然持传统的"以夷制夷"的治理思想。而后鄂尔泰又说："臣窃思滇黔二省，远极边末，顽苗杂处，前人入黔境，沿途访察苗情，略已知悉……再察土苗种类，多忌少和，互相仇杀者甚众。"③ 对苗情的知晓，成为大军出动的必要条件，需要鄂尔泰在给雍正皇帝的奏折中专门提及，可见鄂尔泰认识到民族认知对于清政府民族治理的重要性。

---

① 张书才主编《雍正朝汉文朱批奏折汇编》，江苏古籍出版社，1991，第 6 册第 848 页。
② 张书才主编《雍正朝汉文朱批奏折汇编》，江苏古籍出版社，1991，第 7 册第 119 页。
③ 同上。

从其后五月二十五日鄂尔泰《进剿苗寨情形》的奏折来看，在此次军事行动中，直接打击目标长寨被"焚烧已遍""顽苗败走""男女鼠窜一空"。而对周边其他寨的民族群体则"观其顺逆，应抚剿相机行事"。但是，军事围剿并不能完全解决问题，因为大量"顽苗败走"，鄂尔泰虑其再度猬集为患，因此明令官军"必须查明每寨共若干里、关岭若干、田亩若干、存户若干、存口若干。逐一查明，造报清册"。并在"所获诸寨现存房舍"基础上，设置衙署营房，派兵驻员，迅速构建流官统治体系，以替代土司的统治。六月二十日，鄂尔泰上《确勘酌商东川归滇事宜折》中，明确提出对乌蒙（今昭通）土司进行改土归流："臣亲勘后妥议奏，闻大约乌蒙土官，凶恶习惯，可以威制，似难以恩化，不改土归流，终非远计。"① 同日所上《苗寨防御事宜折》中也说："沾益土州安于藩，镇沅土府刀瀚等皆系首恶，窝庇贼盗，残害彝民，为地方大害。臣欲先置于法，改土归流，为惩一儆百之计。已密饬该地方文武官□□②杨天纵留心民瘼，深熟彝情。臣当于伊合盘熟计，以便次第举行。"③ 而雍正皇帝对此的批示是："知道了……似大有头绪，可□④之举。"⑤

可以看出，从二月二十四日鄂尔泰上有关长寨的奏折之后，经过两个月的酝酿，鄂尔泰对于土司的治理，从一开始只是使用军事手段"杀一儆百，使其不敢再犯"从各方面削弱土司实力的"制土司"，到明确提出要彻底铲除一些土司在地方上的影响，施行"改土归流"。虽然只是短短两个月，但其对土司治理的思路转变轨迹是清晰可见的，而雍正皇帝对此表示了支持。至此，雍正朝廷从中央到地方，对于乌蒙、沾益、镇沅等地土司进行改土归流已经达成了共识。此为鄂尔泰改土归流思想形成的第一个阶段。

三　总体方略的确定与保甲法在民族地区的调适

雍正四年（1726）七月初九日鄂尔泰上《擒制镇沅、沾益积恶土司

---

① 张书才主编《雍正朝汉文朱批奏折汇编》，江苏古籍出版社，1991，第 7 册第 492 页。

② 原书文字不能辨识。

③ 张书才主编《雍正朝汉文朱批奏折汇编》，江苏古籍出版社，1991，第 7 册第 493 ~ 494 页。

④ 原书文字不能辨识。

⑤ 张书才主编《雍正朝汉文朱批奏折汇编》，江苏古籍出版社，1991，第 7 册第 494 页。

折》，跳出具体事件，对治理土司的全局进行了思考："窃以滇黔大患，莫甚于苗猓，苗猓大患，实由于土司……将所有地方悉改土归流，上之尽其根株，次亦令其贫弱。"① 在此，鄂尔泰提出，影响滇黔地方稳定的主要矛盾，在于如何治理民族，而治理民族的关键，在于治理土司。解决这个主要矛盾的根本方法，是改土归流。取法乎上为彻底铲除土司，消除其影响，取法乎中也要尽量削弱土司的实力。"上之尽其根株，次亦令其贫弱"一句言虽简，但可以说道尽了雍正朝改土归流政策所要达成功效的实质。

八月初六日，鄂尔泰上《宜重流官职守，宜严土司考成，以靖边地管见折》，对这一时段内改土归流的举措做了总结。开篇是阐明土司土官制度发端、存在的原因："流土之分，原以地属边徼，入版图未久，蛮烟瘴雾，穷岭绝壑之区，人迹罕到。官斯地者，其于猓俗苗情实难调习。故令土官为之钤制，以流官为之弹压。开端创始，势不得不然。"② 这里包含着以下几个重要的信息，流土分治的施行地区是"边徼"，而且是"入版图未久"的边徼，也就是说，土司制度只在国家疆域中统治还不够深入的边疆地区施行，是与久在版图之内的内地及与在内地施行的制度相对的。而这些边疆地区多是自然条件恶劣的情况，特别是南方的瘴疠，阻碍了人口流动。而穷岭绝壑则意味着可供耕种的土地资源稀少，同样影响了人口的增长，因此"人迹罕至"。人口与土地的稀少，对于以农为本的封建王朝而言，至少在经济方面来说，意味着统治成本巨大而收益极小。再者，云南是诸多民族共同的家园，其多样的文化与内地有着极大的差异，遵循"异地为官"任用原则而派来云南的外地官员，原本熟悉的治理方法与手段并不适用，也就是上文"其于猓俗苗情实难调习"所未说之意，因此难以顺利施政。基于以上自然与社会现实，在云南等边疆地区施行"令土官为之钤制，以流官为之弹压"的土司制度。可以说，在土司制度施行之初，是因势利导，因地制宜的举措，"开端创始，势不得不然"。

但既然是顺势而为因势利导而施行土司政策，随着时势的变化，土司政策不再适应新的局势，因此必然要发生改变。这也正是鄂尔泰奏折中随后所阐述的内容："今自有明以来，已数百年，中外一体，流土同官，既有职衔，宁无考察？乃仍以彝待彝，遂致以盗治盗。徒令挟土司之势以残

---

① 张书才主编《雍正朝汉文朱批奏折汇编》，江苏古籍出版社，1991，第 7 册第 632 ~ 633 页。

② 同上书，第 851 ~ 852 页。

虐群苗，随复逞群苗之凶，荼毒百姓，横征苛敛。贡之朝廷者，百不一二，而烧杀劫掠，扰我生民者十常八九。"① 经过明代数百年的经营，原来的中心与外缘已经逐渐融合，中心范围向外拓展。随着政府对民族群体百姓认知的逐步深入，土司的职能重要性减弱，而其弊端却日益明显，对于朝廷来说，"横征苛敛。贡之朝廷者，百不一二"，此为对其经济利益的损害，而"荼毒百姓……烧杀劫掠，扰我生民者十常八九"，则扰乱了其对百姓的治理。因此，必须对此前执行的对土司的管理方法加以重新审视。鄂尔泰指出："须控制有方，约束有法，使其烧杀劫掳之技无能施为，而后军民相得以安。兹准部咨伏读圣谕，以流官有设立吏目者，职分毕彻，无印信可行，无畜役可遣。土司意中倘有轻忽之念，则未必肯遵其约束。"② 对土司的管理，要"控制有方，约束有法"，对土司的管理既要有效的具体措施，也要有本可依，使其不能对地方稳定造成影响，达到军民相得以安的效果。但是，传统的"土官为之钤制，流官为之弹压"管理方法已经不再奏效。在民族聚居地方设立的流官，由于不能实际掌握地方，导致土司占有主动的地位，流官对土司的实际约束力有限。鄂尔泰提出要加强流官的权重，厘清土司应负的职责：

> 今可否酌土司之大小，将征员如何改设，重其职守，使流土相适，地方各安……流官固宜重其职守，土司尤宜严其考成。土司之考成不严，则苗子无追赃抵命之忧，土司无降级革职之罪。有利无害，何禁不为，此土司之考成不可不严，所当与文武流官画一定例者也……分别议罪，土司无辞。流官亦服。③

将土司与流官置于同一标准下进行责任划分，意味着将土司及其民族群体百姓都纳入国家司法体系进行管理，这是对土司在其辖地内相对独立司法权的冲击，也是对土司制度的冲击。但鄂尔泰认为，这还不是解决问题的根本办法，他提出："所以清盗之源者，莫善于保甲之法……云贵土苗杂处，户多畸零，保甲之不行多主此议。不知除生苗外，无论民彝，凡自三户起，皆可编为一甲，其不及三户者，令迁附近地方，毋许独住。则

---

① 张书才主编《雍正朝汉文朱批奏折汇编》，江苏古籍出版社，1991，第 7 册第 851～852 页。
② 同上书，第 851～852 页。
③ 同上书，第 852 页。

逐村清理，逐户稽查。"① 保甲有维护社会治安、承应官府命令、执行地方公务、管理乡村等职责与功能，是清廷维护其统治秩序最为基层的组织。所以，鄂尔泰在此奏折中明确提出，一方面要铲除土司的统治，即在上层消除土司的影响；另一方面，要在西南民族聚居的地方，"无论民彝"都实行保甲法，也就是不分民族，全面进行社会基层组织的建设。

关于保甲法，康熙四十七年（1708）曾颁布谕旨：

> 一州一县城关各若干户，四乡村落各若干户，户给印信纸牌一张，书写姓名、丁男口数于上，出则注明所往，入则稽其所来。面生可疑之人，非盘诘的确，不许容留。十户立一牌头，十牌立一甲长，十甲立一保长。若村庄人少，户不及数，即就其少数编之。无事递相稽查，有事互相救应。保长、甲长、牌头不得借端鱼肉众户。客店亦立籍稽查，寺庙亦给纸牌。月底令保长出具无事甘结，报官备查，违者罪之。②

蔡毓荣《筹滇十疏·靖逋逃》中有曰："臣自受事以来……更行各有司编立保甲，按户挨查。虽在穷谷深山，亦无不入牌甲之烟户。"③ 但是，其后又说土司之地"既无保甲可以稽查，更无塘汛为之盘诘"④。《筹滇十疏·敦实政》中又曰："臣前疏请责土司稽查之法，业蒙睿鉴允行。尤须严督有司肃清内地，但使深山穷谷，城市乡村无一脱漏，牌甲之人自无容留奸宄之地。"⑤ 可见虽然在康熙时期云南官府便已立意推行保甲之法，但主要是在"内地"施行，土司之地只能稽查而已，土司辖地并不在其履职涵盖范围。

雍正初期，这样的情况并没有发生大的改变。雍正二年（1724）二月十八日，当时的云贵总督高其倬上《谢圣训并报地方事宜折》曰："云南民杂猓彝，地多山箐。臣选择州县中做官好人明白者数人，先令举行保甲

① 张书才主编《雍正朝汉文朱批奏折汇编》，江苏古籍出版社，1991，第7册第851～852页。
② 《清朝文献通考》卷二百二十二《职役·保甲》，浙江古籍出版社，1988，第5051页。
③ （清）蔡毓荣：《筹滇十疏·靖逋逃》，康熙《云南通志》卷二十九《艺文三》，凤凰出版社选编《中国地方志集成·省志辑·云南》，2009，第2册第160页。
④ 同上。
⑤ 同上书，第171页。

之法。臣同抚臣司道再加调度稽查，如行之果便，即令各州县照依其法次第举行。倘有未便，再加斟酌调剂。"① 高其倬认为，基于云南民族众多，各民族杂居的现实，保甲法不宜骤然推行，因此提出先选择一些州县进行试验，多加考察，看其成效再决定是否推广。雍正皇帝批示："如此甚是。"② 可见君臣对于保甲法能否在民族杂居地区推行并不确定，都持谨慎的态度。

雍正二年（1724）十一月十五日云南巡抚杨名时所上的《覆两年内奉到密谕逐一办理情形折》中说："云南多彝猓，村寨散居，难以十家、百家为限，只可就近联络互查，总以简易便民为主。今编行有成局者，已报有十余州县：昆明县、安宁州、晋宁州、通海县、和曲州、罗平州、太和县、赵州、浪穹县、永平县、弥勒州、永北府、蒙化府。此外俱在试行。"③ 雍正三年（1725）正月二十六日，高其倬《陈雍正元、二两年历奉密谕暨折奏事件办理情形折》中同样曰："云南民杂猓彝，地多山箐，臣择蒙化、和曲、安宁、陆凉、赵州、昆明、太和、永平、浪穹、通海十府州县先令试行。行之有益，再令各州县照依其法，次第举行……候至今年秋冬，臣再令未行各州县酌量举行。又元江、新平二处，讨保之野贼虽已剿除，然彼地猓民染于故习，恐暗纠人众，出外妄为。臣令元江、新平将各村寨仿保甲之意，编开人户口数。"④ 杨、高两人对于雍正初期云南推行保甲法的情况，特别是推行的地区说法并不完全一样，但两种说法中所提及的地区，俱属于内地的范畴。而高其倬奏折中提及的元江、新平两处，是内地中的外缘地带。在这些地方，并没有施行真正意义上的保甲法，而是"仿保甲之意，编开人户口数"。说明外缘地带与昆明等腹心地带不同，还不具备推行保甲法的条件，因此只能简单的统计一下人口数目。与蒙化、和曲、安宁、昆明等已经推行保甲法的地方相比，明显元江、新平一类地方的乡村各项制度也并不完善，雍正时期政府对这些乡村的掌控力度也比较弱。

雍正四年（1726）四月，雍正帝发布谕旨，再论保甲法的实行，特别针对其在边疆民族地区实行的困难及解决办法做出说明：

① 张书才主编《雍正朝汉文朱批奏折汇编》，江苏古籍出版社，1991，第 2 册第 613 页。
② 同上。
③ 张书才主编《雍正朝汉文朱批奏折汇编》，江苏古籍出版社，1991，第 4 册第 14 页。
④ 同上书，第 364 页。

至各边省更借称土苗杂处不便比照内地者，此甚不然。村落虽小，即数家亦可编为一甲，熟苗、熟僮即可编入齐民。①

虽然边疆民族杂处，政策实行不能与内地一刀切之办法，但是，对此有深切认知的雍正皇帝仍然认为，在适当变通的基础上，缩小编甲的数目，也应当一体推行保甲制度，通过保甲法，将熟苗、熟僮纳入编户齐民的管理范畴。常建华《清雍正朝改土归流起因新说》一文认为，雍正朝改土归流正是因为朝廷在民族地区推行保甲、缉盗、设置汛塘受到土司阻碍②，在民族地区，改土归流与保甲制度的建立之间相互关联。另外，这条资料不仅显示了雍正皇帝在民族地区推行保甲法的决心与变通，还透露出这样一个信息，即保甲法是在民族地区中的熟苗、熟僮所在地区推行。也就是说，苗、僮等民族对于清政府有生、熟之分，所谓熟苗、熟僮，也就是政府认知较为深入的民族。而对于云南来说，政府认知深入的民族，即是分布于靠内政区的民族。对民族认知的程度，成为政府推行保甲法的重要基础。

雍正四年（1726）七月二十五日，清廷正式公布了保甲条例，其中一个要点，便是畸零村落，熟苗、熟僮一体编排。也就是说，将条件成熟的民族纳入国家一体的基层管理，成为基本制度。因此鄂尔泰八月初六日所上奏折中有关在云南"除生苗外，无论民彝，凡自三户起，皆可编为一甲"的内容，正是对中央制定的保甲条例的回应。与雍正皇帝一样，鄂尔泰将官府并不熟悉，还没有达到一定认知程度的生苗剔除在了政策执行范围，并且根据云南的实际情况，降低了编定保甲的标准，从十户降为三户，使得这个政策在云南等民族众多，户口畸零的地方更切实可行。在云南的改土归流推行过程中，官府通过实施保甲法，将民族百姓与土司之间的人身依附关系替代为政府对百姓的管理，实现国家对百姓个体的治理，构建基层的统治秩序。因此，保甲法是雍正改土归流政策的必不可少的重要组成部分。雍正七年（1729）三月初六，云贵乌蒙总兵刘起元上《地方政务管见九条折》中有曰："请照边地充发流徙之例，遇有缘事充发之犯，仰请发乌安插，取其地方官收管，编入保甲，与民一例输差。"③ 从

---

① 《清世宗实录》卷四十三，雍正四年四月甲申条。

② 常建华：《清雍正朝改土归流起因新说》，《中国史研究》2015 年第 1 期。

③ 张书才主编《雍正朝汉文朱批奏折汇编》，江苏古籍出版社，1991，第 14 册第 776 页。

雍正皇帝与鄂尔泰、刘起元等地方官员对保甲法的讨论来看，清政府将在盘踞地方的土司势力移除后，迅速推行保甲法，将普通的民众百姓用保甲法组织约束，实质是用官府的统治来取代民族百姓对土司的人身依附关系，实现国家政权对个体的管控治理。

此为鄂尔泰改土归流思想发展的第二个阶段，在此阶段内，鄂尔泰对土司问题进行了深入细致的思考，逐渐认识到，加强对土司的管理，不如彻底取缔内地的土司，这才是解决问题的根本办法。鄂尔泰对于改土归流制定了总体的方略与具体的举措，选定保甲法作为日后改土归流后取代土司控制民族百姓，成为进行基层统治的主要工具。

四　改土归流的初步实践

雍正四年（1726）九月十九日，鄂尔泰又上《遵旨剿办不法苗人折》，阐述其改土归流的施政思想："愚所虑不止长寨一寨，亦不止苗情一事也……既先之以重兵弹压，即继之以清册稽查，按其户口，照汉民以行保甲，清其田亩，借赋役以为羁縻。"① 鄂尔泰肩负云贵总督之责，在应对长寨苗人事件时，其眼光并没有局限在长寨一地、苗人一族，而是在用更为广阔的，具有全局性的视野和眼光来审视、来思考，寻求覆盖面更广的、更为有效的，也更符合清廷利益的民族治理方法与手段。在他的规划中，对于民族百姓治理的方法和手段主要有二：一为清查人户，将民族百姓和汉人百姓一样编行保甲，消除民族百姓与土司之间的人身依附关系；二为清查田地，征收赋役，消灭土司存在的空间和经济基础。通过这两种手段，将人和土地牢牢地掌握在国家政权手中，实现实质上的"掌土治民"。

同日所上《剪除彝官清查田土折》中鄂尔泰又曰："为剪除夷官，清查田土，以增赋税，以靖地方事。窃以苗猓逞凶，皆由土司，土司肆虐，并无官法。恃有土官土目之名，行其相杀相劫之计，汉人受其摧残，彝人被其荼毒。此边疆大害，必当剪除者也……若不尽改土归流，将富强横暴者渐次擒拿，懦弱昏庸者渐次改置，纵使田赋兵刑尽心料理，大端终无头绪……臣愚昧，统计滇黔，必以此为第一要务。"② 鄂尔泰直接指明，要

---

① 张书才主编《雍正朝汉文朱批奏折汇编》，江苏古籍出版社，1991，第 8 册第 112 页。
② 同上书，第 115 页。

取消土司的统治，把分给土司的权力收归中央，实现对民族地区汉人、彝人的直接统治和地方的安定发展。也再次重申了土司是民族治理问题中的主要矛盾。而民族治理，不仅针对土司，也包括普通的民族百姓，要将汉人、彝人一道从土司的摧残茶毒中解放出来。而且针对实力强弱不同的土司，鄂尔泰认为可以采取不同的策略：富强横暴者擒拿，懦弱昏庸者改置。而只有解决了土司问题，田赋兵刑等其他政府职能才能有效地实现。

雍正四年（1726）十二月二十一日鄂尔泰《报审讯抗阻官兵建营仲苗暨川贩汉奸情由折》中曰："现委员遍谕苗民，各照祖宗姓氏，贯以本名，造报户口清册，编立保甲。"① 从八月到十二月三个月之内，保甲法便已经在长寨苗人中施行。另外，鄂尔泰还亲赴长寨，审讯分别首从，招抚周边其他苗人民族群体。事态稳定后，雍正五年（1727）三月，清政府在长寨设立了长寨厅。至此，为鄂尔泰改土归流思想转变的第三阶段。

从以上鄂尔泰对长寨苗人的处置来看，至雍正四年（1726）五月时，鄂尔泰治理土司的思路仍停留在传统的抚剿策略上，即在保留土司制度的基础上削弱土司实力，打击反叛分子，加强对土司的掌控。六月时，认为与其削弱、打击土司，不如为长远计，改土归流，考虑不再保留土司制度。八月则对前期的工作进行了分析总结，提出了从上到下完整的治理土司辖地的具体办法。到了九月，则是将前期拟定的政策迅速落实，着手构建流官统治体系来取代土司统治。

在治理思想发生转变的情况下，鄂尔泰对长寨的处置经历了如下一个流程：先是意图恩威并用，杀一儆百。发现用政治手段难以彻底根除土司之患后，转而采用军事的手段，用强大的军事力量与行动，摧毁土司的统治，用朝廷派遣的流官取而代之，迅速架构起与内地一致的统治机构，使其在当地成为占统治地位的政治势力，并进行基层组织建设，通过户口清查、保甲制等，构建与汉人地区一致的基层秩序。在上层与基层的统治秩序都建立之后，进行行政区划的设置，从而在民族地区实现完全的改土归流，将民族地区纳入国家一体统治范畴。

---

① 张书才主编《雍正朝汉文朱批奏折汇编》，江苏古籍出版社，1991，第8册第701页。

第二节 改土归流展开与云南民族地区行政区划的调整

对长寨的处置，为鄂尔泰在其后西南地区进行改土归流行动提供了经验与模式。以长寨为第一役，在鄂尔泰主持下西南地区大规模的改土归流行动拉开了序幕，云南是重中之重。雍正年间云南的改土归流，主要集中在滇东北和滇南地区。

一 滇东北地区改土归流与东川、乌蒙、镇雄归滇

滇东北地区改土归流，主要涉及三个区域。首先是东川府。东川府、乌蒙府（今昭通）、镇雄府（今昭通镇雄）三府原隶属四川。康熙三十八年（1699）时，东川府禄氏土司内讧，康熙政府以此为由曾进行过改土归流，设置了知府等官员。但东川实际仍在土司掌控之下，鄂尔泰《请添设东川流官疏》曰："归流之后，仍属六营盘踞，诸目逞凶，岁遇秋收，辄行抢获，故改土三十年，仍为土酋所有。"可以说，康熙时期的这次改流只是名义上的，实质并不成功。雍正二年（1724），寻甸知州崔乃镛上书当时的云贵总督高其倬，言东川距四川省城成都远而离云南首府昆明近，有事四川鞭长莫及，难于控制，建议将东川府由隶属四川改隶云南，高其倬将其上报给了雍正皇帝。① 雍正四年（1726）三月初八日，云南布政使常德寿又上《奏请将四川所属东川府改归云南折》。② 三月二十日，鄂尔泰上《东川事宜折》，同样阐述东川距川远，不易节制，建议改隶归滇。除此之外还曰："如蒙圣恩，允东川归滇，卑臣指令将备先怀以德，继畏以威，然后徐议改流。不二三年间或可一举大定。"雍正皇帝对其批复为："所奏甚合朕意。"六月二十日，鄂尔泰上《确勘酌商东川归滇事宜折》，雍正皇帝回复曰："东川归滇，高其倬未到之先已有旨矣。"③ 九月十日上《遵旨商酌安顿东川、乌蒙地方等事折》。④ 经过两年的讨论、酝酿与准备，雍正四年（1726）夏，东川府由四川改隶

① 乾隆《东川府志》卷三《建置》，高国祥、林超民等主编《中国西南文献丛书·第一辑·西南稀见方志文献》第二十六卷，兰州大学出版社，2004，第35页。
② 张书才主编《雍正朝汉文朱批奏折汇编》，江苏古籍出版社，1991，第6册第894页。
③ 张书才主编《雍正朝汉文朱批奏折汇编》，江苏古籍出版社，1991，第7册第492页。
④ 张书才主编《雍正朝汉文朱批奏折汇编》，江苏古籍出版社，1991，第8册第113页。

云南，设会泽县为附郭县。① 由此完成了东川府的改置。

其次，是对乌蒙、镇雄两府的改隶、改流。雍正四年（1726）三四月间，也就是东川府改隶事宜正在进行之际，乌蒙土司扰乱东川，对此雍正皇帝下谕曰："将乌蒙土官土目，先行详加戒谕，令毋虐土民，毋扰邻境，实改前非，恪遵法度。倘敢怙恶不悛，不知敛戢，应作何惩治，当悉心筹画。将来若可改土归流，与地方大有裨益。但凡一切机宜，务出万全慎审，勿少轻易致生事端。"② 对于东川、乌蒙土司的处置，雍正皇帝对鄂尔泰的做法表示了支持。君臣两人都认为，在长远目标是改土归流的前提下，应当审慎行事，徐徐图之，尽量保持东川、乌蒙地方的稳定。更为重要的是，此段资料显示出这样一个事实：将东川、乌蒙、镇雄由四川改隶云南，是为方便其后推行改土归流。这与长寨在改土归流之后才进行行政区划的设置有所不同。但是民族地区行政区划的变动与改土归流之间有必然的联系，这在雍正年间的云南是毋庸置疑的事实。

雍正四年十二月二十一日，鄂尔泰上疏《钦遵圣谕事》，请求将乌蒙、镇雄二府划归云南："乌蒙改流后，镇雄改流更易，但所虑者一经改流，善后事宜大须调剂……或准两府改归云南，卑职就近料理，或乌蒙事定仍隶四川。"③ 从鄂尔泰有关东川府改隶的奏折中可以看出，东川府由隶川改为隶滇，一方面是要将东川府的改土归流落到实处，另一方面也是为下一步对相邻的乌蒙进行改土归流做准备。也就是在《确勘酌商东川归滇事宜折》中，鄂尔泰明言对乌蒙土司进行改土归流："臣亲勘后妥议奏，闻大约乌蒙土官，凶恶习惯，可以威制，似难以恩化，不改土归流，终非远计。"④ 九月十九日，鄂尔泰《遵旨商会安顿东川、乌蒙地方等事折》曰："再查川属之镇雄土府，接连乌蒙。其凶暴横恣，与乌蒙无异。若不改土归流，三省交界均受其扰。"⑤ 确立了在东川、乌蒙改土归流的目标。雍正五年（1727）鄂尔泰派大军进驻东川，以此为基地，进剿乌蒙、镇雄两府土司。乌蒙禄氏、镇雄陇氏土司不敌，被擒拿后分别安置在河南、江

① 乾隆《东川府志》卷三《建置》，高国祥、林超民等主编《中国西南文献丛书·第一辑·西南稀见方志文献》第二十六卷，兰州大学出版社，2004，第36页。
② 张书才主编《雍正朝汉文朱批奏折汇编》，江苏古籍出版社，1991，第7册第12~13页。
③ 张书才主编《雍正朝汉文朱批奏折汇编》，江苏古籍出版社，1991，第8册第706页。
④ 张书才主编《雍正朝汉文朱批奏折汇编》，江苏古籍出版社，1991，第7册第492页。
⑤ 张书才主编《雍正朝汉文朱批奏折汇编》，江苏古籍出版社，1991，第8册第113页。

西。镇雄降为州，隶乌蒙府，乌蒙、镇雄改土归流。雍正六年（1728），乌蒙府、镇雄州改隶云南。

改土归流无疑是对土司利益的损害，再加上一些流官治理过程中具体措施的失当，改土归流地区出现了反弹。雍正八年（1730）八月，东川、乌蒙、镇雄土司残留势力乘机发动变乱。此次变乱除三府外，还祸及嵩明、寻甸。清廷在本地军队基础上，调遣四川、贵州军队一起平叛，通过残酷血腥的军事镇压，至九月，清军收复乌蒙，十二月，东川禄氏二十余人被俘，斩于省城，妻女幼子解京发配，田产便价归公。东川平。① 雍正九年（1731）改乌蒙府为昭通府。

最后，对沾益州改流。雍正四年（1726）七月初四日，鄂尔泰因为沾益土知州安于藩"势恃豪强，心贪掳掠，视命盗为儿戏，倚贿庇作生涯。私占横征，任其苛索，纵亲勾党，佐其恣行，卷案虽多，法不能究"②。将其擒拿，后迁置于江南。沾益派遣流官治理，沾益州改土归流。雍正五年（1727）七月，于其地设宣威州。③

至此，滇东北地区府县一级的土司被扫除殆尽，再无能对地方造成影响的土司势力。滇东北改流，除上文所论的原因外，马琦在《国家资源：清代滇铜黔铅开发研究》④ 中提出，对滇东北铜矿及黔西北铅矿这种国家战略资源的管控，以及对滇铜京运交通路线的保障，是促使雍正朝在滇东北及黔西南地区进行改土归流的重要原因。

二　滇南地区改土归流与普洱府设置

滇南地区的改土归流，在国家强化西南治理的大背景下，鲁魁山野人问题是其直接原因。

关于野贼问题，在康熙年间蔡毓荣《筹滇十疏》便已论及，专门针对鲁魁山野贼而作第八疏《弭野盗》："夫野贼之为滇患，历有年矣。其初系新、嶍、阿、蒙土人啸聚穷山为盗，因其来如猋犬，去若飘风，出没不常，居止无定，故名为野，原非土人之外别有。此种野人，及其啸聚多

---

① 乾隆《东川府志》卷三《建置》，高国祥、林超民等主编《中国西南文献丛书·第一辑·西南稀见方志文献》第二十六卷，兰州大学出版社，2004，第36～37页。
② 张书才主编《雍正朝汉文朱批奏折汇编》，江苏古籍出版社，1991，第7册第632页。
③ 道光《宣威州志》卷二《建置沿革》，道光二十四年（1844）刻本，第13页。
④ 马琦：《国家资源：清代滇铜黔铅开发研究》，人民出版社，2013。

年，自成种类，遂于土司之外另有。此种野贼，其倚鲁魁为狡窟者。鲁魁在万山之中，跨连新、嶍、蒙、元、景、楚之界，绵亘广远，林深箐密。其内则新平、新化、元江、易门、碍嘉、南安、景东一带地方，贼皆可入。其外则车里、普洱、孟艮、镇沅、猛缅、交阯一带地方，贼皆可出。故防之甚难而剿之亦不易也。"① 鲁魁山所在位置，在楚雄、云南（府）以南、临安以西、车里以北、景东以东。正如蔡毓荣所说，可内可外，可出可入。鲁魁山野贼的存在，对滇中、滇南都会造成影响。但鉴于康熙年间云南"土司新经归附，众志未齐，制兵多系投诚及新募之人，方在训练，未便轻举。又滇省飞刍挽粟已久，正民力殚敝之时"②。在官府统治还不稳固，军力还不强大，经济还未回复等不利情况下，蔡毓荣认为："稍息残黎，徐图办贼，非失计也。"③ 采取了"抚"的策略来应对鲁魁山野贼问题。但康熙时期的招抚政策并没有收到明显成效，留下许多后患。雍正二年（1724）四月十九日，云贵总督高其倬上《奏报野贼情形并参土司四姓归流不职折》中曰："经前督臣范承勋招出杨、方、普、李四姓贼目，给以县丞、巡检土职，安插于元江、新平一带居住，令其管束猓彝，保固地方。岂知伊等并不能保固地方，反为保头之椿主，其子弟宗族所属头目人等，各自暗占地方……彼此争夺抢杀……即此一事情，大为滇民之害已数十年。"④ 原本的盗贼被授予各级土职之后，并没有改变其行为，掳掠劫杀，收保头钱甚至成为年例，对地方的危害依旧。因此，到雍正初年，乘鲁魁四姓土目与倮黑头人施和尚相互攻伐之机，高其倬尝试解决鲁魁山野贼问题。采取办法是调遣军队围堵，借兵威参革四姓土职，收其兵员及装备。然而，剩余鲁魁野贼和以往一样，逃往威远土州、镇沅土府一带藏匿，此次行动并没有收到预期的效果。

因此，滇南地区改土归流的第一步，即是对威远州的改流。高其倬《奏报野贼情形并参土司四姓归流不职折》中继续曰：

> 哀牢一山，各州县营汛环其三面，其西南一面则系威远土州、镇

---

① （清）蔡毓荣：《筹滇十疏·弭野盗》，康熙《云南通志》卷二十九《艺文三》，凤凰出版社选编《中国地方志集成·省志辑·云南》，2009，第 2 册第 169 页。

② 同上书，第 170 页。

③ 同上。

④ 张书才主编《雍正朝汉文朱批奏折汇编》，江苏古籍出版社，1991，第 2 册第 840 页。

沅土府及车里宣慰司之地，而威远尤当冲要。贼人无事之时，与土司及其子弟头人皆结婚姻或拜为父子或盟为兄弟。一经有事，官兵三面进攻，贼即从土司一面逃出，土司即行庇护藏匿，或继出境外烟瘴之地，令官兵难以前往查捕，督抚亦往往以旷日持久，恐干处分，始以免罪招安，且了目前之局。此辈借此一招，复归内地，仍前害民……是以贻患至今。即如现今，威远土州，镇沅土府，车里宣慰司皆踵故智，一任严檄饬查，但以空文搪塞。①

高其倬认为，以往围剿鲁魁野贼没有收效，关键在于土司。只有先解决了鲁魁周边土司，才能彻底解决鲁魁野贼问题。另外，高其倬还指出："云南形势，亦必须于哀牢西南一面安驻官兵。则野贼巢穴，四面皆成内地。"② 如前文所论，明代云南的内边政区，西南以镇沅、元江为界，而到了清代雍正初年，云南的靠内政区已经推进到了哀牢山西南一带，也就是说，不仅是镇沅府，镇沅府西南的威远州也被包含进了内边政区的范围。而对于这些内地政区，政府对其的掌控程度是远远强于沿边政区的，任何正常运转的政府都必然不会允许在"内地"有如此破坏地方安定与秩序的力量存在。因此，消灭鲁魁山野贼成为必然。而与野贼有千丝万缕联系，任其过境藏匿，资助粮米，透露消息，以空文搪塞官府的威远州土司首当其冲，高其倬奏折最后曰："臣愚昧之见，目下请先将威远土州改土归流。"③ 五月二十八日，高其倬上《拿获藏匿野贼头目之土州刀光焕父子折》，再次阐明了将威远州改土归流的必要性："且即以云南形势而言，亦必得将威远改土归流，移设营汛，并将茶山一带连络防守，则云南之门户方为谨严。积年为害之野贼方可渐除。"④ 在雍正二年（1724）年内，威远州以刀氏土司不法革职，一年后置治理威远抚夷清饷同知，威远州改土归流。⑤

滇南地区改土归流的第二步，为鄂尔泰主持下的镇沅府改流。在威远州改流之后，滇南地区并没有如滇东北一样，一个地方紧接另一个地方，

---

① 张书才主编《雍正朝汉文朱批奏折汇编》，江苏古籍出版社，1991，第 2 册第 842 页。
② 同上。
③ 同上书，第 843 页。
④ 同上书，第 840 页。
⑤ 道光《威远厅志》卷二《建置》，高国祥、林超民等主编《中国西南文献丛书·第一辑·西南稀见方志文献》第三十五卷，兰州大学出版社，2004，第 61 页。

掀起改土归流的高潮，而是有偃旗息鼓之态。可见，威远州的改流，是因事而改，是个别事件。这与其后鄂尔泰主持的，由既定政策主导的，成片大规模的改流有显著的区别。雍正四年（1726）七月初九日，鄂尔泰所上《擒制镇沅、沾益积恶土官折》曰："镇沅土知府刀瀚，沾益土知州安于蕃，势重地广，尤滇省土司中之难治者也。查刀瀚……自威远盐井归公，长怀不法，强占田地，阻挠柴薪，威吓灶户，擅打井兵，流毒地方，恐贻后患……于六月十九日就擒，并撤取印信号纸……将所有地方悉改土归流。"① 镇沅、沾益两土司的不法行径，并非只发生在雍正四年。而在雍正四年以此为由将其裁革，只能说明，雍正四年时，官府决定不再容忍两土司，将其革除，迁往他处安置，其辖地则进行改土归流。可以说，镇沅、沾益的改土归流，是鄂尔泰领导的云南官府主动挑起，有意为之。而这种主动作为，与早前的丽江府、威远州因应对具体事件而改土归流有明显的不同。镇沅、沾益的改流，是属于官府主导的，滇南、滇东北成片地区改土归流的有机组成，也就是说，是当时国家政权战略布局的一部分。

前文所引雍正四年（726）九月十九日《剪除彝官清查田土折》中，记载了对镇沅府者乐甸长官司改土归流的具体情况：查镇沅之者乐甸地方，与元江、新平、景东接壤，四面皆邻汉土，一线紧逼哀牢，素为野贼出没门户……且当按版各井融盐要道。原系世袭土长官司管辖。该长官司刀联斗昏庸乖戾……为害地方，民彝怨恨。若不一并改流，终难善后。"② 于是，鄂尔泰派将兵前往，刀联斗惧怕，主动上缴印信号纸，者乐甸改流，设恩乐县。

与东川、乌蒙、镇雄一样，威远、镇沅等地在改土归流之后也出现了反弹。因朝廷派遣的镇沅府知府刘洪度贪腐，其下属官吏索求无度"暴虐夷庶"，雍正五年（1727）正月十七日，镇沅土府刀瀚族人纠集镇沅、威远彝人、倮黑、窝泥、大头保倮、摆彝民众千余人放火焚烧府衙，杀官劫囚作乱。二月被镇压。鄂尔泰认为，此事一为流官抚驭失当，二为鲁魁山野贼余孽未能清除，与土官土民纠结作乱。因此，在威远、镇沅改流基础上，持续对威远、镇沅用兵，扫荡土司兵力，镇压反叛力量，步步压缩土司势力范围。三月十二日上《遣发官兵擒获彝猓情形折》③、九月十六日

---

① 张书才主编《雍正朝汉文朱批奏折汇编》，江苏古籍出版社，1991，第7册第632页。
② 张书才主编《雍正朝汉文朱批奏折汇编》，江苏古籍出版社，1991，第8册第115页。
③ 张书才主编《雍正朝汉文朱批奏折汇编》，江苏古籍出版社，1991，第9册第244页。

上《进剿威远等处猓彝情形折》。①

滇南改土归流的第三步，也是最重要的一步，即普洱府的设置。雍正五年（1727）十一月十一日，鄂尔泰上《调兵进剿边地窝泥逆贼情由折》论及，车里宣慰司管辖地方有窝泥人头目，前番卷入镇沅变乱，其后又沿道路劫杀旅人茶商，官兵缉捕，纠集人众恃险而抗。车里宣慰使刀氏土司手下土目刀正彦卷入其中，乘乱占取江内版纳地。九月时因为"威远未靖，故暂作缓势"②。而当威远平定之后，鄂尔泰又将目光投向了更为西南的地方："今余贼平定，烟瘴全消，正宜乘此以图一劳永逸，调兵进剿。"③由镇沅、威远而车里，由倮黑而窝泥、而摆彝，鄂尔泰一个阶段一个阶段、一片地区一片地区、一个民族一个民族地压缩、削弱滇南土司的地盘与势力。

如同在滇东北一样，鄂尔泰在改土归流的过程中，并不仅仅只着眼于手头的工作，而是能够跳出具体事务，以更为广阔的、全局性的视野来进行分析、思考与总结。雍正六年（1728）正月初八，鄂尔泰上《进缴茶山情形并陈荡平边界未定地方管见折》，正是对滇西南改土归流及治理事宜的总结与规划。其开篇便曰："滇省边疆大局，东则东川、乌蒙、镇雄，西则镇沅、威远、恩乐、车里、茶山、孟养等处，皆系凶彝盘踞，素为民害。诚欲规划全省边疆，必将此数处永远宁谧，斯为长策……远暨俱已渐次平定，悉有规模。唯车里、茶山、孟养一带地方……各种蛮贼凭陵江外，忽出忽没……肆其凶残……劫人烧寨，杀兵伤官。"④可以看出，一东一西两片，即是鄂尔泰在云南改土归流的推行区域，也是其整顿规划云南边疆的地区。鄂尔泰认为，只有将东边东川、乌蒙、镇雄，西边镇沅、威远、恩乐、车里、茶山、孟养等处整顿处理好，云南才能实现长治久安。而按照鄂尔泰的规划，东边东川、乌蒙、镇雄三地及西边镇沅、威远、恩乐已经经过整治，那下一步的施政对象，无疑便是地方不稳定因素的车里、茶山、孟养。鄂尔泰指出，车里、茶山、孟养一带："贼之种类散处甚□⑤，贼之巢穴深邃难入……文武专司懦者语言羁縻，巧者熟筹利

①　张书才主编《雍正朝汉文朱批奏折汇编》，江苏古籍出版社，1991，第10册第650页。
②　张书才主编《雍正朝汉文朱批奏折汇编》，江苏古籍出版社，1991，第11册第15~17页。
③　同上。
④　同上书，第366~371页。
⑤　原书漶漫，不能辨识。

害……鲜有建议征剿者。自元迄明，官府军队出动，则散入山林，官兵回师，又聚而为盗，旋服旋叛，贻累至今。"① 他在奏折中向雍正皇帝表明誓要解决这一问题，底定滇省大局。因此在进剿窝泥之后，他命令清军沿思茅、普藤、关坪道路，进抵孟养（今景洪），深入攸乐、橄榄坝，取得了军事上的胜利。在汇报取得的进展之后，鄂尔泰提出："臣查车里地方，江内江外原各设有土司，除车里宣慰司外，有茶山土司、孟养土司、老挝土司、缅甸土司等员。总因边方窵远，各土司争相雄长，以强凌弱，以众暴寡。其茶山、孟养等地方，皆被车里吞并，向来均置不问，以致凶彝肆恶，渐及内地。若不乘此大加惩创，布置周密，江以外仍付宣慰，江以内分设营防，不但普洱、威远等处终难安贴，即永昌、顺云各汛亦难藉声援。"② 在此，鄂尔泰通过对前期改土归流实践的总结，站在云南甚至国家治理的大局思考，将"内地"的地理界线推进到了九龙江（澜沧江普洱段）一线。原本威胁内地的威远、普洱等地，成为内地的一部分。滇中的楚雄、云南（府）、临安不再受其祸乱，西北的顺宁、永昌也得到了安全保障。

　　在大的方针政策之下，如何具体实现对镇沅、威远以南九龙江以西的广大"江内"地方的治理，尽快将这些原本为外而今为内，对于流官治理来说属于新辟的地方纳入治理？鄂尔泰首先考虑是加强对此地地理的认知，包括两个方面：（1）对疆界形势进行查勘："臣已密扎严令……将六茶山所属千余里地方尽行查勘，按其疆界，察其形势，度其险要。"③ 对此地的空间地貌有了解之后，设立营汛便有了地理依据，能够以军事的力量掌控这一地区。（2）对物产、矿产等资源的调查："今据各员禀报，所至地方粮谷丰收，牲畜繁殖，物价皆贱，兼出盐卤。"④ 此地不仅在地缘上对滇中安定有重要影响，还有着巨大的经济利益。在综合考虑各方面情况后，鄂尔泰提出了彻底解决此地土司问题的办法："是并可设郡县，以资控制矣。"⑤ 雍正皇帝对这篇奏章大加赞赏，批示曰："在廷诸臣皆与观

① 张书才主编《雍正朝汉文朱批奏折汇编》，江苏古籍出版社，1991，第 11 册第 366 ~ 371 页。
② 同上。
③ 同上。
④ 同上。
⑤ 同上。

之，皆人人心悦诚服，贺朕之福庆，国家得人。"①

对于鄂尔泰已经取得的成绩和采取的做法，以及对今后如何治理滇南的设想，都得到了中央的极大认可与支持，中央与地方上下同心，全力来推进对车里地区的改土归流工作。而后，在滇南"江内"地方，国家治理的各方面事宜按照鄂尔泰的设想与规划逐步深入。雍正六年（1728）二月初十，鄂尔泰上《奏陈滇南地方安设营汛管见折》曰："其逼近外国，应示羁縻之地，仍着落车里土司，以备藩篱。凡应安营设汛，并可建立州县之处，一一斟酌妥确，以为一劳永逸之举。"② 云南提督郝玉麟曾在正月时遵照鄂尔泰的安排，亲自赴滇南查勘，四月二十日，上《擒获茶山土目刀正彦情由折》，记载了其考察情形："出蒙化、景东，过新经改流之镇沅府、恩乐县一带地方……抵普洱……到倚邦行营……又至橄榄坝……另由猛仑、慢林、蛮砖等处，复至倚邦、普达、猛旺、他箐、思茅、普洱、元江一带细勘，回省。"③ 郝玉麟的考察路线覆盖了此次军事行动所涉及的大部地区，抵达了最前线。他作为地方军事首脑，通过亲身考察，对这一区域有了切身的认知，从军事防卫的视角，对滇南的形势作出了判断："查车里、茶山地方，普洱、思茅是其咽喉，九龙江、橄榄坝乃系边界藩篱，紧接莽子界址。更有慢达等处五渡口，在在关系紧要。"④ 此外，郝玉麟也对军事之外的全局治理提出了自己的意见："茶山、车里一带，接连莽子、老挝等外国，其中险要甚多，必须分布汛防，设官治理，以资弹压，化导彝民，边疆始得宁谧。"⑤ "分布汛防"属于国防军事举措；"设官治理"则意味着要构架与内地一致的治理机构与体系；"以资弹压"意指建立清政府治下的统治秩序；"化导彝民"则涉及民族群体百姓的治理。在郝玉麟看来，只有这几个方面都有所作为，边疆才能安定。他的意见，与鄂尔泰对于滇南的规划主旨是一致的，但比鄂尔泰二月时的看法又要更进一步，施政方向更明确，也更具体更细致。

---

① 张书才主编《雍正朝汉文朱批奏折汇编》，江苏古籍出版社，1991，第 11 册第 366 ～ 371 页。

② 同上书，第 659 页。

③ 张书才主编《雍正朝汉文朱批奏折汇编》，江苏古籍出版社，1991，第 12 册第 232 ～ 234 页。

④ 同上。

⑤ 同上。

　　六月十二日，鄂尔泰上《版纳地方防务情由折》①，在奏折的第一部分报告了两个关键事项：其一，经过行军及勘察，发现车里等处地方烟瘴情况并不像传言那么严重，并非处处有瘴，有瘴之处也并非都是重瘴，商客来往不以为害，官兵驻扎也应不以为虑。烟瘴从来都是西南低纬度地区人员往来的最大障碍，也是历代官府进取西南的最大自然阻力。在没有特效药的时代，来自内地的官员与军队，即使在瘴气较轻的季节进入瘴区，也不能长驻，瘴气起来之前就不得不赶紧退出，往往是事倍功半，得不偿失。而清廷政府能找到可以避开瘴气的安全道路，以及无瘴、轻瘴之地，则意味着行军安全，以及可以派遣长期驻守的官员及军队，可以在这些地方保持强大的、持续的存在，并且能够得到可靠的支援，这是行使有效统治必不可缺的基础；其二，虽然擅权的车里土目刀正彦已被拿获，但宣慰使刀金宝年幼势弱，不能约束部众，愿将原属车里的江内各版纳归流官管辖。

　　车里大致为今西双版纳傣族自治州全境、普洱宁洱县以南，以及今老挝孟乌怒、孟乌太两地。天启七年（1627），车里宣慰使刀韫猛被缅甸洞吾王朝绑架，元江土知府那氏南下据守，遂实际控制车里。清顺治十六年（1659），清军进入云南，元江土知府那嵩起兵反清，吴三桂率军将其击败。顺治十八年（1661），原车里宣慰司"凯冷裔孙刀穆祷"归附，清廷仍授其车里宣慰司，驻孟养。② 车里其地广阔数千里，澜沧江从中穿流而过。而今，澜沧江以内的地区从车里宣慰司辖下划分出来，归流官管辖，也就是变土司的间接统治而为官府直接控制。车里宣慰司辖下的土地、人口及各种资源都大为削弱，而相应的官府在此地的实力将大为增强。此消彼长，滇南的政治局面发生了重大变化。

　　《版纳地方防务情由折》的第二部分内容，是鄂尔泰阐述了他拟对普洱采取的具体治理举措：

　　　　臣详查地方形势，普洱居中，镇沅、恩乐、威远居普洱之右，在西北一带。车里所属十二版纳并六大茶山居普洱之左，在东南一带。拟将普洱改为府治，设普洱知府一员、经历一员，扼要总理。将普威营改为普镇协，设副将一员、中军都司一员、守备二员、千总六员、

---

① 张书才主编《雍正朝汉文朱批奏折汇编》，江苏古籍出版社，1991，第12册第671页。
② 道光《普洱府志》卷三《建置沿革》，咸丰元年（1851）刻本，第2页。

把总十员、马步兵丁共二千二百名。副将一员，带千把四员、兵丁五百，驻扎普洱，与知府同城，并分防通关哨俾。左右兼顾，可以举重驭轻。思茅地方，居民稠密，地土宽阔，为九龙江、橄榄坝、六茶山之咽喉，但紧连普洱，仅百余里。拟将普洱通判移驻思茅，设巡检一员，安千总一员，带兵二百名，与通判同城，以联声势。橄榄坝地方南接蒙缅，东连蟒子、老挝诸国，为全郡之门户，最关紧要。拟立州治，设知州一员，吏目一员，安都司一员，千把二员，兵丁五百名，与知州同城，并分防慢达江，以资巡守。九龙江安千总一员，带兵一百名，驻扎防汛。倚邦、攸乐、猛乌三处各安把总一员，各带兵五十名，驻扎防汛。镇沅府安守备一员，把总一员，带兵三百名，与知府同城，驻扎分汛防守。威远安守备一员，千把三员，带兵三百五十名，与同知同城，驻扎分汛防守。恩乐县安把总一员，带兵一百名，与知县同城，驻扎分汛防守……查元江一协……原以兼辖普威镇沅，并控制车里等处之故，自另设普威营后，元江汛地已减去十之五六，今既议设普镇协，则元江协自应议裁。[①]

从奏章中可以看出，鄂尔泰对普洱的治理主要有三个方面：(1) 进行行政区划的建设，居中的普洱设府、咽喉地方思茅派通判、门户橄榄坝设州；(2) 官员的配备，在普洱府设知府、经历，思茅驻通判、设巡检，橄榄坝设知州、吏目，并且强调："新辟地方首重得人……新设府州二官，尤宜慎选"；(3) 军队的部署，普洱府驻普镇协，思茅驻千总，橄榄坝驻都司千总把总，九龙江驻千总，倚邦、攸乐、猛乌各驻把总，镇沅府驻守备把总，威远驻守备千总把总，恩乐县驻把总。通过这些举措，构建一个军政相互配合的强有力的统治机构。

鄂尔泰的奏报，经吏部覆议，雍正皇帝批准，普洱府于雍正七年（1729）七月设立。以原属车里宣慰司的思茅等六版纳地改设流官，其余六版纳仍归宣慰司管理。普洱府的设立，对滇南局势产生了重大影响。

在政治方面，底定滇西南改土归流的大局，改变了澜沧江两岸地区的政治格局。直接掌控在官府手中的内地范围大大拓展，流官统治推进到了澜沧江的东岸，而土司统治则退却到澜沧江以西，对车里等土司辖地的约

束力大为增强。不仅如此，甚至对与中国西南边疆相邻的诸多国家也产生了巨大的影响。鄂尔泰《版纳地方防务情由折》中也反映了这一点："域外输诚，原难以强致，近自擒刀正彦后，不独老挝一国，即孟艮、整迈等诸彝长皆有内附之意，情见乎词。而蟒国强大与缅国……即无内附之意，亦殊具恭顺之诚。"①

在经济利益方面，滇西南地区的改土归流也给清政府带来了巨大的收益，正如前文所引鄂尔泰《调兵进剿边地窝泥逆贼情由折》中所说："地方粮谷丰收，牲畜繁殖，物价皆贱，兼出盐卤。"而且滇南还产茶、富藏各种矿藏，对于官府来说，"通过改土归流对盐、茶、矿等地方资源实现了控制"②。田赋、盐茶之利、矿厂的收益都有增加，这也成为改土归流能在滇南地区推行并最终取得成效的重要原因。

除滇东北与滇南地区外，其他地方改土归流的有：滇西方向，雍正三年（1725）姚安府土同知以不法革职，安置江南，姚安府改土归流；③ 雍正六年（1728），邓川州土知州阿觅远纵贼殃民，被参革职，安置于江西，邓川州改土归流；④ 在滇东南方面，雍正五年（1727）八月初十日，鄂尔泰上《广南土目陆顺连等不法情形折》⑤，报告了广南府侬氏土知府被架空，其下土目为非作歹的事由，针对广南府土目进行改土归流。

经过大规模的改土归流之后，至雍正十年（1732），云南境内的土司还有：宣慰使一：车里宣慰使司；宣抚使五：耿马、陇川、干崖、南甸、孟连；副宣抚使二：遮放、盏达；安抚使三：潞江、芒市、猛卯；副长官司三：楼纳、亏容、十二关；土知府四：蒙化、景东、孟定、永宁；土知州四：富州、湾甸、镇康、北胜。⑥

改土归流使云南内地范围大为拓展，而且连成了一片。雍正时期政府通过在滇东北、滇西南，辅以滇西、滇东南方向的改土归流，将云南内地的土司基本铲除，消除了土司疆界对内地政区的分割阻拦，对地方人员、

---

① 张书才主编《雍正朝汉文朱批奏折汇编》，江苏古籍出版社，1991，第 12 册第 674 页。

② 马健雄：《哀牢山腹地的族群政治：清中前期"改土归流"与"倮黑"的兴起》，台北《中研院历史语言研究所集刊》第 78 本，2007 年 9 月，第 553 页。

③ 《清史稿》卷五百十四《土司三·云南》，中华书局，1977，第 47 册第 14265 页。

④ 咸丰《邓川州志》卷十《官师志》，凤凰出版社选编《中国地方志集成·云南府县志辑》，2009，第 76 册第 286 页。

⑤ 张书才主编《雍正朝汉文朱批奏折汇编》，江苏古籍出版社，1991，第 10 册 349 页。

⑥ 《云南各族古代史略》编写组：《云南各族古代史略》，云南人民出版社，1977，第 164 页。

物资、文化交流的障碍。如丽江府，在明代为土知府木氏把持，"出入者非奉木公命不得擅行，远方来者必止，阍者入白，命之入，乃得入。故通安诸州守从天朝选至，皆驻省中，无有入此门者。即诏命至，亦俱出迎于此，无得竟达"①。徐霞客抵达丽江时，虽然受到了木氏的热情款待，但土知府木增为防人窥探，不允许徐霞客深入丽江腹地溯江而上探寻长江之源。土司疆界的隔绝，成为徐霞客万里行程的遗憾。正如《永昌土司论》作者刘彬所说："所谓藩篱者，乃边境之外者也。岂有在内地者而亦藉以为藩篱乎！"② 经过改土归流，内地政区之间的藩篱被拔除，这为在民族聚居地区施行与内地一致的制度及统治秩序提供了基础，大大有利于多民族国家的巩固和发展。

第三节　雍正《云南通志》体现云南改土归流与民族认知的互动

鄂尔泰主持下的改土归流，政策主导性极为突出，对于国家的统治意志、政府的治理策略体现得更为明显。朝野内外、中央与地方对改土归流达成一致，雍正皇帝对于鄂尔泰大刀阔斧的一系列举措给予了充分的信任和支持，运用政治、军事等手段，铲除既定区域范围内的土司势力，将这些土司地方纳入国家的一体管理。无论这些土司是恃强而抗，还是俯首听命，都成为改土归流的对象。这与前文所说的明代及清初静候时机，伺机而动，甚至因土司强力反抗，或因有功于朝廷又流而复土的改土归流有很大的不同。而在这个国家权力机关意志之下，如何将其实现，又体现了国家治理策略的不同。

一　改土归流流程与效果在云南不同地区的差异

从上文对滇东北与滇西南改土归流进程的分析可以看出，鄂尔泰主持下的改土归流主要包含以下几个要素：裁废土司、派驻流官、行政区划设置或调整、军事行动镇压反叛、管理百姓民众。无论是滇东北还是滇南，这几个要素无一不具备，但这几个要素在不同的地区施行的先后顺序并不完全一样，如在滇东北地方就是按照行政区划调整—裁废土司—派驻流官

---

① （明）徐弘祖：《徐霞客游记》，朱惠荣校注，云南人民出版社，1985，第953页。
② （清）刘彬：《永昌土司论》，《小方壶斋舆地丛抄》，上海著易堂，光绪二十年（1894）铅印本，第八帙47~49页。

一军事行动镇压叛乱—管理民众来进行；而滇西南则是军事行动镇压叛乱—裁废土司—行政区划设置—派驻流官—管理百姓民众这样的步骤。在滇东北，以行政区划调整为先导，主要依靠军事手段，用"剿"的方法，落实到彻底铲除土司，也就是"尽其根诛"，然后治理地方百姓民众。而在滇南，政治与军事手段并用，"剿抚并行"，对土司区别对待，铲除靠内土司，而保留沿边土司，以行政区划的设置为落实，然后治理地方百姓民众。而滇西的姚安府、邓川州，以及滇东南的广南府，则主要依靠政治的手腕，靠"抚"的方法进行，改土归流后也没有行政区划的变动，废除土司后直接进入管理民众的状态。

导致这些不同的原因，笔者认为，首先是地域位置的原因。东川、乌蒙、镇雄三地位于滇东北，虽然在云南是"边地"，但在整个中国疆域范围内，其又属于靠内的地区，属于"内地中的藩篱"，是属于要彻底根除的对象。清政府通过改土归流，掌控力度、治理强度达到内地的标准。再加上三地的土司势力强大，因此，对滇东北的改土归流，手段最为残酷，反弹也最为激烈，对社会的冲击也比较大。滇西南的威远、镇沅同样是属于有实力的"内地中的藩篱"，因此朝廷对其采取的手段与对滇东北地方并无太大区别，只是程度轻重不同而已。而滇西的姚安府、邓川州，虽然也是内地范围的土司，但因为各自不同原因，政府改土归流的阻力较小。如姚安府高氏土司，明代控制今姚安、大姚、永仁的大部分地区，实力雄厚，但经过明末的动荡，实力大为削弱。而且高氏土司受汉文化影响程度颇深，倒数第二代土司高𫭟映，是当时云南的文化名人，在理学、佛学、文学、史学方面均有不凡建树，对中央政权认同程度较高。当清廷借末代土司高映德与土民争地的案件着手在姚安府进行改土归流时，能够以和平的方式进行，改土归流之后，反弹也不像滇东北等地那样剧烈。邓川州阿氏土司为丽江木氏土司的姻亲，较之木氏势弱。木氏土司在雍正元年（1723）顺利改土归流之后，邓川州失去了外援，无力与强大的清廷对抗，邓川州得以和平改流。而滇西南靠外的区域，无论在改土归流之前还是之后，都是云南的边地，中国的边疆。鄂尔泰对其进行改土归流时，必须考虑地域远近、与邻国的关系等边疆的特殊问题。因此在具体行事时，面对车里的土司，虽然也率大军到达了车里，有强大的军事实力做后盾，但手段却较为和缓，对车里土司，虽然削弱其地盘与势力，但仍然保留其宣慰司的职衔和权力。同样，广南府虽然土司势弱，但因为其与越南毗邻，又有安南勘界案，因此改流只针对较低层级的土目，而土知府仍然保留，力保边境稳定。

其次是对不同地区民族认知的差异，也是改土归流在不同地区采取不同策略的重要原因。滇东北东川、乌蒙、镇雄三地原归四川省管辖。三府在雍正以前并没有修纂过地方志，只是在四川省志中有所记载。在嘉靖《四川总志》卷十四《郡县志》中，对东川军民府、乌蒙军民府、镇雄军民府进行了记载。其中"风俗"子目涉及当地的民族百姓情况。东川府为："夷人有二种，其一曰爨人，椎髻披毡，毡帽，用毡裹其胫，蹑皮履，好贸易为业。其一曰猓猡，即爨蛮也。性劲而悍。摘须束发于顶，覆意白布尖巾。衣以毡，覆以革。"① 乌蒙府："民有三种，曰罗罗，曰土獠蛮，曰夷人……夷人、土獠种类不一，出入佩刀以相随。相见去帽为礼。架木为棚以居。"② 镇雄府风俗则是笼统而言，没有出现具体民族的名号，这是明代的情况。清代康熙《四川总志》在卷首各府地图中，并没有东川、乌蒙、镇雄三地的分府图③，卷十《贡赋》中也没有三府的子目④，也就是说康熙时的四川政府并不掌握这三府的人口、田地情况。卷二十一《风俗》中东川、乌蒙、镇雄内容抄录嘉靖"志"。⑤ 可见，对于四川来说，东川、乌蒙、镇雄三地是边地，是四川的沿边地方，对其民族认知、管控力度都比较薄弱。改隶云南后，虽然国家依靠强大的政治军事力量在这些地方推行了改土归流，但受到的阻力比较大，成效也大打折扣，后遗症也比较多，如雍正八年（1730）滇东北地区的动荡就是这种民族认知不足，难以成为支撑国家政策执行的基础，认知与施政出现偏差的缘故。滇西南的威远、镇沅两地情况与滇东北类似，除镇沅府在明代出现过一部方志外，两地在改土归流之前再无其他方志出现，康熙《云南通志》中没有对威远民族群体的记载，对镇沅府民族记载为"郡多爨彝，信巫鬼，轻医药。妇勤耕蚕，无少暇。产子浴于江。猓蛮刀耕火耨，每岁必易其土以养地力。三年复耕，旧陇无论。贫富室无裀褥，四季拥炉度夜。男女婚嫁不

---

① 嘉靖《四川总志》卷十四《郡县志》，北京图书馆古籍出版编辑组编《北京图书馆古籍珍本丛刊》，书目文献出版社，2000，第 42 册第 271～274 页。

② 同上书，第 271～274 页。

③ 康熙《四川总志》卷首《图目》，康熙十二年（1673）刻本，《图目》第 1～2 页。

④ 康熙《四川总志》卷十《贡赋》，康熙十二年（1673）刻本，第 1～30 页。

⑤ 嘉靖《四川总志》卷十四《郡县志》。

问父母。彼此爱悦遂相配合"①。威远、镇沅是云南的沿边地方，与滇东北三地有相似之处，因此同样出现了政府施政预期与地方实际情况出现偏差的情况。可见，对民族情况了解不够的地方，虽然依仗强大的政治军事实力强行改流，但其阻力就比较大，对当地社会的冲击也比较严重，一段时间后的反弹也比较剧烈。而与之形成对比的是沾益、姚安、邓川、丽江等地。沾益在明代修有《沾益州志》、康熙时修有《沾益州志略》；姚安府在明代嘉靖、万历年间两修府志，康熙时修有《姚州志》，对撒摩都、白倮倮、黑倮倮、傈僳、化外野彝、罗婺、摆夷、嫚且八种民族进行了记载；邓川府在明代嘉靖、崇祯年间所修方志中即记载了白、爨、僰三种民族群体的情况；丽江府在明代正统前也曾修有府志。由此可知，在文献记载较为丰富、有连续信息被记载的地区，对民族的了解也较为丰富、深入。改土归流时政府施政手段就比较得宜，改土归流的各项措施推行相对就比较顺利，其后的反弹也不明显。

从以上不同地方改土归流进程及效果呈现的差异可知，对民族的认知，包括对民族地区地理的认知及民族百姓生产生活情况的认知，是导致云南不同地区在推行改土归流政策中举措差异、成效差异的重要原因。在民族地区，民族认知的程度，对国家政策的施行有着重要的影响，民族认知是国家民族治理、边疆治理的重要基础。

二　雍正时期对云南民族认知的深化及区域拓展

民族认知与改土归流的互动关系，除在改土归流之前是各地差异性举措制定的基础之外，还表现为不同地区的改土归流举措在施行过程中对民族认知产生不同的推动作用，这在云南雍正年间所修的雍正《云南通志》中有明显的表现。雍正《云南通志》于雍正七年（1729）始修，乾隆元年（1736）付梓，由鄂尔泰、靖道谟主持修纂。其纂写、成书时间正是云南改土归流大势已成之后，反映了改土归流对云南各方面的影响，为当时人记当时事的珍贵资料。改土归流在官府对云南民族认知方面的影响、其认知的发展变化以及鄂尔泰等官员对云南民族认知的程度等，都有具体而真实反映。主要表现在以下几个方面。

① 康熙《云南通志》卷七《风俗》，凤凰出版社选编《中国地方志集成·省志辑·云南》，2009，第 1 册第 196 页。

第一，反映了雍正时期国家西南边疆治理的深入。雍正《云南通志》用图文结合的方式，绘制了云南全省图说、云南府图说、曲靖府图说、临安府图说、澄江府图说、武定府图说、广西府图说、广南府图说、元江府图说、开化府图说、镇沅府图说、东川府图说、昭通府图说、普洱府图说、大理府图说、楚雄府图说、姚安府图说、永昌府图说、鹤庆府图说、顺宁府图说、永北府图说、丽江府图说、蒙化府图说、景东府图说、威远州图说、云南诸江发源图26幅舆图。

《云南全省舆图》所配图说中对云南四至的描述为"东至贵州，西至金齿，北抵蒙番，南界交趾"①。其后卷五《疆域》更为详细地描述为：

> 东至广西泗城府界七百五十里，西至神护关接野人界一千七百六十里，南至交趾界七百五十里，北至四川会理州界四百里，东南至广西镇安府界一千一百四十里，西南至天马关接缅甸界二千三百一十里，东北至贵州普安州界四百三十里，西北至吐蕃界二千里。②

与康熙《云南通志》中对云南疆域的记载相比，东、西、南、北、西北五个方向没有变化，增加了东南向与广西镇安府界接界的描述，西南由巨石关变为天马关，向西延伸了约500里，东北由与贵州乌撒卫接界变为了与普安州接界，收缩了200里。其变化也是在康熙的基础上因为行政区划调整而产生的，没有大的改变。

在《云南全省图说》之后收录的24幅舆图，包括了云南府等23府及威远1州。同样与康熙《云南通志》比对可以发现，雍正《云南通志》多了东川府、昭通府、普洱府、威远州的舆图，而这些地方，无一不是雍正年间进行改土归流以及行政区划调整的地区。根据本书对明代及清康熙云南通志的研究，在省志以府、州舆图来描绘的地区，即是当时各级统治者观念中的内地，是已经推行或正在不断完善实行与内地一致统治秩序的地区。东川、昭通、普洱、威远等地为新设政区，但在设立之初，国家将其定为内地。特别是威远，在明天启年间还属于外边政区，但经过康熙时的发展，雍正年间的改土归流，已经明确地"由外变内"，转化成了内地。

---

① 雍正《云南通志》卷首《图说》，乾隆元年（1736）刻本，第3页。
② 同上书，第1页。

雍正《云南通志》舆图所绘 24 地，都牢牢掌握在国家政府手中，处于国家的直接统治之下。要言之，虽然是边疆，其内也有腹心、沿边之别，但都被纳入了国家的一体统治。

作为内地，国家的治理举措便有定例、有既成的规章制度、有丰富的经验可循。

首先，国家权力机关会用与内地一致的制度方法来进行管理，如清点人口，丈量土地，缴纳赋税等，以此来实现国家最基本的权力。雍正《云南通志·户口》卷记载："丽江府改土归流，增夷丁二千三百四十四丁……七年橄榄坝平，招抚安插夷民一万三千三百余户……九年威远同知清出三圈、蛮令等村丁银。"① 《田赋》卷记载镇沅府"设流后清出夷田地七百一顷七十一亩四分七厘"②。威远"设流后清出夷田三百九十一顷九十七亩一分五厘"③。东川府"改隶云南清出田地一千六百三十五顷八十六亩九分八厘三毫五丝"④。昭通府"改隶云南清出田地三千二百九十一顷八十九亩二分二厘六毫九丝四忽四微"⑤。普洱府"设府后清出田地一千三百四十四顷二千四亩五分八厘二毫八丝"⑥。丽江府"改流后清出田地七百九十顷八十九亩"⑦。户口人丁的统计，田地的清点，意味着国家牢牢掌控人口与土地，实现了"掌土治民"。

其次，国家会进行各种必要机构、设施的建设，如城池官署、学校书院、道路津梁、沟渠塘堰、建仓积谷等。雍正《云南通志·城池》卷记载，镇沅府城在雍正五年（1727）得到重修；普洱府于雍正七年（1729）筑砖城；东川府城、昭通府城、镇雄州城原为土城，改流后雍正九年（1731）改筑砖城。⑧《学校》卷记载：雍正五年（1727），东川府在原有基础上设立教职核定童生人数，并设立府义学，十年（1732）建立西林书院；昭通府在雍正六年（1728）设庙学，九年（1731）建昭通书院，十三年（1735）设府义学；威远在雍正十三年（1735）设义学；镇沅在雍

①　雍正《云南通志》卷九《户口》，乾隆元年（1736）刻本，第 20 页。
②　雍正《云南通志》卷十《田赋》，乾隆元年（1736）刻本，第 54 页。
③　同上书，第 55 页。
④　同上书，第 56 页。
⑤　同上书，第 57 页。
⑥　同上书，第 59 页。
⑦　同上书，第 91 页。
⑧　雍正《云南通志》卷六《城池》，乾隆元年（1736）刻本，第 8 页。

正十年（1732）设庙学，十三年（1735）设府义学；普洱府在雍正七年（1729）设立庙学，十三年设府义学。① 《祠祀》卷记载了镇沅、威远、普洱、东川等地设立先农坛、社稷坛、风云雷雨山川坛、郡厉坛、城隍庙、名宦祠、乡贤祠、忠义孝弟祠、节孝祠、文昌宫、关帝庙、龙王庙的情况。② 城市的建造、学校的设立以及各种祭祀场所的兴建，对于地方经济、文化、风俗的发展有巨大的影响，而滇东北、滇西南在雍正年间密集的出现此类政府工程，正是改土归流后国家按照与内地一致的标准，对这些地方进行建设的表现。而这些建设的举措与成果，更是国家强化边疆与内地的一体化统治，在边疆治理不断深入的典型例证。

清朝时不再有内边外边的政区分野，深化了对边疆的治理。因此反映外边政区面貌的《西南诸彝总图》便不再适用。而清代在地理考证方面也有巨大的成就，如康熙五十八年（1719）康熙皇帝作《山川考谕》，对全国主要的山河进行考释。雍正《云南通志》以《云南诸江发源图》来取代《西南诸彝总图》。

第二，体现了对云南民族认知的进展。雍正《云南通志》对民族的记载，集中在卷八《风俗》与卷二十四《土司种人附》中。

雍正《云南通志·风俗》中，对云南府、曲靖府、临安府、澂江府、武定府、广西府、楚雄府、姚安府、永昌府、鹤庆府、蒙化府的记载，主要是地方节庆、婚丧宴饮等方面情况。而涉及对民族风俗进行记载的地区有广南府、元江府、开化府、镇沅府、东川府、昭通府、普洱府、大理府、顺宁府、永北府、丽江府、景东府。对东川府民族群体情况的记载为："俗尚战争，居多板屋。其气剽悍，其性猜疑。猓蛮易与为非。苗民犹知奉法。服食婚丧尚多夷习。"③ 昭通府为："改土归流，夷多汉少，风气刚劲，习俗凶顽。出入佩刀以随，相见去帽为礼。居多木棚，击齿乃娶。男子十五六岁击去左右两齿乃娶。"④ 普洱府为："人多顽蠢，地寡，蓄藏衣食仰给茶山。服饰率从朴素。崇信巫鬼，未革夷风。"⑤ 此三府为雍正年间新设，其内容也是首次出现在云南志书中。元江府、开化府、镇

---

① 雍正《云南通志》卷七《学校》，乾隆元年（1736）刻本，第1~27页。
② 雍正《云南通志》卷十五《祠祀》，乾隆元年（1736）刻本，第1~36页。
③ 雍正《云南通志》卷八《风俗》，乾隆元年（1736）刻本，第7页。
④ 同上。
⑤ 同上。

沅府、丽江府、景东府的内容俱是在抄录康熙《云南通志》的基础上略有增加。[①] 新增的东川府、昭通府、普洱府，以及内容有增加的元江府、开化府、镇沅府、丽江府、景东府这些地方，俱是云南的沿边政区。一方面表明，清政府对这些地方的民族群体风俗有了基本的，或者说是更深入、更细致的了解。另外也说明，在雍正年间，政府在各地风俗这个方面，关注的重点是进行过调整的行政区，以及滇西南、西北地区。

对民族认知的内容，更主要是集中在雍正《云南通志》卷二十四《土司种人附》中。其对种人的记载，在抄录康熙《云南通志》34 种民族群体情况的基础上，爨蛮的分支增加了 2 种，其他增加了 20 种，具体见表 5 − 1。

表 5 − 1　雍正《云南通志·种人》

序号	名号	抄录/新增	内容
1	白人	抄录康熙《云南通志》	
2	爨蛮	抄录康熙《云南通志》	
	白倮倮	抄录康熙《云南通志》	
	黑倮倮	抄录康熙《云南通志》	
	撒弥倮倮	抄录康熙《云南通志》	
	妙倮倮	抄录康熙《云南通志》	
	阿者倮倮	抄录康熙《云南通志》	
	干倮倮	抄录康熙《云南通志》	
	鲁屋倮倮	抄录康熙《云南通志》	
	撒完倮倮	抄录康熙《云南通志》	
	海倮倮	新增	寻甸有之，亦名坝倮倮，以其居平川种水田而得名也。土人以平原可垦为田者，呼为海或呼坝。故名。与汉人相杂而居。居处饮食衣服悉如汉人。惟与其同类仍作夷语。居家俭朴，情性和纯，且知读书
	阿蝎倮倮	抄录雍正《师宗州志》[②]	
	葛倮倮	抄录康熙《广西府志》[③]	

---

① 雍正《云南通志》卷八《风俗》，乾隆元年（1736）刻本，第 7、9 页。
② 雍正《师宗州志》卷下《种人》，凤凰出版社选编《中国地方志集成·云南府县志辑》，2009，第 18 册第 624 页。
③ 康熙《广西府志》卷十一《诸夷考》，云南省图书馆抄本，第 1 页。

续表

序号	名号	抄录/新增	内容
	罗婺	抄录康熙《云南通志》	
	摩察	抄录康熙《云南通志》	
3	㦎夷	抄录康熙《云南通志》	
4	俅黑	抄录雍正《顺宁府志》①	
5	犙喇	抄录康熙《云南通志》	
6	普特	抄录康熙《云南通志》	
7	窝泥	抄录康熙《云南通志》	
8	糯比	抄录康熙《元江府志》②	
9	黑铺	抄录康熙《元江府志》	
10	姆鸡	抄康录熙《云南通志》	
11	磨些	抄录康熙《云南通志》	
12	力些	抄录康熙《云南通志》基础上有增加。	
13	土人	抄录康熙《云南通志》	
14	土僚	抄录康熙《云南通志》	
15	怒人	抄录康熙《云南通志》基础上有增加	
16	扯苏	抄录康熙《云南通志》	
17	山苏	抄录雍正《临安府志》③	
18	侬人	抄录康熙《云南通志》	
19	沙人	抄录康熙《云南通志》	
20	蒲人	抄录康熙《云南通志》	
21	古宗	抄录康熙《云南通志》	
22	西番	抄录康熙《云南通志》	
23	羑昌	抄录康熙《云南通志》	
24	缥人	抄录康熙《云南通志》	
25	哈喇	抄录康熙《云南通志》	
26	缅人	抄录康熙《云南通志》	
27	结些	抄录康熙《云南通志》	

① 雍正《顺宁府志》卷九《彝俗》，云南省图书馆抄本，第 13 页。
② 康熙《元江府志》卷二《彝人种类》，云南省图书馆抄本，第 22 页。
③ 雍正《临安府志》卷七《风俗·种人》，雍正九年（1731）刻本，第 5~6 页。

续表

序号	名号	抄录/新增	内容
28	遮些	抄录康熙《云南通志》	
29	羯些子	抄录康熙《云南通志》	
30	地羊鬼	抄录康熙《云南通志》	
31	喇鲁	抄录康熙《新平县志》①	
32	苗子	新增	有九种，黔省最多，在滇则宣威镇雄亦有之。多是花苗。居水滨，不畏酷暑。多田罗陈蔡四姓。形状类黑干夷。蒙布为冠饰。以彩绒短衣，无襟腰连细襉。短裙至膝，跣足。节序击铜鼓吹呐叭欢聚赛神。书契数目字迹并六十甲子皆如汉制。余不同。亲迎婿，步行迎妇，归始置酒待客。母家三日后以牲畜送婿家以为妆奁，婿家答以牛马布匹。即准财礼。厚款送归，死则毡裹异而焚诸野。婚配各以其类，不通诸夷
33	黑干夷	新增	宣威有之。男椎髻，头缠麻布。耳带大铜圈。垂至肩，穿麻布短衣，跣足。女衣套头衣，毛褐细带编如筛盘罩于首，饰以海贝砗磲等物。衣领亦然。褶裙亦用毛褐。居深山密箐。婚配不用媒妁，男吹笙女弹口琴唱和，相调悦而野合。归语父母，始用媒聘迎妇归。死则裹以毡，异而焚诸野。此夷中之最贱者
34	仲人	抄录康熙《平彝县志》②	平彝有之，习俗俭约，男女皆事犁锄，短衣长裙，构楼而居，甘犬嗜鼠，病不服药，惟务祭鬼，习俗大约于沙人同
35	苦葱	抄录康熙《新平县志》③	
36	喇乌	抄录雍正《景东府志》④	
37	麦岔	抄录康熙《武定府志》⑤	

---

① 康熙《新平县志》卷二《风俗·种人》，云南省图书馆抄本，第8页。
② 康熙《平彝县志》卷三《地理志·种人》，凤凰出版社选编《中国地方志集成·云南府县志辑》，2009，第10册第337页。
③ 康熙《新平县志》卷二《风俗·种人》，云南省图书馆抄本，第8页。
④ 雍正《景东府志》卷三《夷民种类》，云南省图书馆抄本，第25页。
⑤ 康熙《武定府志》卷一《风俗》，《续修四库全书》，上海古籍出版社，2002，第715册第32页。

续表

序号	名号	抄录/新增	内容
38	罗缅	抄录康熙《武定府志》①	
39	卡惰	抄录康熙《元江府志》②	
40	黑濮	新增	所居多在威远普洱江界之间，其人多黑色，男女皆徒跣。不勤洗涤。语言稍似西番。耕山力穑，颇知纺织。多作竹器，入市交易，男子剃发为辫，短衣着裤，善操弩矢。女子单衣，仅长尺，前不扣合，以彩布为桶裙，其裙蒙乳以至下体，又用五色烧珠与海贝排串为饰。束于脐下，两耳穿孔，环以银铜锡，婚聘惟以牛银，丧服白布，葬即除之，其丧皆用木槽
41	嫚且	抄录康熙《姚州志》③	
42	戞喇	新增	永昌腾越内外境俱有之。耕种类阿昌。形状似倮㑩。凶悍善斗。妇女斜缠锦布于腰。居山巅，户不正出，迎屋山开门。迁徙无常。不留余粟
43	卡瓦	新增	夷中之顽梗者也。永顺东南辣蒜江外有之。貌丑性恶，亦耕种，有寨落。红藤束发缠腰。披麻布，持利刀梭标于要路，窃伏劫掠。行商必结伴多人，兼有保护者乃敢过。今守御戒严，此风渐止。商贾凡出腾越入木邦买木棉者，必经其地，呼为卡利瓦，有生熟二种。生者劫抢熟者保路
44	小列密	抄录康熙《云州志》④	
45	利米	抄录雍正《顺宁府志》⑤	
46	俅人	新增	丽江界内有之，披树叶为衣，茹毛饮血，无屋宇，居山岩中
47	大倮黑	抄录康熙《云州志》⑥	

---

① 康熙《武定府志》卷一《风俗》，《续修四库全书》，上海古籍出版社，2002，第715册第31页。
② 康熙《元江府志》卷二《彝人种类》，云南省图书馆抄本，第22页。
③ 康熙《姚州志》卷一《风俗》，康熙五十二年（1713）刻本，第15页。
④ 康熙《云州志》卷五《风土·种人》，云南省图书馆抄本，第3页。
⑤ 雍正《顺宁府志》卷九《彝俗》，云南省图书馆抄本，第13页。
⑥ 康熙《云州志》卷五《风土·种人》，云南省图书馆抄本，第3页。

续表

序号	名号	抄录/新增	内容
48	小倮黑	抄录康熙《云州志》①	
49	野人	抄录康熙《云南通志》	
50	喇记	抄录康熙《云南通志》	
51	孔答	抄录康熙《云南通志》	
52	喇吾	抄录康熙《云南通志》	
53	比苴	抄录康熙《云南通志》	
54	果葱	抄录康熙《云南通志》	
55	喇鲁	抄录康熙《云南通志》	
56	阿成	抄录康熙《云南通志》	

资料来源：雍正《云南通志》卷二十四《种人附》，乾隆元年（1736）刻本。

雍正《云南通志·种人》延续了康熙《云南通志·种人》的体例和格式，分列各民族名号，其下对各个民族的分布、外貌服饰、生计方式、婚丧礼仪及此民族特殊之处等方面情况进行记载。而其不同主要表现在以下两个方面。

第一，增加了新民族的记载。如表5－1所列，雍正《云南通志·种人》所记载的56种民族群体中，有34种来源于康熙《云南通志·种人》，而康熙《云南通志·种人》录自天启《滇志》，所以这34种有关民族群体的记载在明末就有。其余22种民族，以及爨蛮新增的2种分支中，有18种录自康熙、雍正时期所修的云南各府州县方志。有7种为雍正《云南通志》新增，而这新增的7种，据其行文来看，很有可能也是来自康熙、雍正年间新修的方志，只是由于一些方志没有流传下来，所以才不能确定其来源。因此本书将这7种记载与其他18种一体看待。这些新增加的25种民族的内容及新的民族的出现，表明在康熙《云南通志》成书之后直至雍正《云南通志》修纂之前，政府对这25种民族有了接触了解，或者是在原本浅薄的认知基础上有了较大的丰富和完善，其资料的累积，认知已经达到一定程度，使其在修纂省志时，能够支撑其作为一个单独的条目出现。

第二，民族认知地域的拓展。从其分布地域来看，顺宁府有5种：俹

① 康熙《云州志》卷五《风土·种人》，云南省图书馆抄本，第3页。

黑、利米、小列密、大倮黑、小倮黑；元江府有 4 种：糯比、黑铺、喇鲁、卡惰；曲靖府有 3 种：海伲㑩、黑干夷、仲人；武定府有 2 种：麦岔、罗缅；广西府有 2 种：阿蜢㑩㑩、葛㑩㑩；永昌府有 2 种：戞喇、卡瓦；临安府有 1 种：山苏；普洱府有 1 种：黑濮；姚安府有 1 种：嫚且；丽江府有 1 种：俅人。另外，苗子在曲靖府宣威和昭通府镇雄俱有分布；苦葱在临安、元江、普洱都有分布；喇乌在临安、景东两府有分布。可以看出，有新增民族情况记载的地区俱是围绕在云南府、澂江府、楚雄府、大理府这几个云南腹心地区周围的地方。可见在雍正时期，政府加强了对沿边民族群体情况的认知工作，并取得了一定成效。也就是说，这段时期，政府民族认知工作的重心，是在云南的沿边地方。

在新增民族群体情况记载的地区中，滇西南的顺宁府、元江府数量最多，滇东北的曲靖、武定次之，这与雍正年间改土归流的重点地区在大方向上是吻合的。改土归流有利于国家政区民族认知工作的开展，但政策的影响有滞后性，而民族认知本身需要时日慢慢累积，所以，真正改土归流的地方，如镇雄、普洱分别只有 1 种民族群体被记载，是民族认知工作刚刚起步的表现。而位于改土归流区域，此前已经有相对完善流官统治秩序的地方，最先接收到了政策的红利，表现在方志中，便是民族名号数量明显的增加，其内容也从抄录他志改为自己撰写，民族认知水平明显得到提升，如元江、顺宁两府。

如上文所说，康熙《云南通志》中《种人》志的内容基本是承袭明天启《滇志》的内容。是清初期国家政权继承明代对云南民族认知的反映。经过其后康熙朝数十年及雍正十余年的发展，清政府对云南民族的认知已经有了长足的进步，雍正《云南通志·种人》新增民族分布主要集中在滇东北与滇西南两处。

滇东北主要是因为东川、镇雄、乌蒙三地由四川改隶云南，云南地域增加，对其地民族的了解被纳入了云南的统计范畴，对云南地方政府来说，对这些地方的民族认知是某种意义上的从无到有的进步。而对于滇西南地方，情况则不同。在天启《滇志》的记载中，新化州以西，顺宁府、景东府以南的广大区域，包括镇康州、大侯州、勐缅司、孟定府、耿马司、威远州、孟琏司、钮兀司、车里宣慰司等地，在天启《滇志·种人》中，是没有对其民族情况的记载的。也就是说，在这片区域政府对其以"种人"方式来认知的民族几乎是空白。而到了雍正《云南通志·种人》

中，对普洱府、威远州地方的民族有了认知，这说明，雍正时的云南政府对民族认知的边界，已经从明末的边界向西南延伸，拓展到了威远州、普洱府，其前沿已经到达了辣蒜江（今临沧小黑江）以西的地方。在始终是自身管辖的地域内，出现这样明显的差异，其唯一原因，就是国家加强了对这片地方的掌控。而这种加强，与民族认知的推进有直接关系。民族认知即是国家深化地方治理的基础，也是其具体表现。

除滇东北与滇西南区域性的拓展外，滇西北地区也出现了一个点的拓展，即对丽江府西部俅人的认知。俅人与怒人毗邻，分布在怒人以西高黎贡山、俅江一带。对俅人有了认知，并在方志《种人》中加以记载，这也是民族认知区域拓展的表现。但此区域内仅新增了一个民族，不像滇东北、滇西南一样是对此片区民族认知系统性的推进，因此，虽然同样是地域拓展，但两者在国家统治力度、管控强度上还是有所不同的。

雍正时期在滇东北与滇西南地区进行的大规模改土归流，是康熙时期对云南主要民族问题深入思考之后采取的实质性举措，是国家政权在边疆民族地区，以一定的民族认知为基础，转变统治方式，推动边疆民族地区向内地转变，实现国家一体化统治的重要举措。清朝中期这个民族政策的重大调整，即是以前期民族认知取得的成果为基础，又对其后民族认知的进一步发展产生了巨大的影响。

第六章　清中后期国家治理云南施政调适与对民族认知的深化

清朝建立以后，经过顺治、康熙、雍正三朝的励精图治、经营发展，大一统国家稳固而繁荣。乾隆时期，总体上社会安定、经济发展、人口增长，后世誉之为康乾盛世。嘉庆时期，封建王朝土地集中、吏治败坏、武备废弛等问题经过前面几代一个半世纪的累积发酵开始显现、爆发，清王朝的发展势头开始走下坡路，被称为嘉道中衰。云南因为地理区位因素，开发程度等原因，在清中后期的发展有两面性。一方面，随着玉米、土豆等适宜山地种植作物的推广，山多地少的云南在此时期仍然延续了持续发展势头，人口、土地数量增长，赋税征收额度也有所增加。另一方面，社会矛盾、民族矛盾等也逐渐显现。雍正时期进行的改土归流对云南民族发展与民族关系有重大影响，国家民族治理政策如何进行调整来适应新的边疆发展趋势，加强国家对边疆民族地区的统治，促进各民族交流，是清中后期国家政权治理云南面临的首要问题。

第一节　乾隆时期对云南行政区划的调整

按照本书的梳理，在民族认知达到一定程度之后，边疆民族治理政策措施与此前相比会发生变化，其最终的体现是民族地区行政区划设置的变动。乾隆时期，在前期积累的对云南民族情况认知的基础上，借征讨缅甸战事结束，外部环境较为安定的大势，来到云南经略军务的大学士傅恒乘机提出对云南行政区划调整的方略：

> 乾隆三十五年二月庚戌。吏部议覆、经略大学士傅恒奏称：云南外连夷疆，地方辽阔，从前欲藉大员弹压，设郡至二十三府之多。今诸夷向化，缅酋归诚，原设冗繁，应如所请。云南府为省会；大理府为提督驻扎地；曲靖、临安、楚雄、昭通、澂江属邑俱多；东川为矿厂最胜之区；开化界接南皮；丽江通连西藏；永昌、顺宁、普洱临缅

边地，且郡境广阔，均照旧存留。武定府辖二县一州；元江、镇沅二府，无首邑，辖一厅一县；广西府无首邑，辖一厅二州，不成郡，均改直隶州。武定既改州，所属和曲州裁，禄劝州改县，同原辖之元谋县，俱归武定直隶州辖。元江府属他郎通判，镇沅府属威远同知，不便归州统率，改附近普洱府辖。广西府属五嶍通判，改附近曲靖府辖。元江府原辖新平县，归元江直隶州辖。镇沅府原辖之恩乐县，归镇沅直隶州辖。广西府原辖之师宗、弥勒二州，俱改县，归广西直隶州辖。姚安府仅辖一州一县，不成郡，应裁。姚安原辖之姚州、大姚县，归附近楚雄府辖。鹤庆府本有原管地方，距丽江仅八十里，改州。与所属之剑川州，归丽江府辖。广南府止有同城之宝宁县，不成郡，改直隶厅同知。宝宁县、同城，应裁。改设照磨一员，以资佐理。又永北、蒙化、景东三府，无属邑，不成郡，但地方辽阔窵远，归并他郡，一切征输审解未便，将永北、蒙化、景东三府均改直隶厅同知。丽江、顺宁二府无首县，与体制不合，应将专管地方改首县管理。临安府首邑系建水州。改县以符体制。从之。①

从傅恒的奏折可知，乾隆三十五年（1770）行政区划调整的原则，是将云南政区中"与体制不合"的政区进行清理，而体制不合的情况有以下几种：无首邑，无属邑、不成郡（地方狭小）。调整的重点是辖县政区，包括府、直隶州、直隶厅，调整的目标是实现"以符体制"，也就是使云南实现与全国政区的一体化。具体措施如下。

云南府、大理府、曲靖府、临安府、楚雄府、昭通府、澂江府、东川府、开化府、丽江府、永昌府、顺宁府、普洱府 13 府府级设置保持不变；姚安府、鹤庆府裁撤，分别并入楚雄府、丽江府；武定府，元江府、镇沅府、广西府改为直隶州；广南府②、永北府、蒙化府、景东府改为直隶厅。府下所辖州县，原属元江府的他郎、镇沅府的威远改隶普洱；原属广西府的五嶍通判，改由附近曲靖府管辖；姚安府、鹤庆府所辖地方随之分别归入楚雄府、丽江府。

经过此次调整，乾隆三十五年（1770）后，云南共辖 13 府 4 直隶州

---

① 《清高宗实录》卷八百五十二，乾隆三十五年二月庚戌条。

② 广南府在改置之际有官员以"沙侬杂处，易生事端"及"为江西各省采办滇铜要道"提出异议，其后并未改直隶厅，保留了府级政区设置。

3 直隶厅，其后直到清王朝覆灭，云南的府级政区设置没有再发生大的变化。

　　乾隆三十五年（1770）之前，国家政权在云南主要采取的是傅恒奏折中所说的以大员弹压的治理策略，官府并没有实际掌控土司所属的土地和人口，而需要依靠府级大员弹压的地方府级政区达到了 23 个。在改土归流之后，情况有了变化，最显著的一点便是"诸夷向化"。而"向化"最为典型的表现便是诸多原本以渔猎、放牧为生的民族，俱转变为以农耕为主要的生产生计方式，这些民族还通过缴纳赋税与贡品的形式，不同程度地承担对朝廷的义务。这就意味着国家政权已经不同程度地掌握了这些民族的土地和人口，如此一来，实行与内地一致的统治秩序有了基础，而前面实行的"藉大员弹压"的治策则不再适合此时的形势，因此，进行行政区划的调整变得十分必要。而乾隆三十五年（1770）云南行政区划调整中有所变动的区域，绝大部分也就是此前进行过改土归流的地区，如鹤庆、姚安、武定、元江、镇沅、广西、广南、永北、蒙化、景东等地。余下曲靖、临安、楚雄、丽江、普洱等地虽然府级政区不变，但其下辖的地方也有变动，如原属广西府的五嶍通判，改附近曲靖府管辖；临安建水州改为建水县；姚安府、鹤庆府撤销，所辖地方随之分别归入楚雄府、丽江府；原属元江府的他郎、镇沅府的威远，俱改隶普洱。

　　行政区划体现的是中央对地方的行政管理关系，如果对行政区划进行调整，则意味着前期所施行的中央与地方之间的行政管理关系已经不再适合当地的情况、时代的需要，有必要采取措施对已有行政区划进行调整，甚至创造新的行政区划设置来再次实现中央对地方的有效管理。乾隆三十五年（1770）国家政权对云南行政区划的调整，特别是其中直隶厅的设置，明显地体现了这一点。对此，业师陆韧有深入的研究。其《清代直隶厅解构》一文，通过对云南永北、蒙化、景东三直隶厅情况的分析指出：在设置直隶厅的地方，首先是都存在着行政上的双结构，即朝廷设置抚民同知掌印控地，但当地也存在掌有一定权利的土司，土流并行，流官为主；其次，三地都是战略要地与局势控管区，军事人口或因驻军而来的人口是当地社会结构中的重要组成部分；再次，三地民族构成复杂，有一定规模的汉人，但众多的民族也不在少数，汉夷杂处。三地的这些特征，使得它们还不具备采用正式政区府级的模式，原来设置的府级政区是不合规制的，因此，乾隆三十五年（1770）对府级政区进行清理调整，就将三地改置为直隶厅。而如广安府，虽然同样为民族众多地区，但广南府在雍正时期已经进行过改土归流，不存在行政上的双结构，且其所辖州县俱有，建制比较完整，因此虽然初期也曾准备改直隶厅，但最终保留了府级政区的设置。再如腾越州，虽具有民族多样性与军事控管区的特性，但汉人数量较多，且其长期作为永昌府的属州，没有下属州县，因此在嘉庆二十四年（1819）短暂改为直隶厅后，于道光二年（1822）又降为厅。可见，乾隆三十五年（1770）云南直隶厅的设置是促使边疆民族地区平和地向与内地基本一致的行政区划体系过渡的手段，是清代在行政区划上的一项制度创新。①

综上所述，乾隆三十五年（1770）云南进行的行政区划调整，是国家政权对因改土归流、民族人口构成、民族生产生活方式变化等而推动的云南社会发展演变新状态、新趋势的一个综合性的反应。基于对当时民族构成变化、民族发展情况等认知，通过行政区划调整的方式，在官员设置、行政体系架构、土地、人口管理、赋税征收及社会文化风俗等方面都做出了相应的调整，以适应当时社会发展状况，从而实现比此前更深入，但又是当时条件下所能达到的中央对地方的最为有效的统治与管理。

清朝中叶，国家政权对云南的民族认知有了显著的进步与发展，随着民族认知的不断完善推进，国家的边疆民族治理政策也相应做出了调整，雍正时期的改土归流，以及乾隆时期的行政区划调整，都是国家治理在边疆民族地区重大政策的调整，是国家为完善健全边疆民族治理体系而采取的重大举措。而这些政策与举措的实施，又再次促进了民族认知的进一步发展，民族认知与国家的边疆民族治理之间互为因果，相互影响。经过清朝中叶的民族认知与国家治理的演变，统一多民族国家在民族构成、边疆进步等方面都得到了巩固和发展。

第二节　嘉庆时期区域划分的治滇思想

历经了雍正、乾隆两朝 70 余年的发展之后，一些政策已不适应嘉庆时期的云南社会情况，民族矛盾、民族问题逐渐显现。嘉庆一朝，云南爆

---

① 陆韧：《清代直隶厅解构》，《中国历史地理论丛》2010 年第 3 期。

发了 9 次不同地区、不同原因、不同民族的民变。① 如从嘉庆四年（1799）开始爆发，到嘉庆十七年（1812）才被彻底扑灭的顺宁府、普洱府的倮黑人武装反清，嘉庆二十二年到二十三年（1817～1818）临安府窝泥人的武装反清事件等。在这种背景之下，对于云南民族的认知需要重新审视，加深加强对原有民族的认知，掌握新出现的民族情况，才能应对云南新的民族形势、民族问题。嘉庆朝长期任职云贵总督的伯麟所撰写的对于云南民族和治理的文字，是嘉庆时期国家政权对于云南民族认知发展水平、边疆治理方略集中而典型的反映。

伯麟（1747～1824），姓瑚锡哈哩氏，字玉亭，满洲正黄旗人。乾隆辛卯（1771）举人，补兵部笔帖式，累官至山西巡抚。嘉庆九年（1804）任云贵总督，浚六河，疏海口。十五年（1810），平张俞、朱九桃、欧阳党中等暴乱。十六年（1811），平耿马、南甸、猛猛三土司野夷。十七年（1812），平顺宁府南兴逆目张辅国。二十二年（1817），平临安府属江外逆夷高罗衣、高借沙等。加太子少保衔，寻授协办大学士。二十三年，江外逆党高五复倡乱，擒磔于市。疏请增兵，沿江防守。伯麟在滇久，待士如子，肄业五华书院者半致门下。二十五年（1820），内授兵部尚书，兼正红旗汉军都统。临行，滇士送者不绝。道光元年（1821），授体仁阁大学士。四年（1824）八月卒，赐祭葬，谥文慎。② 从以上资料可以看出，从嘉庆九年到嘉庆二十五年（1804～1820），伯麟担任云贵总督共 17 年，深谙滇情。在其任上平定各地的民族事件，成为其显赫的功绩。嘉庆十一年（1806），倮黑反清武装进入镇沅、威远劫掠，伯麟亲赴普洱处置；嘉庆十七年（1812），张辅国再次纠集倮黑人反清，伯麟亲赴缅宁镇压；嘉庆二十年（1815），野夷人在腾越西部滋事；嘉庆二十二至二十三年（1817～1818），临安府窝泥人在高罗衣带领下聚众反清，伯麟指挥兵丁将其扑灭。可见，伯麟亲历了嘉庆年间数起重大的民族事件，其在处置过程中，与云南特别是滇南地区的民族有了直接的接触，对云南的民族情况有了切身的了解与认知。

嘉庆二十四年（1819）二月初六，伯麟上《奏为遵旨纂辑滇省舆地

---

① 许新民：《清朝后期云南封疆大吏的省情认知与国家治理研究》，云南大学历史地理专业博士学位论文，2016，第 29 页。

② 《新纂云南通志》卷一百八十一《名宦传四》，张秀芬等点校，云南人民出版社，2007，第 53～54 页。

及夷人图说装缮进呈事》，阐述了自己的治滇思想。其全文如下：

臣谨按：云南为职方边徼，南则控驭缅甸、暹罗、南掌三国，东则与粤西并扼越南要隘，即古南交重地。文武将吏督率诸土司，星罗棋布，巩固藩篱，形势最为雄胜。国朝应运彤矢开滇，先弋由榔，旋剪吴逆。橐弓画井，震叠怀柔，百数十年屡丰有庆。暹罗、南掌先修雉贡，缅甸亦革其鸮音，欵关归极。其他百濮诸蛮尽为编户，涵濡沐浴，驯悍为淳。即或一二犬羊螳距，无不赳日荡平。声教之盛，武烈之扬，自三古以来未之有也。

圣天子乾乾保泰，烛万里于户闼。诏以三迤山川人物，设险经野，诸大政括举梗概，登之图绘，用佐乙览。臣检校既竣，谨以图所未能备者，胪举中系于简末。

臣按：云南昔号蕃庶，五金骈物，加以盐井之利，民易饶裕。崇山峙墉，长川列堑，据险临而振威，稜远驾长，驭其势为便。惟是边临诸国，风尚不必尽同内地。诸土司强弱情形，亦各殊别。百蛮与汉民杂居，嗜欲习俗，有相协相洽，亦有未尽协洽。其负险阻育种族、鲜闻禁教者，刚柔脆悍，聚散踪迹，什淳一浇，亦百不一律。故同一边壤，而其控驭绥靖之势各有所宜。

按：东南临安、开化、广南三府，皆壤接越南，即昔之交阯，水陆可通其国。其国自易世以后，仰沐宠光，献琛恭顺，谨就轨辄，无敢不恪。三郡之间在昔民稀土旷，川、黔、楚、粤以就垦至者为多。耕凿既众，不能保无粮莠之滋，惟恃保甲稽戡，勿驰衔辔。严疆靖谧，安内即为攘外要图。

又按：正南临安、元江之西，普洱一郡，东界南掌，即昔之老挝，其国土狭民寡，地偏暹罗，恭谨自保，无敢鸷愒。郡之思茅厅，东南界暹罗，西南界缅甸，暹缅之间为戛于腊，戛夷本属于缅甸，以其民万众弃缅归附暹罗。嘉庆壬申癸酉之间，戛夷与缅相攻，扰及车里土司界内。暹罗恐犯天威，将戛夷迁徙东去数百里外。其余众二千仞，惮于远徙，又复弃暹归缅。缅酋年已耄惛，其大目有四，曰四大万，互争权势，国事方淆。即以此戛人屯耕孟艮、密迩、车里土境。其众犬羊反覆，其地瘴疠郁烈。缅暹构争，相寻未已，皆蛮独自衅，不值挞伐扬威。昔曾增设营制于土司境内，以瘴不可驻而罢。惟拊循车里宣慰司，俾得专力保聚，训练储饷，固圉自强。藩篱既壮，窥伺不萌，门闼设守，于斯为要。自普洱府思茅、威远两厅以西，顺宁府缅宁厅、云州以南，车里土司之西，耿马土司之东，孟连土司之北，为猓黑夷众所窟穴，鼠伏狼贪，齿繁地阻。自逆首张辅国伏法以后，震慑声灵，罔敢再蹈覆辙。族众虽多，势未漫蔓。特其性本狙狞，素不知食力治生，剽夺为常。革心不易，则宜外励土司，内倚将吏，严兵集练，有扰必惩，设防联势，树不可犯之威。孟连、耿马扼之于西南，不使与缅合，车里扼之于东南，不使与夏合。地孤势弱，自沮邪谋，怀我好音，道可驯致。又西南则永昌一郡，与顺宁皆界连缅甸。顺宁外接木邦，内隔猓夷。永昌则外接蛮莫、木邦，内隔野夷，缅人不能跨猓黑越野人而连内界。考野夷昔皆划居八关以外。自乾隆三十四五年以后始渐迁关内。孳息日众，不可复驱。其性情亦略类猓黑。但猓黑一目能统数十寨，野夷则数十户、十数户皆为一寨。有一寨即自置一长，名为野贯。涣无统属，良悍不齐。悍者剽劫残贼，不可诲谕，但知慑威，不知感德。但可雕剿，不可犁扫。先孤其掌，后殄其渠，歼一惩百，能使知惧。惟其巢穴皆在酷瘴之乡，恃以为固，霜降以前不可轻涉。雨水以后春瘴又兴。山山可潜，路路可窜。兵盛则兽散延喘，兵旋则狼负为奸。大举既虑虚劳，长围又难骤合，顿兵非计，奔命损威。惟有责成守土镇臣，假之事权，简兵砺锐，以待猝征。责成守土长吏，宽其筹备，募练选谍，以稔夷情。凤拊淳良，专歼盈贯。又在策励陇川、干崖诸土司，众效腹心，禀承调度。戎钺之讨既伸，潢蛙之氛自靖，此诸郡边隅机要。移步换形，有未可一律论者。他若广西州之沙人，北界黔苗，丽江府之猓猓，西通卫藏，以及临安之窝泥，夷民诸种，虽有上干国典，旋就诛夷。要其种类，莠少良多，与猓黑、野人之性情不侔，但得稽察无忽，拊驭有方，买犊销烽，无虞蜂虿矣。边隅守土，贵稔夷情。

特是滇省领运京铜，一年六运，往返三年。此出彼归，输流拣掣，统三年为计，常有牧民之官十八人不在其任。故督运之遴干材不易，而司牧之谙土宜亦鲜。惟有随时耳提面命，董率讲求，庶期渐练边情，无贻隕越。至于通省厂额，开滇之初仅数省铸，其京铜令楚、粤两省赴滇采运，不限以额。乾隆初年改令江、安、闽、浙四省赴滇采运，后又改四省采运之铜并归滇省办运，岁共办京铜正耗六百三十余万斤。又有分年带解，挂欠买补，及搭运铁砂煎耗，每年约四五十万斤不等。又奉文加办二十万余斤，统计岁运京铜七百一十余万斤。加以本省局铸，需铜六十三万余斤，又加以三江、两广、两湖、暨闽、黔、陕十省俱来滇采办铸铜，年需高低铜二百七十万斤，则每年通计共需铜一千五十万有奇。额重款繁，所关甚钜，比岁渐形竭蹶，沪店受兑，间至稍逾例限，而各省采买亦复时多稽滞。详覈其故，非但采久矿稀，兼以岁多薪尽，诸厂与诸盐井情形略等。昔之就林立灶者，今童山日辟，往往数百里购木供煎。日采日尽，价昂运远，则十年树木所宜亟讲。而滇中疠盛，沤蒸盖藏，本难久贮。小民不知耕九余三之计，跬步皆山，泛舟不达，一经略俭，庚癸为虞。此尤统关边储厂井气脉之重者也。

臣受恩深重，职任封疆，惟有仰体圣主，慎重边圉，至意随时随事相度机宜，未雨绸缪，期臻绥靖，当镇静者不敢稍隳躁率，当振饬者不敢稍事姑容，庶冀恩威覃播，绝徼敉宁，财阜民康，吏皆奉职，用上纾宵旰垂，厪轸恤边甿之意于万一云尔。①

伯麟奏章与本书有关的主要有以下几项内容。

第一，对云南总体形势的判断与陈述。伯麟强调了云南的边疆属性、国防意义。指出云南对于清廷控御缅甸、暹罗、南掌、越南四国有关键作用。

第二，阐述了其对于云南民族治理的目标。伯麟对于云南诸多民族"百濮诸蛮"的终极治理目标，是使其"尽为编户"，也就是国家政权完全实现对于边疆土地与人民的完全掌控，在国家政权的统治之下，不分地域、不分民族，所有的百姓都以"编户"这样的身份成为国家治下的一员。伯麟提出通过"涵濡沐浴"等治理举措，使民族性格"驯悍为淳"。这说明，伯麟认为，在"编户"这个大的前提下，对于云南这样的多民族地区，统治的目的是各个民族对清廷统治的认可服从，并不追求不同民族的文化统一，"风尚不必尽同内地"。② 而这也就意味着，以伯麟为代表的清政府官员，在民族文化的多样性上，是持一种相对开放、包容的态度。

第三，对于云南民族情况、民族问题的复杂性、多样性的认识。伯麟

---

① 揣振宇主编《滇省夷人图说》，中国社会科学出版社，2009，第 109～114 页。
② 同上书，第 109 页。

将其分为两个方面：对于云南的土司，是"强弱情形，亦各殊别"[1]；对于云南的民族百姓，则指出，云南存在不同民族杂居的状况，民族风俗有相同相似之处，也存在不同的地方民族关系有"相协相洽"与"未尽协洽"[2]的区别。因为居住环境及文化风俗的差异，不同民族的民族性格也有很大的不同"刚柔脆悍，聚散踪迹，什淳一浇，亦百不一律"[3]。

　　第四，在以上大原则之下对具体地区、具体问题的应对处理，也就是差异化治理的具体表现。在对民族发展的不平衡性有深入认知的基础上，伯麟指出"故同一边壤，而其控驭绥靖之势各有所宜"[4]。也就是说，要采取差异性的治理方法与策略。首先是对东南与越南接壤的临安、开化、广南三府，也就是滇东南地区的治理。伯麟认为，此三府在外部与越南的关系平稳安定，内部则来自内地的汉族移民大量进入，"黔、楚、粤以就垦至者为多"[5]，在此大环境下，滇东南地方应该以"理政"为主，通过保甲制度维护社会稳定，通过地方的发展与稳定，巩固国防。其次是对于普洱的治理。伯麟指出，因为缅甸、暹罗的争斗及夹杂于其间的夏于腊问题，普洱的外部环境与滇东南三府是不同的，因此治理的策略也不同。对于缅甸、暹罗的争斗，清廷不予干涉，但在车里地方，则需要加强军事力量，增加军事人员与物资储备，"门阃设守，于斯为要"[6]。普洱府内部则有倮黑人问题。针对倮黑人的叛乱，伯麟认为依靠清军兵威要做到"有扰必惩"[7]，加上周边孟琏、耿马、车里土司设防联势，以压缩、孤立倮黑反叛力量，使其"地孤势弱，自沮邪谋"，最终达到"怀我好音，道可驯致"[8]的治理目标。再次，是对于永昌府野夷的治理。野夷在社会组织上较倮黑弱，因此仅是剽劫而非造反，对地方安定的危害远远小于倮黑，因此伯麟认为，采用"杀一儆百"的方法，"专奸盈贯""使知惧"[9]，震慑防御便可达成治理目标。但治理野夷时，需要考虑因永昌野夷地区瘴疠严重，治

---

[1]　揣振宇主编《滇省夷人图说》，中国社会科学出版社，2009，第109页。
[2]　同上书，第110页。
[3]　同上。
[4]　同上。
[5]　同上。
[6]　同上书，第111页。
[7]　同上。
[8]　同上。
[9]　同上书，第112页。

理成本过大的问题。通过以上对云南不同地区、不同民族情况而采取的各不相同的政策，伯麟再次强调了边疆差异性治理的重要性："此诸郡边隅机要。移步换形，有未可一律论者。"① 而差异性治理的关键，伯麟指出是"边隅守土，贵稔夷情"②，也就是本文所论述的核心观点，即在云南这样的边疆民族地区，治理的基础是民族认知，只有形成了一定的民族认知体系，国家政权才能够在面对不同的民族问题时，有的放矢地采取针对性的措施，达成治理目标。

第五，伯麟针对滇铜京运问题也做了汇报。此问题与本书研究无关，仅录其文字，不作分析。

如果说，康熙朝蔡毓荣《筹滇十疏》是三藩平定之后，清王朝对云南治理的规划，是指出云南存在的问题的话，那么伯麟的奏章，则是在经过百余年的发展，历经康熙、雍正、乾隆、嘉庆四朝国家治理的实践，对云南民族情况认知的汇总与再认知，是对云南民族治理成果的展现，是对于处理云南民族问题的原则、纲领的提炼与总结，达到了清代云南民族认知与边疆治理思想的新高度。

第三节　清代民族认知集大成之作——道光《云南通志稿》

道光六年至十五年（1826～1835），在时任云贵总督阮元、云南巡抚伊里布的主持下，云南再次修纂了省志——道光《云南通志稿》，这是继康熙《云南通志》、雍正《云南通志》后，云南所修的清代第三部省志。

道光《云南通志稿》全书共 216 卷，分为天文志、地理志、建置志、食货志、学校志、祠祀志、武备志、秩官志、选举志、人物志、南蛮志、艺文志、杂录 13 大类，其下又分 68 个小类，卷帙浩繁，体例完善。其《凡例》中对修纂标准有所阐释：

> 每类必详悉颠末，正文专引成书，不敢参入私议，亦不敢漏载出处，攘美前人。间有所辨，则加以谨案，双行夹写。③

①　揣振宇主编《滇省夷人图说》，中国社会科学出版社，2009，第 112 页。
②　同上书，第 113 页。
③　道光《云南通志稿·凡例》，道光十五年（1835）刻本，《凡例》第 2 页。

方国瑜认为此书虽然"门类多仍旧贯",但"称引条举,多足征信。且各门互助,少有复出歧异之弊",内容上也"较之前志为丰富,其层序亦井然可观",是"《滇省通志》最善之本……他省通志如此完善者,未获数观"。① 其后所修道光《昆明县志》、光绪《云南通志》都沿用道光《云南通志稿》的体例和资料,可见道光《云南通志稿》对云南方志编纂的影响。

一 体例编排中的国家大一统与地方差异化治理思想

道光《云南通志稿》体例设置、内容编排是经过精心设计的。其书《凡例》对此进行了说明:

> 编次首天章,尊王制也……总目首天……志书天文而外地理最重,故次之……天文、地理本于天成,若人事,则以建置为首,故又次之……建置所以为民,而民以食为天,故食货又次之……衣食足而后礼义生,故学校又次之……神所以庇民,故祠祀又次之……文事修而武事尤不可以不谨,故武备又次之……古人建国必设官置吏以治之,故秩官又次之……用人为行政之本,故选举又次之……取士之法立而人才兴,故人物又次之……滇属蛮方,诸蛮之事为多,旧志俱杂入各类中,殊未明晰,今另立南蛮志一门,又次之……一方之典礼既备,则文字亦不可忽,故艺文又次之……有不能人各总目无所统辖者,以杂志终焉。②

可见志书编纂者对于志书内容先后的安排有着清晰的内在逻辑。

道光《云南通志稿》在正文之前,有卷首三卷,即《凡例》中所说的"天章"。卷首一为《诏谕》,收录康熙十七年至道光十年(1678~1830)间朝廷发布的有关云南的诏谕文字。卷首二、三为《圣制》,收录康熙、雍正、乾隆、嘉庆、道光五位皇帝所作的文章诗词。将此部分内容独立出来并置于全书之首,是志书编纂者颇有深意的安排。正如《凡例》中所说:"编次首天章,尊王制也。云南僻处边隅,《诏谕》《圣制》,列圣睿藻昭垂,今敬录为三卷,弁诸全书之首,俾薄海内外咸遂瞻云就日之忱焉。"③ 可见,

---

① 方国瑜:《云南史料目录概说》,中华书局,1984,第684页。
② 道光《云南通志稿·凡例》,道光十五年(1835)刻本,《凡例》,第2~10页。
③ 同上书,第2~3页。

正是因为云南特殊的边疆地理区位，才尤为需要"尊王制"。将精心挑选的，来自中央的文件和反映皇帝治边思想的文章著作放于全书之首，以显其尊崇。阮元、伊里布、李诚等道光《云南通志稿》的编纂者们，正是用这样的内容编排方式来强调对国家大一统统治的认同，对清廷皇权的维护。

道光《云南通志稿》不仅是记载地方资料的百科全书，更是当时云南官府维护王朝统治，宣扬皇帝边疆治理思想的重要载体，《诏谕》《圣制》所收的具体内容，也体现了这一点。《诏谕》中收录的雍正三年（1725）三月诏谕曰："地皆朕土，人皆朕臣。此盈彼绌，悉在朕版图之内，无容分视也"①，正是前文所论及的雍正皇帝否定"华夷中外之别"思想的具体反映。乾隆三年诏谕中曰：

> 边疆之地，夷民杂处，抚绥化导，职尤甚重……夫苗虽极顽悍，然亦具有人心，非不可至诚感动者，果得廉静朴质之，有司视同赤子，勤加抚恤，使之各长其妻……嗣后遇有苗疆要缺，应令该督抚慎选贤员，以居其任，三年之后，察其汉夷相安，群情爱戴者，保题升擢，以示优奖。②

体现出乾隆时期对边疆夷民的治理，主要是以"抚绥化导"为主，要求边疆官员"视同赤子，勤加抚恤"，以期达到"汉夷相安"的目标。这反映了乾隆皇帝对边疆汉夷杂处的现实有清晰的认识，要求地方官用相对平等的眼光来处理夷民问题，汉夷是否相安成为对云南官员考核的主要标准之一。嘉庆八年（1803）十二月十四日诏谕中提及在维西、丽江四路设立头人"约束夷众"。道光元年（1821）六月二十二日诏谕涉及多项民族治理事宜，在对因夷匪滋事而蒙受损失的永北大姚两地进行善后时，专门指出"夷人未经从贼者，亦间被焚抢"，地方官员在抚恤时要一体对待；对于夷人因高利贷失去田地，"夷民照原借之数赎还田亩，不准记利"，注意保护民族百姓的利益；对土司则强调"严行饬禁租息而外，不准额外诛求，倘有不遵，将该土司等查参惩办"，并且要裁革土司冗役"以省烦苛其民"；土司辖地"责令编排保甲，土司管下夷人……各查造户口清册"，强化深入对民族百姓的治理。③ 以上所举

---

① 道光《云南通志稿·卷首》卷一《诏谕》，道光十五年（1835）刻本，第6页。
② 同上书，第9～10页。
③ 同上书，第15～17页。

不同时期皇帝发布的有关边疆民族治理的诏谕，正是清王朝对云南民族认知演进和边疆治理思想转变的一个体现。

《圣制》开篇为康熙皇帝所作《山川考谕》，在文中康熙皇帝主要对版图内西部的名山大川的起源走向作了考证，反映了清王朝初期对西部地理环境的认知。① 其后收录的《滇平》一诗中"洱海昆池道路难"②，也是这种地理认知具体到云南的反映。在对地理环境认知的基础上，对生活在这片土地上的人的认知也在逐步推进深入，《圣制》中收录乾隆皇帝的诗作《莽子行》《后莽子行》《缅甸诗六十韵》等及修志人员所加的按语，正是乾隆时期从皇帝到地方官员对民族认知逐步深入的表现。在《莽子行》中，乾隆皇帝曰："莽子，缅甸之属夷，炎徼以外，非羁縻……土司列居州县外，实我滇省之藩篱。"③《后莽子行》中按语曰："莽匪侵扰土司边境，虽小丑不足烦申讨，然土司久隶版籍。"④《缅甸诗六十韵》中曰："缅置度外遐荒，非所取，然陇川一带实入我界。"⑤ 因战争误了十三版纳地区的农事，乾隆皇帝还专门指令云南官员："十三版纳昨蹂躏，招徕荒土俾勤垦。"⑥ 按语曰："今边境已宁，谕令各回本土，借给籽粮，乘时垦种……因念此十三土司元气未能遽复，降旨将本年正赋，上年旧欠银米三千八百余概行豁免，以示优恤之意。"⑦

道光《云南通志稿》中《诏谕》《圣制》的条目设立与内容选择表明，对于道光时期的政府来说，缅甸是外，对于外来侵扰，朝廷的对策是派兵抵御。土司为内，为版籍之内的子民，朝廷对其负有治理之责，因此治理方式是安抚，是优恤。两者相较，可见对于皇帝和云南官员，"内外之隔""中外之分"界线是清晰的，采取的策略是截然不同的。

这种内外的划分，与明代内边、外边分野截然不同。明代基于民族分布地域差异与民族认知程度的不同而划分了"内边""外边"，而清代的内、外，是以版图疆域为基础。疆域之内，基于地理区位远近、民族认知水平和国家治理程度的差异，虽仍有"三迤"这样核心、中间、边缘的圈

---

① 道光《云南通志稿·卷首》卷一《诏谕》，道光十五年（1835）刻本，第1~4页。
② 同上书，第4页。
③ 同上书，第9页。
④ 同上书，第11页。
⑤ 同上书，第13页。
⑥ 同上书，第11页。
⑦ 同上。

层划分，但核心和边缘都属于"内"，是"中国"是"华夏"。而疆域之外的缅甸，在明代还与十三版纳一样同属"外边"区域范围，但到了清代，则已经明白无误地成了疆域"外"，与仍属土司辖地的十三版纳有了本质的区别，变成了需要防御的对象。清代统治者在民族观的转变过程中，对"华夷之辨"的再解释是重要内容，"夷狄"所指由与汉族不同的其他民族转变为指向疆域版图之外的人群，疆域之内为"中"为"华夏"，疆域之外为"外"为"夷狄"。对缅甸定位的转变，正是清代民族观的演变、民族认知的推进，民族治理思想转变的典型例证。

　　道光《云南通志稿》正文部分首为《天文志》，分分野、气候、祥异3个子目。对于《分野》部分内容，《凡例》中曰："分野之说……其说尚难征信……芟去恐阅者或议其疏漏，谨仍存此门，条举而明辨之庶几可以昭然。"① 可见对于分野之说，道光《云南通志稿》的编纂者是持怀疑态度的，其记载也相对简略。

　　与之形成鲜明对比的是道光《云南通志稿·地理志》中的舆图部分内容。道光《云南通志稿·地理志·舆图》开篇有曰："我国家体国经野首重舆图……考订自不厌详云尔。"② 在记载编纂人员的《职名》中特意注明了舆图的绘制者，可见对于此部分内容的重视。道光《云南通志稿·地理志·舆图》除14府（云南府、大理府、临安府、楚雄府、澂江府、广南府、顺宁府、曲靖府、丽江府、普洱府、永昌府、开化府、东川府、昭通府）、3直隶厅（景东直隶厅、蒙化直隶厅、永北直隶厅）、4直隶州（广西直隶州、武定直隶州、元江直隶州、镇沅直隶州）、3提举司（黑盐井提举司、白盐井提举司、琅盐井提举司）各地舆图外，还绘制了《云南全省舆图》《云南会城图》《昆明六河图附》《临安土司舆图》《三江合流图附》《两江入海图附》《云南诸江发源图》。道光《云南通志稿》的舆图是"用经纬度以定里数"③，用经纬图投影的方式绘制地图，对地图进行说明的文字部分是对各地的经纬度数的详细描述，比起天启《滇志》、康熙《云南通志》、雍正《云南通志》传统的计里画方绘制地图以及四至八到的图说文本格式，道光《云南通志稿》地图在准确性上有了很大的提高。

---

①　道光《云南通志稿·凡例》，道光十五年（1835）刻本，《凡例》，第3页。

②　道光《云南通志稿》卷五《地理志·舆图一》，道光十五年（1835）刻本，第1~2页。

③　道光《云南通志稿·凡例》，道光十五年（1835）刻本，《凡例》，第3页。

道光《云南通志稿》舆图部分内容，"使数万里山川之曲折，郡县之方位如指诸掌"①，即是西方制图技术传入的结果，但也是道光时期，政府对西南边疆地理、民族认知发展，统治深入的表现。道光《云南通志稿》的内容，除《武备志》《选举志》《南蛮志》《艺文志》外，基本是按照14府、3直隶厅、4直隶州、3提举司的行政区划来进行记载的。也就是说，在这24个云南所辖政区之内，对于每个地区的山川、风俗、城池、水利、户口、田赋、物产、学校、书院义学、寺观、名宦、循吏、土司、乡贤、孝友、列女、墓冢等情况，政府都是掌握的，能收集到相关的资料，将其编纂入志。

《武备志》收录有关军事方面的内容，《选举志》按照每届科举的时间顺序进行记载，《艺文志》则分为记载滇事之书、滇人著述之书、金石、杂著分类记载。以上三志也都是中国传统方志的传统类目，较为特殊的是《南蛮志》。

道光《云南通志稿·南蛮志》分群蛮、边裔、种人、贡献、方言5个子目，并不包含土司。与天启《滇志·羁縻志》中收《土司》《属夷》和雍正《云南通志》《土司种人附》将"土司"与"种人"内容安排在一起不同的是，在道光《云南通志稿》中，"土司"隶属于《秩官志》，而"种人"属于《南蛮志》。

将土司归于《秩官》类下，是道光《云南通志稿》的一大突破。道光《云南通志稿》将"土司"置于"官制题名""名宦""循吏"之后，"不入秩官正籍……以示区别"②。将"土司"与"官制题名""名宦""循吏"并列，同归为"秩官"一类，表明在道光时期的云南官员眼中，土司与流官之间的差别已经缩小，可以被归并为一类。而这也意味着，土司作为清廷官员，越来越融入秩官的体系之中，不再是格格不入的异类性质的存在。相对而言，道光《云南通志稿·南蛮志》中的内容就属于与中原内地不相同，不能纳入体系之内，比较有云南特色的内容。

对《南蛮志·群蛮》的收录范围和修纂目的，其卷端文字进行了说明：

> 蛮方酋长受冠带者为土职，受封爵者为王侯。其不受朝命，世守其土，与未受职以前，及受而旋叛，则皆群蛮也。滇土蛮酋，受冠带

---

① 道光《云南通志稿》卷五《地理志·舆图一》，道光十五年（1835）刻本，第1~2页。
② 道光《云南通志稿》卷一百九《秩官志·官制题名》，道光十五年（1835）刻本，第1页。

封爵者固不乏人。而原其初与其后，不能不侪诸古荒服之伦。今另立群蛮一门，凡侯王土职之类，惟始终恪守臣节者，其事迹备载各类中。若反覆之徒，尽入此门。于封爵土司仅存梗概，稍示区别。亦以见自古及今，抚驭蛮方之不易焉尔。①

可见，同样是"蛮方酋长"，道光《云南通志稿》通过《秩官志·土司》与《南蛮志·群蛮》将其进行了划分。收入《秩官志·土司》的是受冠带和封爵，并且"始终恪守臣节者"，而《南蛮志·群蛮》收录的则是地方民族势力与中央的关系中的"反覆之徒"。"恪守臣节"与"反覆之徒"实质是拥护或反对国家大一统统治的区别。对两者进行明确的区分，有着极为重要且现实的意义，《土司》归入道光《云南通志稿·秩官志》，是"其事迹备载各类"的体现，也就是将从两汉至清道光年间认同中央王朝国家大一统统治的云南地方民族势力，视为国家整体的一部分，而将"反覆之徒"收入《南蛮志·群蛮》，集中记载未能纳入国家统治体系之内的地方民族势力。做这种刻意区分的核心目的，是要"亦以见自古及今，抚驭蛮方之不易焉尔"，即反映历代云南地方民族势力与中央王朝关系与检讨王朝对边疆民族治理的得失。

对于《边裔》，其卷端文字有曰："滇虽僻在边陲，早入版图，固无殊乎中土。而环居疆外者皆当列为边裔。"② 此处道光《云南通志稿》的编纂者们不仅对《边裔》的收录范围进行了解释，还再一次强调了以版图疆域为界的"中"与"外"的区别。

对于《种人》，卷端文字有曰："滇虽隶腹地，而各种夷蛮亦登诸简册。"③ 可见，其收录的是滇地之内的夷蛮，也就是生活在版图之内的各个民族，都是记载生活在这一区域的与己不同的民族，《种人》与《边裔》的根本区别，就在于是"隶腹地"还是"环疆外"，同样是通过类目的设置，内容的划分，在突出强化"中"与"外"的区别。

《贡献》按照时间顺序，记载取道云南的朝贡事件。卷端文字曰：

---

① 道光《云南通志稿》卷一百七十二《南蛮志·群蛮一》，道光十五年（1835）刻本，第1页。
② 道光《云南通志稿》卷一百七十六《南蛮志·边裔一》，道光十五年（1835）刻本，第1页。
③ 道光《云南通志稿》卷一百八十二《南蛮志·种人一》，道光十五年（1835）刻本，第1页。

"有郡国之贡，有外夷之贡。名同而实异。郡国之贡出自内地，与田赋等，亦既综叙而汇入于课程类矣。若外夷之贡献，西南边裔史不绝书……旧志均略之，非所以示来享来王之盛。"①

《方言》内容主要是记载某一事物不同民族的语言发音。对于此部分内容的编纂目的，卷端文字曰："滇处古要荒之域，蛮夷种类繁多，其语言有为杨雄所未及载者。今取诸简册所记，汇而存之，以备辎轩之采，亦以见大一统之治。蛮夷戎狄尽作编氓，固无俟象胥之传也。"②

可见，道光《云南通志稿·南蛮志》的内容，虽然是与体系不合的，较为特殊的情况，是边疆志书所特有的内容。但其五个子目，从《群蛮》历史上地方民族势力与中央的关系，从对版图疆域之外《边裔》的记载，从《种人》记载反映民族认知的演进，从《贡献》分"郡国之贡""外夷之贡"，从《方言》强调"夷戎尽作编氓"，其编纂的目的，内容的安排无不围绕着朝廷有效的边疆民族治理，强化国家大一统统治来进行。

道光《云南通志稿》的类目安排是层层递进，前后有着密切的逻辑关系。一方面沿袭了传统方志旧有文本结构，设置天文、地理、建置、食货、秩官、人物、艺文等类目，体现云南在空间、制度、文化各方面都与中原内地一样，是整体帝国的一部分，遵从同一套法则运行发展，突显国家大一统统治。另一方面，又根据云南的实际，设置南蛮志，以反映云南民族众多，民族情况复杂的历史和现实社会情景。

二　道光《云南通志稿》对清代云南民族认知资料的整合

道光《云南通志稿》中对于民族情况的记载，集中在《地理志·风俗》与《南蛮志·种人》中。

在《地理志·风俗》部分，其内容是按照地域为单位来进行记载的。首先，通过对《史记·西南夷列传》《汉书·地理志》《华阳国志·南中志》《水经注》《隋书·地理志》《蛮书》《元史》等文献的梳理，对云南全省风俗变迁的情况有一个总的概述。其后分别以 24 个府州为单位，汇集不同文献中对这些地方风俗的记载。因为云南民族众多，民族分布广泛的特点，民族风俗成为地方风俗的重要组成部分。如云南府下辖宜良县，

① 道光《云南通志稿》卷一百八十八《南蛮志·贡献上》，道光十五年（1835）刻本，第 1 页。

② 道光《云南通志稿》卷一百九十《南蛮志·方言》，道光十五年（1835）刻本，第 1 页。

便引用《云南府志》的资料曰："夷民虽有猓猡猍人数种，各安耕凿，不事强悍，与山箐夷负隅者异。"① 楚雄府下辖广通县引《广通县志采访》曰："汉夷杂处，汉则日用节俭，勤于力田。夷则结草为庐，自耕自食，其应征钱粮差徭悉归本县。"②

对此部分内容的修纂目的，《风俗》卷卷端进行了阐释：

> 风俗之美恶，政治之隆替见焉……滇地夷多汉少，而俗朴风淳。有明以来，改土归流，夷风渐革，圣朝礼陶乐淑，累世涵濡，蒸蒸乎日臻上理……今综各旧志所载，详核而汇纪之，俾后之人知日新月异之有由然云。③

在此指导思想下，对于民族风俗的描述侧重于"美俗"，以此来体现"夷风渐革"，从而达到显示清王朝边疆民族统治"蒸蒸乎日臻上理"社会情境的目的。如云南府下辖的禄丰县，引《云南府志》曰："虽椎髻鹑衣，皆安耕凿，咸听吏治焉。"④ 易门县同样引《云南府志》曰："彝多民少，性健好争，山谷高深，地半荒瘠。迩来沐浴圣化，士亦知书。农安耕凿，略无旧习，稍有淳风矣。"⑤ 大理府下赵州，引《赵州志》曰："汉夷相杂，务学重农。"⑥ 临安府下石屏州，引《石屏州志》曰："至山寨夷众，皆居茅屋，土苴语言服饰婚丧饮食，犹仍旧习。其英俊者习诗书，学文章，游泮者岁不乏人，现有登甲榜者。"⑦ 普洱府下他郎厅，引《他郎厅志》曰："土著夷民语言服饰各有异同。村寨妇女半皆负薪入市，家鲜盖藏，畏法少争，惟以务农纺织为生计。迩来声教覃敷，间有读书应试者。"⑧ 永昌府下永平县，引《永昌府志》曰："旧为群夷杂处之地。俗习淳朴，鄙浮薄恶游荡。居山谷中者有猡猡猍人数种，亦知伦理。婚姻丧葬与汉礼相去不远。其子弟之俊秀者，皆知业儒，有古风焉。"⑨

---

① 道光《云南通志稿》卷三十《地理志·风俗》，道光十五年（1835）刻本，第10页。
② 同上书，第24页。
③ 同上书，第1页。
④ 同上书，第13页。
⑤ 同上。
⑥ 同上书，第16页。
⑦ 同上书，第19页。
⑧ 同上书，第37页。
⑨ 同上书，第42页。

《地理志·风俗》中对民族的记载，突出的是云南下辖各地方区域范围内所有民族共有的特点，所以在描述时以一"夷"字而概之。但是，云南的民族是错杂分布的，民族与民族之间也各有不同，因此在用《地理志·风俗》来强调一府州之内所有民族的共性之后，又用《南蛮志·种人》来具体描述抛开地理单位之后，具体民族的共同特征。

道光《云南通志稿·南蛮志·种人》卷端文字曰："滇虽隶腹地，而各种夷蛮亦登诸简册，所以备考稽。今谨遵成例，每种绘为图而考其颠末于后。俾礼俗教治具见于斯云。"① 表明编纂目的主要有二：其一为"备考稽"，将云南各民族以图画加文字的方式记载，成为国家治理民族的参考资料；其二为"礼俗教治具见于斯"，通过对云南众多民族的记载，反映民族风俗的变迁，体现政府在礼俗教化方面的政绩得失。

道光《云南通志稿·凡例》中明确说："种人……仿《皇朝职贡图》之意"②，《种人》卷具体内容仿照《皇清职贡图》形式，以右图左史，图文并茂的方式记载了生活在云南的 141 种民族和人群的情况。每种民族和人群绘图一幅，人物二至五人，表现或耕种、或狩猎、或歌舞的生活情境。图画之后，用文字来对此民族具体的情况进行说明。道光《云南通志稿·南蛮志·种人》六卷，其图画与文字都并非原创，而是收录汇集前人的文献而成。如《黑猡猡》条，其图画改绘自《皇清职贡图》，描绘了两个身着特色服装，束发佩刀的黑倮倮百姓，正在放牧牛羊的情景（见图6－1）。其文字收录了《皇清职贡图》、雍正《云南通志》及成书于道光十五年（1835）之前的《楚雄府志》《姚州志》《弥勒州志》《开化府志》《宁洱县采访》《沾益州志》《马龙州志》《宣威州志》《伯麟图说》中有关黑倮倮的记载。

据笔者统计，道光《云南通志稿·南蛮志·种人》共收录文献 53 种。包括《明通志》、雍正《云南通志》和《大理府志》《腾越州志》《新平县志》《他郎厅志》等成书于道光十五年（1835）之前的方志 42 种，《宁洱县采访》《思茅厅采访》《缅宁厅采访》《巧家厅采访》4 种采访资料，《皇清职贡图》《伯麟图说》2 种民族图册，《古今图书集成》1 种丛书，

---

① 道光《云南通志稿》卷一百八十二《南蛮志·种人一》，道光十五年（1835）刻本，第 10 页。
② 道光《云南通志稿·凡例》，道光十五年（1835）刻本，《凡例》，第 9 页。

图 6 - 1　道光《云南通志稿》黑㑩㑩图

余庆远《维西闻见录》、陆次云《峒溪纤志》、钮琇《觚剩》等 4 种个人
著述。文献种类丰富，覆盖面广，可以说，道光《云南通志稿·南蛮志·
种人》是对云南民族群体资料的一次大汇集、大总结，形成了当时对云南
民族最全面，最丰富的资料体系。

　　道光《云南通志稿·南蛮志·种人》六卷共记载了 141 个民族和人
群，具体有：爨蛮、阿车、东爨乌蛮、白人、黑㑩㑩、白㑩㑩、妙㑩㑩、
海㑩㑩、干㑩㑩、撒弥㑩㑩、阿者㑩㑩、鲁屋㑩㑩、撒完㑩㑩、阿蝎㑩
㑩、葛㑩㑩、普拉㑩㑩、大㑩㑩、小㑩㑩、个㑴、密义、摩察、僰夷、旱
摆夷、水摆夷、伯彝、花摆夷、罗婺、蒲人、蒲蛮、㑴黑、大㑴黑、小㑴
黑、扑喇、白扑喇、花扑喇、普特、窝泥、白窝泥、黑窝泥、糯比、黑
铺、㑇鸡、白㑇鸡、黑㑇鸡、土僚、花土僚、白土僚、黑土僚、飞头僚、
土人、怒人、扯苏、山苏、侬人、沙人、黑沙人、白沙人、磨些、力些、
古宗、小古宗、野古宗、西番、野西番、喇鲁、苗人、甘人、孟人、沙
兔、黑干夷、仲人、苦葱、喇乌、麦岔、罗缅、嫚且、戛喇、利米、小列
密、俅人、披夷、披沙夷、刺毛、子间、㑩人、洒摩、蒙化夷、猺人、聂
素、马喇、阿成、阿夏、阿系、阿度、普岔、喇㑩、孟乌、普剽、普马、
普列、腊欲、腊兔、舍乌、山车、阿㑴、腊歌、白腊鸡、交人、海彝、鲁
兀、阿哂、卡惰、黑濮、缅和尚、龙人、阿卡、长头发、羿昌、缥人、哈

喇、缅人、艮子、绷子、莽子、结些、遮些、羯些子、地羊鬼、卡瓦、野蛮、夏于腊、三撮毛、老挝、黄教喇嘛、红喇嘛、谟勒孤喇嘛、善知识喇嘛、那马、哀牢夷、八百媳妇、木邦。缅和尚、黄教喇嘛、红喇嘛、谟勒孤喇嘛、善知识喇嘛实为职业人群而非民族，因此道光《云南通志稿·南蛮志·种人》实际记载民族 136 种。

虽然道光《云南通志稿》对民族的记载是采用资料汇集式的做法，所收录的 136 个民族俱是前人已经有过记载的，也就是说，在道光《云南通志稿》中并没有出现新民族，但通过对道光《云南通志稿·南蛮志·种人》的记载，仍然可以发现道光时期民族认知呈现以下特点。

第一，道光时期清政府官员对云南民族的认知在前朝的基础上更加丰富，并处于逐步推进之中。康熙《云南通志》记载民族 46 种、雍正《云南通志》56 种，乾隆时期的《皇清职贡图》收录民族 36 种，嘉庆时期《伯麟图说》对 108 种民族进行了记载，而道光《云南通志稿·种人》六卷共收录了 136 种民族。从所记民族数量的增长上可以看出，阮元、伊里布等道光时期主政云南的地方大员以及王崧、李诚等志书修纂的知识分子对云南更多的民族有了了解。

第二，对云南民族情况的认知，深入到了州县厅一级，对低层级政区范围内的民族情况掌握更加准确。道光《云南通志稿·种人》所收录方志文献，有 14 种府志，24 种县、州、厅志。即使已经收录了府志中已有的对某一民族的记载，道光《云南通志稿·种人》仍然要收录州、县方志对同一民族的记载。如僰夷条，道光《云南通志稿·种人》在收录康熙《楚雄府志》的记载："男子以帕为冠，妇女出辄以帕覆顶面。别有乡语，居室器用与汉人同。性颇淳，勤稼穑，亦有为商贾者……性畏暑而喜寒，近水为居，冬入水浴。另有书字，或漆其齿，或漆其身。"[1] 此段文后，又收楚雄府下辖楚雄县嘉庆时期方志的记载："性警捷，善居积。多为行商，熟于厂务。应武童试者十居七八。俗好讼，破家不悔。有历数世而仍理前说者。好浮屠法，喜为僧。邑中之僧十有九僰，积重难遽反。"[2] 通过对大量县、州、厅方志资料的整理，使得对于各地民族情况的认知，不仅在府级政区层面，对县、州、厅这种较低层级政区范围内的民族也有了

---

① 道光《云南通志稿》卷一百八十三《南蛮志·种人二》，道光十五年（1835）刻本，第 11 页。

② 同上。

更为丰富准确的认知，对云南各地民族情况的掌握更加精确，地域针对性更强。

第三，通过对文献的整理，特别是一些历史上首次修纂方志的地区，道光《云南通志稿·种人》将其收录，在省级文献层面上填补了某些小区域范围内民族认知的空白。一地方志的修纂，特别是官修方志的出现，意味着政府对此地情况的掌握已经到了一定的程度，各方面的资料已足以支撑志书的纂写。如他郎厅，雍正年间设立，道光时期才首次修纂方志。道光《云南通志稿·种人》采录道光《他郎厅志》（今已失传）的民族有白人、倮黑、白窝泥、糯比、飞头僚、沙人、苦葱、徭人、卡惰、莽子、卡瓦、老挝，说明通过道光《他郎厅志》的修纂，清廷在他郎任职的官员已经对以上 12 种在他郎厅有分布的民族有了认知，而道光《云南通志稿》通过对《他郎厅志》资料的采录，使得他郎的民族情况更为人所知。在一些还没有修纂方志的地方，道光《云南通志稿·种人》也通过对个人著述、采访资料等不同类型文献的收录，使其民族情况能为人所知。宁洱县、思茅厅、巧家厅、缅宁厅即为此种情况。如巧家厅，嘉庆十九年（1814）年设置，距离道光《云南通志稿》修纂才十余年，修纂志书的条件并不齐备。但通过专门的《巧家厅采访》，其境内野蛮"日用细节则渐习汉俗"① 的情况得到呈现。道光《云南通志稿·种人》采录《宁洱县采访》关于白人、白倮倮、水摆夷、白窝泥、糯比、沙人、苦葱、利米、卡惰、艮子、绷子、莽子、夏于腊、三撮毛、老挝 15 种民族的记载。滇西北的维西厅，雍正五年（1727）设置，乾隆年间湖北人余庆远随任维西通判的兄长一同赴任，据所见所闻撰写了《维西闻见录》。道光《云南通志稿·种人》中怒人、磨些、力些、古宗、西番的条目就收录了《维西闻见录》的相关记载。道光《云南通志稿》大量采用《维西闻见录》的文字，一方面可知对于维西地方情况的了解，资料相对匮乏，来源也比较单一。另一方面也从这些记载对在维西地方分布着的这几个民族的情况有了一些了解，形成了一定的认知。宁洱县、他郎厅、巧家厅、思茅厅、维西厅这些地方，都是设立时间不长、位置较为边远、级别较低的政区，通过对这些地方文献中有关民族情况资料的收集，道光《云南通志稿·种人》在省

---

① 道光《云南通志稿》卷一百八十七《南蛮志·种人六》，道光十五年（1835）刻本，第 8 页。

志层面填补了民族认知的区域空白，将这些认知传递到省级的层面，使更高职位、更多的官员对他郎厅的民族情况有了了解与认知。

第四，通过对云南各府州县方志中有关民族情况资料的汇集整理，对一些数量较少、分布地域较小的民族，道光《云南通志稿·种人》通过图绘民族形象，文字描述民族特点，也形成一定的认知。如密义仅见于《易门县志》，白㑷鸡、黑㑷鸡、聂素、马喇、阿系、阿度、喇俣、普马仅见于《开化府志》，黑沙人、白沙人仅见于《广南府志》，小古宗仅见于《景东厅志》，孟人、披夷仅见于《东川府志》，刺毛仅见于《丽江府志》，艮子、夏于腊仅见于《宁洱县采访》。这些仅在小范围内分布，鲜为人知的民族通过道光《云南通志稿·种人》的记载，也有了相对清晰的形象，对其有了相对客观的记载，在更广的层面上为人所知。

第五，对民族支系的认知不断深化。在大的民族集团之下，能够对其不同支系有所区分，既掌握其作为一个民族的共性，又能把握不同支系之间的差异，这是民族认知深入最为典型体现。明末的天启《滇志》及清初的康熙《云南通志》，对云南众多的民族，仅对爨蛮之下的白倮倮、黑倮倮等 10 个支系有所认知，雍正《云南通志》中记载了㑰黑不同的支系大㑰黑、小㑰黑。经过多年的积累，嘉庆时期对民族认知有了很大的推进，《伯麟图说》中摆夷分为了旱摆夷、水摆夷、花摆夷，扑喇下有白扑喇、黑扑喇，窝泥有白窝泥、黑窝泥，土僚分花土僚、白土僚、黑土僚，古宗之外还有野古宗就是证明。在道光《云南通志稿·种人》的记载中，㑷鸡分出了白㑷鸡、黑㑷鸡，沙人有了黑沙人、白沙人之分，西番也有了野西番，这正是道光年间清廷官员对云南民族情况掌握更加细致准确，能够区分不同民族支系之间的差异，民族的认知不断深入的反映。

道光《云南通志稿·南蛮志·种人》是云南省志中记载民族数量最多，覆盖地域最广的一部，通过对已有资料的梳理整合，丰富并修正对已知民族的认知，形成对云南诸民族相对完善准确的认知体系，道光《云南通志稿》六卷 136 种"种人"，是自清代道光年间为止对云南民族最全面的一次信息整合。反映了道光年间以王崧、李城为代表的云南学人和以阮元、伊里布为首的云南各级官员对云南民族的认知水平。

三　光绪时期的民族认知发展情况

道光二十年（1840），鸦片战争爆发，清政府面临内忧外患。外部面临西方列强的侵略，内部则社会矛盾加剧，各地武装反抗事件频发。云南作为边疆民族地区，民族矛盾，官民矛盾愈演愈烈。道光朝后期直至咸丰同治时期，云南爆发了以回民为核心的武装抗清事件，延续多年，席卷云南全省，极大冲击了清廷在云南的统治。

抗清民族武装基本被平定后，光绪二十年（1894）云南官方主持再次修纂了省志，即光绪《云南通志》。光绪《云南通志》继承了道光《云南通志稿》的体例，在各子目之下增补道光之后的内容。正如其序言中所说："三迤之乱……先后之议剿议抚，为罪为功，时事之是非……忠臣烈士取义成仁，并有关于世道人心，不忍听其泯灭。"① 光绪志修纂者用力的重点是咸同军务，增加的内容也集中于《戎事》《忠义》《列女》，为清廷官军表功，记载在战乱中伤亡的官兵民众。

光绪《云南通志》卷一百九十九至二百四为《南蛮志·种人》。经比对，其图画与文字俱是抄录道光《云南通志稿·南蛮志·种人》，没有新内容出现。由此可见，民族认知不是以岑毓英为代表的光绪时期云南官员及志书修纂者们关注的重点，没有对民族有新的认知。

光绪二十五年（1899），云南巡抚唐炯被告贪污，唐炯以出资修志遮掩罪行，光绪二十七年（1901）书成，为光绪《续云南通志》。这部志书体例类目沿袭道光《云南通志稿》与光绪《云南通志》，新增《洋务》一门。此部云南省志修纂时间仓促，没有名家主持，质量不高。光绪《续云南通志》卷一百六十至一百六十二为《南蛮志·种人》，收录民族127种。对这127种民族的记载，民族人物的图画为对道光志原图的改绘，文字部分皆录自道光志与光绪志，一如方国瑜先生对此书的评价："资料不出前志，精简字句而已……潦草甚于前志也。"②

虽然光绪《云南通志》与光绪《续云南通志》对于云南民族的记载，比之道光《云南通志稿》没有增加新的内容，说明在光绪时期，清廷上下官员在对云南民族的认知方面没有资料的积累，没有延续之前拓展推进的发展趋势，但这一时期也不是没有亮点。

与道光《云南通志稿·南蛮志·种人》收录的141种民族和人物群体相比，光绪《续云南通志》缺少了缅和尚、缅人、艮子、绷子、莽子、戛

---

① （清）高钊中：《续修云南通志序》，载光绪《云南通志》，光绪二十年（1894）刻本，第17页。

② 方国瑜：《云南史料目录概说》，中华书局，1984，第687页。

于腊、老挝、黄教喇嘛、红喇嘛、谟勒孤喇嘛、善知识喇嘛、哀牢夷、八百媳妇、木邦14个条目。在这14个条目中，缅和尚、黄教喇嘛、红喇嘛、谟勒孤喇嘛、善知识喇嘛为民族中的宗教人士，是职业群体而非民族群体。缅人、艮子、绷子、莽子、夏于腊、老挝、八百媳妇、木邦为疆域之外的民族，哀牢夷为古代的民族。对疆域之外民族的剔除，使得《南蛮志·种人》更为纯粹地对疆域之内的民族进行记载，是对国家疆域领土界限有更清晰掌握的表现。对职业群体的剔除，则体现出到了光绪时期，方志修纂者对于民族群体的特征有了更为准确的把握，能区别其与职业群体的不同。也就是说，在19、20世纪之交，以方志修纂者为代表的云南官员、知识分子对民族有了更为清晰的定义，比之道光时期是一个明显的进步。

而后直到清王朝灭亡，云南再没有官修通志，反映民族认知的种人志也没有再出现。道光《云南通志稿》虽不像天启《滇志》一样是明王朝的最后一部云南省志，但就种人志内容来说，道光《云南通志稿》将不同文献中对云南民族的记载汇集，保留了大量珍贵的资料，成为省志种人志最后的绝唱。

乾隆时期对云南行政区划的调整，嘉庆时期采取的区域划分的治滇思想，是国家在推行边疆与内地一体化统治过程中，基于云南民族差异现实而采取的差异化治理政策。而这些施政措施因地制宜的调适，又极大促进了对云南民族认知的发展，道光《云南通志稿》六卷《南蛮志·种人》对141种云南民族与人群的记载是清代民族认知发展深化最典型的反映。道光《云南通志稿》的种人志采取图文结合的方式记载民族情况，突破了以往方志仅有文字的局限，图画的加入，对民族有了更为直观的表现。其对不同文献民族资料的汇集，整合了民族认知的信息，使得对清代云南民族的认知更为全面、具体，是在当时条件下对清代云南民族认知全方位的展示。道光《云南通志稿》体现了清王朝统治逐步深入西南边疆，深入云南的诸多民族，其体例内容的安排，是在国家大一统统治前提下推行边疆与内地一体化的过程中，基于云南民族发展现实采取因地制宜差异化治理政策的社会情景的反映。

第七章　清代西南边疆的民族认知与国家构建模式

第一节　"由熟及生—由生变熟—再次由熟及生"的清代民族认知模式

滇南的普洱府是雍正年间改土归流后新设的府级政区，清朝国家政权在西南边疆的民族认知发展推进所呈现出的模式，在普洱府的设置、发展过程中体现得尤为典型。

一　普洱府设置对民族认知的推进

普洱原属车里，车里古称"彻里"，西汉时属《史记》所载西南夷的范围，东汉永昌郡设立之后直至南北朝时期，车里一直在永昌府管辖范围之内。唐朝时为南诏银生节度所辖，其后为大理的景眽地。元代设立车里路军民总管府，因此志书才说"元始内附"。① 明时设车里宣慰司，其辖"东至落恐蛮界，南至波勒蛮界，西至八百宣慰司界，北至元江军民府界，西北通孟琏长官司"②。清顺治十六年（1659），清军进入云南，吴三桂率军控制了车里。在顺治十八年（1661），吴三桂以普洱、思茅、普藤（今景洪之普文）、茶山（今景洪基诺山区）等为十三版纳，划归元江府管辖。同年，原车里宣慰司"凯冷裔孙刀穆祷"归附，仍授车里宣慰司，驻小猛养。康熙三年（1664），调元江府通判分防普洱。③

从普洱地区的历史可以看出，其地原为土司地方。在清朝建立以后，先归元江那氏土司，后归车里刀氏土司，国家并不直接统治普洱的土地和百姓。从康熙三年（1664）清廷派通判驻防普洱，逐渐加强在普洱的统治力量。其后在清雍正朝的改土归流大潮中，雍正七年（1729）政府裁元江通判，以普洱、六大茶山及橄榄坝江内六版纳地设普洱府，将原属车里的

---

① 道光《普洱府志》卷三《建置沿革》，咸丰元年（1851）刻本，第 2 册。
② 天启《滇志》卷三十《羁縻志·属夷》，古永继校点，云南教育出版社，1991，第 986 页。
③ 尤中：《云南沿革史》，《尤中文集》第 1 卷，云南大学出版社，2009，第 720 页。

普洱等澜沧江以内六版纳地划分出来设立了普洱府。又设同知驻攸乐，通判驻思茅。十三版纳中的江外六版纳地仍属车里宣慰司。乾隆元年（1736）添设宁洱县，裁思茅通判，改攸乐同知为思茅同知。普洱旧隶迤东道。乾隆三十二年（1767）添设迤南道，即驻普洱，以府改隶。三十五年（1770）改元江、镇沅二府为直隶州，移元江之他郎通判、镇沅之威远同知并归普洱辖。①

通过普洱府的设立，国家政权在政治军事上扭转了这一地区局面，土司的力量被大大削弱，官府成为此地统治力量的主导。其后对普洱府所辖州县的逐步调整，充实巩固了普洱府官府的力量，进一步增强了国家政权的管控力。

按照本书的观点，行政区划的改置是以一定的民族认知为基础的，而恰当的行政区划设置，又会进一步促进国家政权对其地民族的认知。普洱从明末天启年间到清代嘉庆时期民族认知的历史发展，验证了这一观点。

普洱从古至今一直是多民族聚居地区，民族情况极其复杂。天启《滇志·羁縻志·种人》所记载的 34 种云南民族中，其分布地域在滇西南方向最远只到思陀甸司（今红河州红河县西南），对其西南的车里宣慰司广大区域并未提及，而这正是明代汉人移民所到达的最远处②，这反映出明代政府所接触与了解的民族，主要是与汉人移民聚集区接壤的、有直接接触的民族。也就是本书前面所论述的明代以汉人移民区为核心，以墨渍浸染式的方式来拓展民族认知。而对于其疆域范围内思陀甸司西南边的广大的汉人未到之地，政府只了解宣慰使这一傣族上层，对该地区普通民族百姓的情况就所知无几。

清代康熙年间所修的省志康熙《云南通志》中《种人志》的内容，除个别字词外，完全承袭了天启《滇志》。这表明在清政府省志修纂之前，对滇南包括普洱地区在内的民族情况的认知停留在明末的水平。但在康熙时期修纂的滇南地区方志中，反映了政府对此区域的民族认知的逐步推进。如康熙五十一年（1712）《新平县志》记载了保倮、窝泥、山苏、摆衣、喇乌、苦葱、喇鲁、车苏、卜喇、黑普多个民族的情况，卜喇、黑普首次出现在方志中。再如康熙五十三年（1714）修纂的《元江府志》，就

①　揣振宇主编《滇省舆地图说》，中国社会科学出版社，2009，第 91 页。
②　陆韧：《明代云南汉族移民定居区的分布与拓展》，《中国历史地理论丛》2006 年第 3 期。

记载了僰人、僰彝、倮㑩、阿泥、卡惰、糯比、山苏、侬人、沙人、扑喇、黑铺、苦葱的情况，其中卡惰、糯比为新被记载的民族。康熙朝对云南民族认知的推进，为雍正朝改土归流的进行提供了民族认知的基础，而在改土归流之后，新的政治环境、政府机构等又为进一步认知民族提供了条件，推进了民族认知的拓展与完善。雍正《云南通志》中新增的民族记载，正是这种民族认知拓展与完善的反映。雍正《云南通志》卷二十四《种人》对云南 56 种民族进行了记载，其中 22 种是前志所没有、雍正《云南通志》新增加的条目。而在这 22 种新认知的民族中，分布在滇南地区的就有 12 种：山苏（临安）、喇乌（临安、景东）、糯比（元江）、黑铺（元江）、卡惰（元江）、㑩黑（顺宁）、利米（顺宁）、小列密（云州）、大倮黑（云州）、卡瓦（永顺东南，辣蒜江外）、苦葱（临安、元江、普洱）、黑濮（威远、普洱、元江）。① 这 12 种占到了雍正《云南通志·种人》新增加条目的一半以上，可见国家政权对滇南民族的认知有了很大的推进，而这其中，也包括了对分布于普洱府境内非汉民族认知的推进。

二　对普洱府民族认知体现的清代云南民族认知模式

在雍正《云南通志》中，苦葱、黑濮两个民族被明确指出在普洱府境内有分布。对苦葱（今拉祜族苦聪人）的具体情况记载为："临安、元江、普洱皆有之。性俭，居山崖，种菽稗度日。男女混杂，不知礼义。衣服多同糯比。"② 可以看出，清政府对苦葱人的分布地域范围，民族性格、居住习惯、生计方式、社会礼仪及服饰特点等情况有了基本的了解。而作为一新认识的民族，对其的了解是参照另外一个民族——比苦葱人更早进入官方视野的——糯比来进行的。"糯比"这个名号是雍正《云南通志》新增，其具体内容为："元江有之，即阿泥之别种。风俗与阿泥同。"③ 而阿泥即是窝泥的别称。窝泥却不是新增的民族，在天启《滇志》中便已有记载。雍正《云南通志》中有关窝泥人文字除地名有所更改外基本抄录了天启《滇志》的文字，具体为：

---

① 雍正《云南通志》卷二十四《种人附》，乾隆元年（1736）刻本，第 28～39 页。临安，今红河；顺宁，今临沧；云州，属顺宁；辣蒜江，今临沧小黑江；威远：今景谷。
② 雍正《云南通志》卷二十四《种人附》，乾隆元年（1736）刻本，第 37 页。
③ 同上书，第 33 页。

窝泥，或曰斡泥。男珥环跣足，妇衣花布衫，以红白锦绳辫发数绺，海贝杂珠，盘旋为螺髻，穿青黄珠，垂胸为络，裳无襞积，红黑纱缕间杂，饰其左右，既适人，则以藤束膝下为识。娶妇数年无子，则出之。丧无棺，吊者击锣鼓摇铃，头插鸡尾跳舞，名曰"洗鬼"。忽泣忽饮，三日采松为架，焚而葬其骨。祭用牛羊，挥扇环歌，拊掌踏足，以锃鼓芦笙为乐。食无箸，以手抟饭。勤生啬用，集贝一百二十索为一窖，死则嘱其子："我生平藏贝若干矣，汝取某处窖，余留为来生用。"临安郡属县及左能寨、思陀溪处、落恐诸长官司，景东、曲靖皆有之。在南安州又曰和泥，男子剪发齐眉，衣不掩胫。饮酒，以一人吹芦笙为首，男女连手周旋，跳舞为乐。死以雌雄鸡各一殉葬。阿迷州称阿泥，邓川州称俄泥。[①]

单从文字数量上来看，比之苦葱与糯比，明末政府对于窝泥人都是比较了解、掌握信息较多的。虽然窝泥人分布于不同地区、民族称谓有差别，但官方仍然能清晰辨识，将其划归同一族属。这表明官方对窝泥人的民族文化特征，包括民族称谓，男女服饰特点，婚丧祭祀风俗，经济活动，分布地域等各方面已经能够准确把握，这也说明政府对窝泥这个民族的认知已经达到了一定的高度，形成了系统的、清晰准确的认知体系。

阿迷地区在明洪武十六年（1383）设土知州，正统元年（1436）改设流官，崇祯三年（1630）复设土官。康熙五年（1666），阿迷州阿侧因军功，被授土知州世职。雍正二年（1724）改流。[②] 清政府继承了明代对窝泥人的认知，因此阿迷境内的阿泥人对于清政府官员来说，是属于比较熟悉的、有相当了解的民族。元江位于阿迷之西，在明为元江军民府，顺治十六年（1659）元江即进行了改土归流，设元江军民府。因改流时间较长，对其境内民族的认识比较深入，因此在雍正《云南通志·种人》新增加的24种民族中，元江一地达到了5种，包括糯比。虽然糯比是新记录的民族，但因其风俗特点，官方判断这一新民族是窝泥人的分支，相对来说也不算陌生。而普洱府又位于元江之西，为新设府，某种意义上属于"新辟"地方。对生活于其范围内的民族，可以说清政府完全陌生。普洱

---

① 雍正《云南通志》卷二十四《种人附》，乾隆元年（1736）刻本，第33页。
② 嘉庆《阿迷州志》卷二《沿革》，凤凰出版社选编《中国方志集成·云南府县志辑》，2009，第14册第533~534页。

府设立之后，清政府才有条件、有机会在和平的状态下与普洱境内的苦葱等民族进一步接触，加深认知。

由此可以看出，这里存在一个清晰的民族群体认知推进链条：阿泥—糯比—苦葱。清政府通过先前已经有所了解的阿泥人，将新认识的糯比人划为其分支，又进而接触并了解了与之有相似之处的苦葱人。从三个民族所处的地理位置来看，阿泥人在阿迷，其西为元江的糯比人，再西为普洱的苦葱人，这里同样存在一个清晰的空间地理上的推进轨迹：阿迷—元江—普洱，以对旧有政区民族认知为基础，对新设置政区内的民族进行了解认知。

从这两个推进轨迹可知，在清朝，政府对滇南民族的认知，是以一种链条式的方式进行的。通过原先已经纳入管控、有相当了解的民族，接触与之毗邻而居的新民族。以原有政区为介质，展开对新设政区民族的认知。对新区域的民族从各方面情况对其进行了解，形成一定的认知，将其由陌生变为熟悉。然后又再次接触与熟悉了的民族相邻的新民族，不断向外推进。与之相应的地域范围是一个由东北往西南不断拓展的过程。

在普洱府设立之前，对位于普洱东北的元江、西北的顺宁两地民族情况积累相当的认知，是普洱府设立的前提条件之一。而普洱府设立之后，有更好的条件对其境内的民族做进一步的了解，对民族情况有了更加深入、细致、清晰的认知。因此可以说，普洱府的设立，既是民族认知不断推进，"由熟及生"的结果，也是"由生变熟"并再次"由熟及生"，认知继续推进的基础和保障。

在雍正朝的基础上，乾隆时期清政府对普洱的民族认知持续了这种推进拓展的趋势，并进一步验证了"由熟及生—由生变熟—再次由熟及生"的认知模式和由东北往西南空间推进的轨迹。

道光《云南通志稿》苦葱图有三人，男子跣足荷锄，女子同样跣足，胸勒背带，背负竹笼，另有一老者，倚背篓而坐，跣足袒胸，手持长烟杆，神态安逸（见图7-1）。

根据道光《云南通志稿》收录的《皇清职贡图》文字，苦葱人被认为是属于"爨"这一民族集团的；梳理了苦葱人在历史时期与中央王朝的关系是"自元时归附"；对苦葱人的分布地域更加明确，"临安、元江、镇沅、普洱四府有此种"；对其男女外貌衣饰特点从雍正时的"衣服多同糯比"到对其男女各自的发型、衣着有详细生动的描述；从"男女混杂，

图 7 - 1　道光《云南通志稿》苦葱

资料来源：道光《云南通志稿》卷一百八十五《南蛮志·种人四》，道光十五年（1835）刻本，第9页。

不知礼义"到细致记载其节庆、祭祀的风俗特点。[1] 如果说在雍正时期，政府刚刚接触了苦葱人，双方都还处于陌生的，相互了解的阶段，对其情况还不甚了解，那在《皇清职贡图》编绘的乾隆二十六年（1761），清政府已经对苦聪人这个民族比较熟悉，有了相当深入的认识，对其民族称谓、分布、外貌服饰、节庆等民族现象有了较为全面而丰富的了解，知其生产生计方式逐渐向农耕的转变由"猎禽兽为食"到"种莜稗度日"，再到"岁输粮赋"，这意味着，政府逐渐对其加强统治，国家已经将苦葱人纳入了政府一体管理的体系。

　　道光《云南通志稿》关于苦葱人的记载，收录了《皇清职贡图》、雍正《云南通志》《宁洱县采访》《他郎厅志》《思茅厅采访》等不同文献的资料，表明清政府对苦葱人的认知正逐步深入基层，处在"由生变熟"的信息消化整理进程中。

　　上文所论道光《云南通志》中对于普洱地区民族的辨识深入到了同一民族下的不同的支系，如窝泥便分出了"瓢头窝泥"与"黑窝泥"，摆夷也具体区分出了"旱摆夷"与"水摆夷"。瓢头窝泥、旱摆夷、卡高、三

---

[1]　道光《云南通志稿》卷一百八十五《南蛮志·种人四》，道光十五年（1835）刻本，第9页。

撮毛、黑窝泥、水摆夷作为独立的民族条目出现，表明清政府官员对普洱地区民族情况认知的推进。一方面在对已经有接触的民族加深了解"由生变熟"的同时；另一方面也在接触认识新的民族，继续拓展"由熟及生"、由东北向西南延伸的民族认知链条。

道光《云南通志稿》收录的各种文献中，明确指出分布于普洱境内的民族有 27 个：白人（威远）、黑倮倮（威远、宁洱）、白倮倮（思茅、威远、他郎）、旱百彝（普洱）、花摆夷（普洱）、蒲人（宁洱）、俅黑（他郎）、窝泥（普洱）、黑窝泥（思茅）、糯比（普洱）、飞头僚（他郎）、沙人（宁洱、他郎）、苦葱（普洱）、利米（威远）、瑶人（他郎）、卡惰（宁洱）、黑濮（威远）、龙人（普洱府近郭）、阿卡（普洱府属）、长头发（普洱九龙江）、艮子（思茅边外）、绷子（思茅边外）、莽子（九龙江外）、卡瓦（宁洱、思茅）、夏于腊（边外）、三撮毛（思茅）、老挝（他郎边境）。这其中，即有白人、黑倮倮、白倮倮、旱百彝、花摆夷、蒲人、俅黑、窝泥、黑窝泥、糯比、飞头僚、沙人、苦葱、黑濮、三撮毛这些前人文献已经有记载，已知的民族，也有阿卡、龙人这样被新辨识、新了解的民族。龙人被明确指出分布于普洱府城周边，说明在普洱府"腹心"地方，"由生变熟—由熟及生"的民族认知过程在同时发生与进行，是民族认知不断细化、深化的表现。而在"九龙江外"，同样也有"莽子"这样已有认知的民族，还有艮子、长头发、绷子这样新载入的民族，甚至于"普洱府边界"的老挝、夏于腊，也开始对其普通民众的习性特点有了了解。"由熟及生—由生变熟"的过程也在同时推进，这是民族认知在不断拓展的表现。

道光《云南通志稿》中关于苦葱人的记载，除前文已录的《皇清职贡图》、雍正《云南通志》外，《他郎厅志》《宁洱县采访》对苦葱的记载为："思茅、威远、他郎、宁洱有之。性情淳良，近亦颇知礼义。男子穿青蓝布短衣裤。女穿蓝布长衣，下著蓝布桶裙，短不掩膝。耕种之外，男多烧炭，女多织草为排，负鬻于市。剥蕉心煮食，亦负薪入市。"①《思茅厅采访》记载为："形状粗野，打猎为生，居处无常，山荒则徙。"②

---

① 道光《云南通志稿》卷一百八十五《南蛮志·种人四》，道光十五年（1835）刻本，第 9 页。

② 同上书，第 10 页。

在道光《云南通志稿·种人》中，分布在不同地域的苦葱人呈现出不同的特点，如宁洱、他郎的苦葱人务农耕，有固定的贸易行为。而思茅地区的苦葱则游猎为生，迁徙不定。但清政府仍能清晰地将不同地域的苦葱人归为一个民族，表明当时的官方对苦葱人的文化特征有了比较系统的了解，从而能对不同地域的群体作出属于同一民族的界定。

从道光《云南通志稿·种人》内容来看，通过对多种资料的梳理，清政府对这些民族的名称、族属、民族性格、分布范围、生计方式、外貌服饰、祭祀信仰等各方面，都有了更加全面、更加具体也更加准确的认识。可以说，道光《云南通志稿》是对云南民族资料的一次大汇集、大总结，形成了当时对云南民族最全面，最丰富的资料体系。基于此，清政府对云南不同民族的基本性格特点、文化特征能够相对准确地进行把握，从而进行民族识别、族属判定、民族政策制定、实施与调整等复杂的民族管理工作。

通过以上分析可以看出，康熙时清政府沿袭了明代对滇南民族的认知，雍正、乾隆时期，政府对滇南民族的认知，主要是处于"由熟及生"的推进阶段，不断发现接触和了解新的民族，在文献上表现为有新的民族的条目与文字出现。而嘉庆、道光两朝则是处于"由生变熟"的深入细化阶段，主要是对前期接触的民族不断丰富、完善和修正认知，以期形成对诸民族各方面情况准确的认知，文献上则是相同民族条目下内容记载的调整、变化。地理空间上则是一个由腹心向边缘，由东北向西南拓展的过程。对已知的民族进行深入了解和接触了解新的陌生的民族，两个过程同时进行，并行不悖。

若无外力干扰，在其后的历史时期，清政府对滇南民族的认知应该再次进入主要为"由熟及生"的阶段，再次出现民族数量增加、地域拓展、文献记载增益的情况。但历史的发展打断了这种进程。咸同时期，云南发生了杜文秀起义，政府全力围剿，无暇顾及民族认知方面的工作，因此这一时期没有"种人志"文献出现。进入光绪朝后，中国西南边疆受到英法蚕食加剧，边疆安全问题突出。生活于边疆地区的民族成为影响边疆问题走向的重要因素，对其加深了解成为必然现实要求。因此在光绪年间再次出现了一个认知了解滇西南民族的高潮。但此次高潮与乾隆朝有明显的不同。正如光绪年间普洱府知府陈宗海所说："普洱之为地边之边者也，往时边患仅蛮夷耳，今则法据越南，自两乌达猛烈已出普洱，之后英吞缅甸，由孟艮达车里，而思茅适当其冲。互市通商，时局日异。"① 在这一时期，清政府对边疆民族的认知，不得不转为被动的、应急式地方式来进行。光绪时期云南的两部省志光绪《云南通志》② 与光绪《续修云南通志》③ 中有关种人的内容，俱抄录于道光《云南通志稿》，可见这一时期，虽然出现了了解边疆少数民族的迫切需要，但仍然以沿袭前人的认知为主。1913 年出版的《古滇土人图志》④，虽然对云南民族的称谓继承了传统的种人志中的叫法，但却是用西方人物肖像素描的手法描绘云南民族形象，彻底改变了沿袭至清末的传统的"种人志"文献记载方式。在列强的逼迫下，清政府传统的"由熟及生—由生变熟—再次由熟及生"少数民族认知模式也难以再延续。

如前文所说，明代政府对滇南民族的认知，主要针对在汉族移民区周边，与汉族移民有直接接触的民族。而这样墨迹浸染式的认知模式，其拓展与推进受限于汉族移民区的地理位置与规模，进展有限。对于其疆域内没有汉族移民聚集区的广大区域，如滇南车里宣慰司辖地内的诸多民族，政府就鞭长莫及，所知寥寥。而清政府则采取了完全不同的民族认知模式，以一个原先有接触了解的比较熟悉的民族，去认识其西南边与之比邻而居的另外一个原本陌生的民族，经过一段时间的信息消化与整合，对这个原本陌生的民族有了相当的了解，形成了一定的认知体系，陌生变成了熟悉，又再次开始向西南推进，再次去认识新的民族。这种链条式的民族认知模式，突破了汉族移民聚集区的空间局限，甚至不再受限于流官统治区域的政治局限，对诸多仍处于土司统治的，甚至是与邻国接壤地带的民族逐渐有了了解与认知。这种更高效、拓展速度更快、空间推进更明显的民族认知模式，使得清政府比之前朝能更清醒地认识边疆，能更有效地对边疆实施管控。普洱府作为新设政区，政府对其辖区内诸多民族认知体系形成的过程，反映了清政府在滇南的民族认知链条推进模式与空间拓展进程，而这个模式推进与空间拓展过程，又是清朝国家权力逐步深入边疆，国家治理不断加强的典型反映。

---

① （清）陈宗海：《续修普洱府志序》，光绪《普洱府志稿》，光绪二十六年（1900）刻本，《叙》，第 2 页。

② 光绪《云南通志》，光绪二十年（1894）刻本。

③ 光绪《续云南通志稿》，光绪二十七年（1901）刻本。

④ 董一道：《古滇土人图志》，1913 年石印本。

第二节　"以人确地"的国家边疆构建

怒人，在明代钱古训、李思聪的《百夷传》中第一次被记载，其文为："百夷……地在云南之西南……其种类有大百夷，小百夷，又有蒲人、阿昌、缥人、古刺、哈刺、缅人、结些、哈杜、怒人等名，以其诸夷杂处，故曰百夷……怒人，颇类阿昌……蒲人、阿昌、哈刺、哈杜、怒人，皆居山巅，种苦荞为食，余则居平地或水边也。言语皆不相通。"① 景泰《云南图经志书》、正德《云南志》、万历《云南通志》的记载抄录了《百夷传》的内容。天启《滇志》不再将其归为百夷种类，而是专设了怒人条目，其文字为："男子发用绳束，高七八寸，妇人结布于发。其俗大抵刚狠好杀，余与麽些同。惟丽江有之。"② 雍正《云南通志》在天启《滇志》基础上，增加了如下内容："其在鹤庆府维西边外，过怒江十余日，有野夷，名曰怒子，自古不通中国，于本朝雍正八年相率到维西，将虎皮二十张、山驴皮十张、麻布三十方、黄蜡八十觔充贡，愿永为年例。"③

可见，在明代洪武时期，原本"不通中国"的怒人随着百夷地区成为明王朝的疆域而被纳入到国家的统治。但是，因为是属于外边政区，是通过土司进行间接统治，所以国家政权对于怒人的了解极为有限且发展缓慢。直到天启时期，怒人才不再被视为百夷，而是被确定为一个单一的民族，刘文征因此将其与其他民族并列，单独设立条目进行记载。又经过一百余年发展，到了雍正时期，怒人通过缴纳贡品，正式被中央政权所认可。在道光《云南通志稿》的记载中（对怒人的描绘见图7-2），怒人条收录了《皇清职贡图》、雍正《云南通志》、乾隆《丽江府志》《维西闻见录》的内容，反映怒人仍然以虎皮、黄蜡等物当作贡品上缴朝廷。④

---

① （明）钱古训、李思聪：《百夷传》，刘景毛校注《景泰云南图经志书校注》，云南人民出版社，2002，第537页。

② 天启《滇志》卷三十《羁縻志·种人》，古永继校点，云南教育出版社，1991，第1000页。

③ 雍正《云南通志》卷二十四《种人附》，乾隆元年（1736）刻本，第34~35页。

④ 道光《云南通志稿》卷一百八十四《南蛮志·种人三》，道光十五年（1835）刻本，第8~9页。

图 7 - 2　道光《云南通志稿》怒人

资料来源：道光《云南通志稿》卷一百八十四《南蛮志·种人三》，道光十五年（1835）刻本，第 8 页。

与白人等民族相比，怒人以"充贡"的方式承担对朝廷的义务，表明国家政权对其的掌控力度，明显不如"输赋税""纳粮"的黑倮倮、白人等民族。另外也说明，国家政权对于怒人的人丁户口土地方面的情况，所知有限。政府对怒人的认知，还不足以支撑对其采取如倮倮、白人等一样清户口、缴赋税这样较为深入的统治政策。

国家政权对"充贡"怒人的统治较"输赋税"的白人等为薄弱，而与"充贡"怒人相比，对于"无贡税"的俅人的统治则更为薄弱。

俅人分布地又在怒人之西，在"澜沧江大雪山外"怒江以西独龙江流域，当时被称为俅江的地区。对俅人的记载最早出现在《大元一统志》中，被称为"撬"，但其后明代文献不见对这个民族的记录。到清代，在雍正《云南通志》中，其文为："丽江界内有之，披树叶为衣，茹毛饮血，无屋宇，居山岩中。"① 从这些情况来看，俅人生产技术较为落后，生活条件也比较艰苦。道光《云南通志稿》中收录的《皇清职贡图》对俅人的记载为：

---

① 雍正《云南通志》卷二十四《种人附》，乾隆元年（1736）刻本，第 38 页。

居澜沧江大雪山外，系鹤庆、丽江西域外野夷。其居处结草为庐，或以树皮覆之。男子披发，着麻布短衣裤，跣足。妇耳缀铜环，衣亦麻布。种黍稷，挖黄连为生。性柔懦，不通内地语言，无贡税。更有居山岩中者，衣木叶，茹毛饮血，宛然太古之民。狨人与怒人接壤，畏之不敢越界。① （见图7-3）

道光《云南通志稿》所收《伯麟图说》中记载为：

近知务耕植，常为怒人佣工，丽江府狨江外有之。②

可见，在乾隆时期，一部分俅人仍然保持与雍正时期相同的生活方式，但也有一部分俅人有了更为先进的生产生活技术，可以盖房、衣布、佩饰、耕种作物。俅人的民族情况在发生变化，国家政权对其的认知也在随之发生改变。雍正《云南通志》中怒人被称为"野夷"，而到乾隆时期的《皇清职贡图》中，"野夷"这一名号被安到了地理位置更为遥远的俅人身上，这也表明，对文献的修纂者来说，怒人已经相对较为熟悉，而俅人更为陌生，与国家政权之间的关系紧密程度也比之怒人有差距，国家政权对俅人的掌控程度也不如怒人，但是俅人已明确纳入了国家的民族统治序列。

将俅人也收入方志中的起源，可以从下面一段资料看出端倪：

相传，最初……亦不知有狨江狘子焉。侯因猓子往高黎贡山猎兽……始知山西有狘子焉……每年由猓子之能事者到江征收门户送解，其子孙世代相沿。至清末仍照旧征收。所谓"猓子"管"狘子"，迄今尚相传以为口实也。③

这也就是说，怒人对位于其西的俅人在历史上有管辖关系，而随着怒人纳贡，明确了政府对其的统治，其所辖的俅人也随之一起被纳入了统治的体系。

---

① 道光《云南通志稿》卷一百八十五《南蛮志·种人四》，道光十五年（1835）刻本，第19页。
② 同上。
③ 云南通志馆汇辑《云南通志馆征集云南各县疆域资料》上册《纂修上帕沿边志》，1931，云南省图书馆藏本。

图 7－3　道光《云南通志稿》俅人

资料来源：道光《云南通志稿》卷一百八十五《南蛮志·种人四》，道光十五年（1835）刻本，第 19 页。

明洪武年间，随着明政府对百夷地区的经略，百夷这个大的民族群体被纳入了明政府的统治，而当时被视为百夷分支的怒人也随之进入了明王朝的统治之下。经过明代的发展，国家政权对怒人的认知逐步累积完善，在清雍正时期，怒人作为一个单一的民族被认可，有了自己直接与政府打交道的途径与权力。随着国家对怒人认知的完善，治理的深入，怒人也如当年的百夷一般，其下辖的民族被辨识、被区分，于是俅人作为一个单一民族的形象开始明晰，国家政权开始知道在高黎贡山之西有俅人这样一个民族存在，并开始了对俅人相关资料的收集积累。这里又存在这样一个民族与疆域的演进过程：明初，百夷被纳入国家统治，百夷之下的怒人一体进入了国家的统治之下，国家对怒人所生活的怒江地区了解逐步加深，掌控逐步加强。在清朝初年，随着认知的深入，怒人在官方的认知体系中正式脱离百夷，成为国家承认的单一的民族。同样，随着认知的深入，怒人下辖的俅人不再被视为怒人的一部分，而是作为一个新的、单一的民族进入了国家政权的视野。但是，基于俅人的实际情况以及国家政权对其认知的程度，在《皇清职贡图》编绘的乾隆时期，俅人并没有取得如怒人一样的地位，在政治关系上依然依附于怒人，受怒人管辖，国家对其掌控也弱于怒人。具体的体现便是怒人已经"充贡"，而俅人"无贡税"。虽然如此，但国家政权通过对俅人情况以及分布区域的了解，对俅江流域（今独龙江上游）的认知以及掌控是在逐步加深加强的。

在道光《云南通志稿·地理志》中丽江府舆图除惯有的山川湖泊、城池关隘外，还在怒江之西专门标注了"怒夷界"。

在"怒夷界"区域，山脉河流等自然地理信息相比怒江以东是稀少的，这说明国家对这片地方自然地理环境的认知，只达到了水系中大江大河的层次，对于山脉都不甚了解，综合来说是比较薄弱的。而出现了"怒夷界"这样的标注，说明对民族的认知从某种意义上说是先于对自然地理环境的认知的。"怒夷界"在舆图上的出现，表明国家虽然对怒人所在的区域、活动范围内的自然地理状况认知不够深入，没有确定的自然坐标，但通过明确对怒人这个民族的统治，以怒夷界这样的文字，宣示了对怒人分布地、活动范围地区的统治。这种国家通过认知边疆民族，明确对民族的统治，从而确定对民族分布地、活动范围统治权力的体现，"以人确地"的国家构建方式，在道光《云南通志稿》中得到了直接而具体的体现。

在怒人与俅人的例子中，通过对不同时代文献的梳理，可以发现清代国家政权逐步确立与明晰对这两个民族直接统治的过程。这个过程在雍正《云南通志》、道光《云南通志稿》中，以条目设置，对民族赋税、充贡等情况变化的记载体现出来。而不同时期文献内容的变化，又反映了民族情况的变化，国家政权对其认知的变化以及统治政策措施的变化。通过对怒人、俅人国家管控演变过程的分析，笔者认为，在西南边疆的边缘地带，国家政权并不是通过占有一片土地而将生活在这片土地上的民族变为自己统治之下的臣民。相反，是通过先确立了对某个民族的统治权，而将这个民族生活的地区，活动的范围纳入国家的疆域范围。明洪武年间明政府对百夷之下的怒人如此，清雍正年间清政府对怒人之下的俅人也是如此。

综上所述，笔者认为，在西南边疆民族地区，中国的国家建构存在这样一种模式：将一个民族纳入统治，使其成为国家政权治下的子民，这个民族的分布地域、活动范围也随之纳入了国家的统治范围，成为国家疆域的组成部分。在这种先确定所属民族再确定所属疆域的模式中，国家政权对民族的认知成为关键。方志中的种人志对不同地域范围内所属民族的记载，正是对国家统治之下所属民族的一种清点与确认，是国家对边疆地域与人民主权的一种宣示，也是对明清时期国家政权在边疆民族地区国家构建方式的表达。姚大力先生所主张的中国历史疆域由多民族世居家园组成这一观点，也正是基于这种先定民再定地的原则来考察中国的历史疆域。本书对明清时期国家政权对云南民族认知演变的研究，是以云南为例，讨论在边疆民族地区民族认知对于国家构建的重要作用与重大意义所在。

结　语

　　本书通过对明清云南省志的研究认为，对于多民族国家来说，民族认知是民族治理的基础。民族发展有不平衡性，民族间差异是客观存在的现实，国家只有通过主观的行动，深入、持续地对民族进行认知，才能对其进行治理。国家对民族的认知不是一蹴而就、一成不变的，有一个发展演变的过程。民族认知的演进是治理政策措施改变调整的重要基础，而以民族认知为基础的民族治理，又会对其后民族认知的进一步发展演变产生巨大的影响。云南作为中国的西南边疆，对云南民族的认知与治理，与国家的西南边疆构建和治理息息相关。

　　明清是中国最后两个封建王朝，在民族认知的演变及国家西南边疆治理上，两个王朝既有延续性也有各自的特点。对于明代，通过对明代云南景泰《云南图经志书》、正德《云南志》、万历《云南通志》及《滇略》中有关民族的内容进行了分析，认为修纂于天启末年的天启《滇志》是对明代云南民族认知的总结之作。第一，天启《滇志》中新的方志类目体例——《种人》的出现，反映了明代对云南民族认知的丰富、深入与完善。在《种人》类目之下，每个民族设单独条目，对民族的名号、分布、外貌服饰、饮食居住等普遍的民族情况进行了记载。方志中种人志的出现，一方面表明对云南民族的认知作为一个相对独立的内容，已经从对地方风俗习惯笼统记载不分民族的《风俗》志中分离了出来；另一方面也表明，对民族的认知，已经不再局限于仅对民族上层的土司土官，而是深入到了对民族普通百姓的阶段。这种将对民族认知的内容独立出来，对民族普遍情形进行记载，是明代民族认知深入完善演进过程的体现。第二，天启《滇志》体现了民族认知与治理的地域圈层结构。从天启《滇志·种人》的地域覆盖范围来看，其所记载的民族，俱分布于云南的内边政区范围之内。明代来自内地的汉人移民大规模进入云南，以汉人移民聚居区为核心形成了云南的内边政区，包括云南府、大理府等20个设府政区及北胜州、者乐甸长官司2地，汉人移民区以西、以南的御夷府、州及诸宣慰司、宣抚司、长官司地区则为云南的外边政区。天启《滇志·种人》反映的正是对分布于内边政区之内的，府、州、县正式政区之下的，与汉人杂居的诸多民族的认知，而对于分布于外边政区中、非正式政区之下的民族，则被记载于天启《滇志·属夷》之下。《属夷》的记载格式与内容不同于《种人》，并没有具体的民族条目，文字也多是对土司土官承袭、叛服、与中央关系等情况的记载，对民族百姓情况的记载则寥寥无几。《种人》与《属夷》在文本类目与内容上的不同，是明代国家政权依托汉人移民、政区设置对其他民族进行认知，以汉族移民聚集区为核心采取墨渍浸染式模式认知其他民族的证明。体现了明代民族认知的地域差异及层次差别，而《种人》与《属夷》也共同构成了明代国家政权对云南民族认知的圈层。这种民族认知的圈层，即是明代云南内边、外边政区分野的基础，又是明王朝在西南边疆差异性治理的结果。

　　清前期对云南民族的认知主要体现在康熙《云南通志》中。康熙《云南通志》沿袭了天启《滇志》的做法，设《种人》志来记载云南民族的情况，但其具体内容也是沿袭天启《滇志》，这反映了清王朝对明末云南民族认知的继承。这种继承并不意味着在康熙年间国家政权对云南民族认知的停滞。这一时期的变化主要体现在两个方面：第一，民族观的变化。康熙《云南通志》在描述云南的民族时，前志所用的"夷"字，全部被替换为"彝"字，这种文字的变化，反映的是一种民族观的转变。清朝皇族本身即是非汉民族，其民族观天然有别于明王朝汉人皇帝的民族观。略带贬义的"夷"变为褒义的美称"彝"，反映了清朝统治者能够以一种相对更为平等的眼光、平和的态度来看待云南的非汉民族。在这种民族观的指导下，对云南民族的认知，具体的治理举措，也就会产生不同。第二，对民族问题深入的思考。明代省志所反映的民族认知，侧重于对民族称谓、外貌服饰、分布等易为观察到的民族表征信息的收集、整理与记载。但是到康熙时期，清政府对云南民族的认知在表征的基础上有了突破，对具体的、有针对性的民族问题进行了深入思考。清朝前期影响云南社会经济文化发展最主要的民族问题是土司问题。云贵总督蔡毓荣所作《筹滇十疏》及永昌刘彬所作《永昌土司论》皆认为，对民族进行深入的认知，是朝廷掌控边疆进行地方治理的基础，也是解决民族问题的基础。通过对业已实施三百余年的土司制度的流弊进行深入分析，提出了解决土司问题的大政方针及指导性意见。以蔡毓荣和刘彬为代表的云南官员和知识分子对土司问题的深入思考，为其后雍正年间的改土归流做了思想上的准备，而康熙年间云南各地民族认知的发展，也成为雍正时期改土归流的认知基础。

雍正年间在云南进行的大规模改土归流，是清中期云南民族政策的重大变化。改土归流政策制定和执行，都经历了一个根据对民族实际情况认知深入而发生变化、适应的过程，本书以鄂尔泰改土归流思想转变以及保甲法在民族地区的调适为例来进行论证。在滇东北地区的改土归流，以东川、乌蒙、镇雄由四川改隶云南来发动，而后在此三地进行改土归流，以此来推进对这三地民族认知的发展。而滇南地区的改土归流则是另外一种流程，滇南地区的改土归流是以前期已有的一定程度的民族认知为基础来进行的，改土归流之后根据地区的现实政治、民族情况而新设置了普洱府这样一个新的行政区划，来加强对滇南地区的掌控。改土归流之后，政府对云南民族的认知有了明显的进展。雍正末年修纂的雍正《云南通志》"种人"部分，对云南民族的认知从康熙时期的 34 种增加到了 56 种，对每个民族具体情况的描述，也在前志基础上，根据新的认知而进行了新的文字撰写，所收录民族的分布地域也得到了拓展。地域拓展最为明显的就是进行过大规模改土归流的滇东北与滇南地区。雍正《云南通志》中"种人志"的内容，是改土归流之前民族认知的发展以及改土归流之后对民族认知推进的初步体现，也反映了国家民族政策的调整、西南边疆治理对民族认知的影响和推动。

经过雍正时期的改土归流，乾隆年间云南一些地方的民族情况发生了变化，朝廷对云南民族的认知也随之而变，这成为乾隆三十五年（1770）云南进行行政区划调整的重要基础与因素。此次行政区划调整云南政区中有所变动的区域，基本上就是此前进行过改土归流、民族情况发生变化的地区，经过对与"体制不合"政区的调整以及直隶厅、直隶州等边疆民族特殊政区的设置，国家政权推动西南边疆民族地区政区设置向着与内地一致的方向发展，加强地方与中央、边疆与内地的联系，巩固国家的一体统治。雍正时期的改土归流以及乾隆时期的行政区划调整，都是国家治理在边疆民族地区的重大政策调整，是国家为完善健全边疆民族治理体系而采取的重大举措。而这些政策与举措的实施，是以一定的民族认知为基础，实施之后，又再次促进了民族认知的进一步发展。民族认知与国家边疆民族治理之间互为因果，相互影响。经过清朝中叶的民族认知与国家西南边疆治理的演变，统一多民族国家在民族构成、边疆稳定等方面都得到了巩固和发展。

清嘉庆年间云贵总督伯麟的《奏为遵旨纂辑滇省舆地及夷人图说装缮进呈事》代表了清后期政府的民族认知与治理思想。伯麟认为，基于云南民族差异的客观性与发展不平衡性，要对云南采取差异性的治理，即"控驭绥靖之势各有所宜"，要在保持民族多样性、文化多元状态下，追求国家一体统治，也就是"风尚不必尽同内地"但"尽为编户"。这是以伯麟为代表的清政府官员对民族认知与治理经验的总结，达到了清代民族认知与西南边疆治理思想的新高度。

道光《云南通志稿》以资料汇集方式形成了最全面详细的清代云南民族认知资料体系，成为清代云南民族认知的集大成之作。其《南蛮志·种人》对 136 种民族进行了记载，在前志基础上，对一些数量较少，分布地域较小的民族有了认知，对大民族集团之下的小民族支系的认知不断深化。道光《云南通志稿》的文本结构和内容安排，既体现了对国家大一统统治的认同与维护，也是对云南民族众多，民族情况复杂的历史和社会现实情况的文本观照。

光绪时期修纂的两部方志对民族的记载基本沿袭了道光《云南通志稿》的内容，在资料上没有增益。但其将职业群体从民族群体中剔除，却反映了此一时期对民族定义的把握更为准确清晰。

本书以普洱府为例，分析了清代西南边疆的民族认知模式，并比较了明清在民族认知模式上的不同。明代是以汉人移民聚居区为中心来认识周边的民族，是墨渍浸染式的认知模式。清代是通过已经有所认知的熟悉的民族，去接触了解其西北或西南方的与之毗邻的陌生民族，将其由陌生变为熟悉后，再通过其去认知更西面的陌生民族，呈现出一种"由熟及生—由生变熟—再次由熟及生"链条式的认知模式。通过这种模式，清政府以一种更为积极主动的态度，推进速度更快地去认知边疆的陌生民族，或加深对原有民族的认知，使得国家政权对边疆民族的认知，突破了汉人移民区的限制，也不再受流官统治的政区局限，能够深入边疆，到达国家疆域之内的汉人未到之地。由此，国家能够更为高效、准确地了解边疆，了解民族，这也是清代嘉庆年间国家权力深入边疆，国家治理不断加强的典型反映。

本书还通过对云南省志中有关怒人、俅人内容的梳理，探讨了国家政权如何对怒人、俅人深入统治的过程。明代随着对百夷认知的深入，原本被认为属于百夷支系的怒人被辨识出来，成为一个单独的民族被记载在天启《滇志》中，怒人所生活的怒江区域随之被明确了是国家的疆域范围。而清代随着对怒人认知的深入，受怒人辖制的俅人又被辨识出来，国家将其视为单一的民族，根据其发展情况对其实行了与怒人有差别的治理，俅人所在的俅江地区也确定成为国家疆域的有机组成部分。国家政权通过深入对怒人、俅人认知，逐步确立与明晰了对这两个民族的直接统治。而通过对民族治权的确认，又明确了对民族的分布地域、活动范围的国家统治权。因此，在西南边疆民族地区，对民族的认知成为国家疆域确定的基础，呈现出"以人确地"的国家疆域构建模式。这也正是在西南边疆民族地区，民族认知演进对国家构建与治理重要性的本质体现。

中国作为历史悠久的统一多民族国家，且是由诸多拥有世居家园的民族构成的国家，"在世界历史的国家演进中是十分独特的。这种独特性不仅体现为东方文明古国数千年延续不断的传承，而且体现为统一的多民族国家形成过程所依托的文明多元性和民族多源性"①。中国这种民族多源性的基本特点，是任何历史时期的国家政权在统治时都不能回避的现实。在中国的历史发展中，逐渐形成了汉族居中，其他民族聚居周边的分布格局。因此，历代国家政权对民族的认知、对民族问题的处理、对民族的治理，对于多民族国家来说还与疆域、主权、边疆等问题相关联，是国家的重大事务，具有多维的属性。在不同的历史时期，不同朝代的国家政权对民族认知有不同的模式，取得的效果也不尽相同，这种差异性的民族认知基础，直接导致了国家民族治理政策的不同，深刻影响了中国历史的发展。

本书通过对明清云南省志种人志的深入解析，探析文本与社会情境的关照，对明清时期云南民族认知发展演进及其与国家西南边疆治理之间的关系进行探讨，得出以下几点基本认识。

第一，明清时期对云南民族的认知是一个不断演进发展的过程。从明到清，国家政权对于云南民族的认知，经历了由明代关注对民族表征信息的收集整理，到清前期深入思考具体民族问题，再到清中后期对民族文化伦理、国家认同这种涉及民族历史记忆与认同层面的把握，呈现出侧重层次逐步递进的演变过程；在认知模式上，也由明代的以汉人移民区为核心

---

① 郝时远：《边疆史地研究与民族问题》，《中国边疆史地研究》2001 年第 1 期。

的墨渍浸染式逐步转变为清代"由熟及生—由生变熟—再次由熟及生"链条式的认知模式;在文献形式上,也经历了由方志中风俗志的零散记载,到创造新的方志类目种人志来进行集中收录,全面综合反映民族认知这样的一个发展变化过程,展现了民族认知的完整历史书写谱系。

第二,民族认知是国家边疆治理的基础,而国家的边疆治理又会对民族认知的进一步发展产生重要的影响。对于多民族统一国家来说,对疆域内不同于自我的"他者""异族"有认知以及认知演进到何种程度,是对其进行有效统治与治理的基础。明代的西南边疆治理,在政治制度建设,官员配备、基础设施建设、民生社会发展等各方面都呈现出内边外边分野态势,即是以天启《滇志》《种人》和《属夷》呈现的民族认知圈层差异性为基础,又反过来影响民族认知的进一步发展。清代在继承明代民族认知成果,深入思考民族问题基础上,通过改土归流、行政区划调整等政策措施,促使云南边疆实现与内地一体化的统治。民族认知的不断推进深化,是为国家治理服务的,基于一定的民族认知,政府制定了差异性的政策措施,对民族实行更为有效的管理,而管理深入以后,对民族的认知又会得到推进,伴随着民族认知的进一步发展,政策的调整又再次成为政府边疆治理的选择。

民族认知与边疆治理之间的互动关系,正是马克思主义哲学中辩证唯物主义认识论观点的体现。马克思主义认识论认为,人们对客观事物的认识,来源于实践,受到主观条件的限制,而认识的对象,是处在不断发展变化过程中的,因此人们对客观事物的认识,往往要经历实践、认识、再实践、再认识的多次反复,才能形成正确的认识。认知是一个不断深化的、能动的辩证发展过程,其目的是为了对客观世界进行改造,回到实践中去指导实践。在多民族的中国,民族差异是客观的存在,而主观地对众多民族的认知活动,正是对这个客观存在的意识反映。而受到不同历史时期主客观条件的限制,才会出现明清时期对云南民族墨渍式与链条式认知模式的差异。随着客观的民族情况的不断发展变化,对民族的认知也处在不断发展的演进过程中。对民族的认知,是为民族治理实践服务的。对民族的认知是否准确,是否能满足实践的需要,正是通过国家西南边疆治理施政过程来检验。正确的民族认知,能够指导国家边疆治理取得良好的成效,而错误或者不足的民族认知,则会使国家治理的施政遇到挫折,效果也会大打折扣。通过治理的实践,对民族认知形成了反馈,促使对云南非汉民族的认知进一步发展。因此，本书所讨论的明清时期"形成民族认知—治理施政—民族认知进一步发展—政策调适"的民族认知与西南边疆治理演变过程，正是马克思唯物主义认识论在历史时期的体现。

第三，民族认知对于边疆地区的国家构建有重大的意义。明清时期的国家政权对生活在云南的诸多民族的认知演变进程，同时也是一个民族形象由虚幻逐渐变得真实，边疆界线由模糊逐渐变得清晰，最终成为国家边地边民真切实在组成部分的演变过程。明清云南种人志中对云南诸多民族当时情况的客观记载，也是修纂方志人员（从本书此前的研究可以看出，这些人员的范畴包括了从皇帝、封疆大吏到基层官员以及为官员服务的地方精英知识分子）主观的行为，是对西南边疆"非我族类"人群的意象表达。对这些异族的，异文化的描述，从种人志的内容变化可以看出，是逐渐从外貌服饰、饮食居住等表面现象，逐渐向着以农耕为主的生计方式、缴纳赋税等民族文化伦理深层次演进的。也就是说，是从对于观察者来说属于"奇风异俗"的表征向着文化伦理认同这样的"与我同属"的特质的转变。这种认知的转变，意味着国家以此为基础的对民族的治理上也进入了新的阶段，国家运用诸如改土归流、政区设置这样的手段，发挥政治影响力，引导、推动甚至是强迫民族向着有利于实现边疆与内地一体化统治的方向发展。国家政权在一定民族认知基础之上，对边疆民族进行构建与塑造，使其获得相应的政治形象与身份，能够融入已经建立的统治体系。许纪霖在《从边疆看中国：一种不可忽视的历史视野》一文中说："一套文化伦理是否适合一个民族，实际上跟这个民族的生活方式和生产方式很有关系。"① 正是乾隆时期国家在对云南民族认知中关注生活方式、生产方式的转变，并引导推动原本不从事农耕或对农耕依赖较少民族转向以农为主，以农为业的要义之所在。而众多民族，通过生计方式向着农耕转变，承担赋税贡品等形式，表现了对国家统治的认同，参与到了统一多民族国家历史记忆的创造中。明清政府通过方志种人志，对云南的诸多民族的进行清点与确认，将生活在云南土地上的拥有世居家园的民族明确纳入了自身的统治体系。方志的修

---

① 　许纪霖：《从边疆看中国：一种不可忽视的历史视野》，《社会科学报》2015 年 8 月 27 日，第 5 版。

纂，是国家通过特定的文献类型与结构明确对西南边疆与民族人群统治权，是国家主权的宣示，是国家构建的表达。国家政权在原有的民族认知基础之上，接触认知新的民族，或者随着对已有认知民族认知的深入细化，新的民族被辨识出来。政府通过将民族这个客观存在的实体，明确纳入国家民族统治的序列，使其成为国家的组成部分，从而明确此民族分布地域、活动范围成为国家疆域的一部分，是"以人确地"。这种国家构建方式，民族的认知先于地理的认知，因此，对民族的认知成为西南边疆国家构建的基础与关键。

本书在研究过程中也发现，在明清时期也存在对民族认知的不到位，或因为官员的大汉族主义民族观或偏见，对民族认知出现偏差的情况。在这种认知基础上推行地对民族、对地方的治理，就不能按照预期顺利实行并取得相应的效果。如本书中论及的雍正时期对滇东北地区的改土归流。滇东北东川、乌蒙、镇雄三地由四川改隶而来，民族认知相对薄弱，国家因为对铜铅等资源的需求，急于控制这些地方，强力在此推行了改土归流政策，受到的阻力、当地社会的反弹都比较大。如改土归流之后不久，雍正八年（1730）滇东北地区的动荡，及此地民族问题长期延续，就是这种民族认知出现偏差，不能正确指导国家治理的反映。因此民族认知与国家的边疆治理并不是一个简单的认知积累、治理深入的单向过程。在民族认知不足，治理达不到效果的情况下，治理又会反过来纠正补充原有错误不足的民族认知，其后又进行国家治理政策地再调适。本书限于篇幅，难以对此展开更深度的论述，但此问题值得今后进一步探讨。

在我国历史疆域形成和传统国家构建过程中，明清时期西南边疆的国家治理除了主体民族汉族之外，更重要的是在对云南众多非汉民族的认知演进基础上，制定并调整边疆治理政策，逐渐实现西南边疆的深化治理，达到巩固边疆、维护统一和民族团结发展的目标。在今天促进民族团结进步，实现各民族共同繁荣发展，抵制民族极端分裂势力影响的社会大背景下，本书对明清时期云南民族认知演进与西南边疆治理的研究，是历史问题对现实的关照。

总而言之，本书用历史地理的视角与方法，借鉴历史人类学的成果，对明清时期国家政权对云南民族认知的演进历程进行地理空间差异、时间阶段特点的分析，并研究其与西南边疆治理之间的互动关系。文中针对明清云南省志种人志的内容来进行分析，与前人对此类文献多做文献整理研究相比，是研究观点与资料运用的创新。特别是对种人志中有关民族生产生计方式转变、缴纳赋税贡品情况的深入剖析，使研究深入到了对历史时期国家与民族双向认同的层面，揭示了在边疆地区民族认知对于国家构建的意义，此为本书最大的创新之处。

参考文献

一　古籍文献

1. （秦）吕不韦撰、（汉）高诱注《吕氏春秋》，《景印文渊阁四库全书》第 848 册，台湾商务印书馆，1986。

2. （汉）司马迁：《史记》，中华书局，1982。

3. （汉）班固：《汉书》，中华书局，2007。

4. （汉）许慎撰、（宋）徐铉增释《说文解字》部《景印文渊阁四库全书》第 223 册，台湾商务印书馆，1986。

5. （晋）常璩：《华阳国志校补图注》，任乃强校注，上海古籍出版社，1987。

6. （唐）樊绰：《云南志补注》，向达原校，木芹补注，云南人民出版社，1995。

7. 《明实录》，台北中研院历史语言研究所，1962。

8. （清）张廷玉等：《明史》，中华书局，1974。

9. （明）陈文修纂《景泰云南图经志书校注》，刘景毛校注，云南人民出版社，2002。

10. （明）周季凤修纂：正德《云南志》，嘉庆三十二年（1553）刻本之抄本，云南省图书馆藏。

11. （明）李元阳：万历《云南通志》，杨世钰、赵寅松主编《大理丛书·方志篇》卷一，民族出版社，2007。

12. （明）刘文征：天启《滇志》，古永继校点，云南教育出版社，1991。

13. （明）谢肇淛：《滇略》，《景印文渊阁四库全书》第 494 册，台湾商务印书馆，1986。

14. （明）王尚用修纂：嘉靖《寻甸府志》，高国祥、林超民等主编《中国西南文献丛书·第一辑·西南稀见方志文献》第二十二卷，兰州大学出版社，2004。

15. （明）刘大谟、杨慎等修纂：嘉靖《四川总志》，《北京图书馆古籍珍本丛刊 42》，书目文献出版社，2000。

16. （明）张萱等编《内阁藏书目录》，载于张均衡主编《适园丛书》第一集，民国乌程张氏刊本，云南省图书馆藏。

17. （明）徐弘祖：《徐霞客游记》，朱惠荣校注，云南人民出版社，1985。

18. 《清实录》，中华书局，1985。

19. （清）赵尔巽等：《清史稿》，中华书局，1977。

20. （清）高宗敕：《皇朝通典》，清光绪八年（1882）刻本，云南省图书馆藏。

21. （清）张廷玉等奉敕撰《清朝文献通考》，浙江古籍出版社，1988。

22. 张书才主编《雍正朝汉文朱批奏折汇编》，江苏古籍出版社，1991。

23. 《宫中档乾隆朝奏折》第一辑，台北故宫博物院编印，1982。

24. 《钦定大清一统志》，《景印文渊阁四库全书》第483册，台湾商务印书馆，1986。

25. 《嘉庆重修大清一统志》，《续修四库全书》第623册，上海古籍出版社，2002。

26. （清）范承勋、王继文、吴自肃、丁炜等修纂：康熙《云南通志》，凤凰出版社选编《中国地方志集成·省志辑·云南》，第1册，2009。

27. （清）鄂尔泰、靖道谟修纂：雍正《云南通志》，乾隆元年（1736）刻本，云南省图书馆藏。

28. （清）阮元、伊里布等修纂：道光《云南通志稿》道光十五年（1835）刻本，云南省图书馆藏。

29. （清）岑毓英、陈灿等修纂：光绪《云南通志》，光绪二十年（1894）刻本，云南省图书馆藏。

30. （清）王文韶、唐炯等修纂：光绪《续云南通志稿》，光绪二十七年（1901）刻本，云南省图书馆藏。

31. 周钟岳等编纂《新纂云南通志》，张秀芬等点校，云南人民出版社，2007。

32. 云南省地方志编纂委员会总纂，云南省民族事务委员会编撰《云南省志》卷六十一《民族志》，云南人民出版社，2002。

33. （清）王清贤、陈淳修纂：康熙《武定府志》，《续修四库全书》第715册，上海古籍出版社，2002。

34. （清）李铨纂修：康熙《广通县志》，康熙二十九年（1690）刻本之抄本，云南省图书馆藏。

35. （清）蒋旭修、陈金钰纂：康熙《蒙化府志》，凤凰出版社选编《中国方志集成·云南府县志辑》第 79 册，2009。

36. （清）董永艾修纂：康熙《顺宁府志》，康熙三十九年（1700）抄本，云南省图书馆藏。

37. （清）罗纶等修纂：康熙《永昌府志》，康熙四十一年（1702）刻本之抄本，云南省图书馆藏。

38. （清）蒋敩修，王锟修纂：康熙《云州志》，康熙四十一年（1702）抄本，云南省图书馆藏。

39. （清）任中宜纂辑：康熙《平彝县志》，康熙四十四年（1705）刻本之抄本，云南省图书馆藏。

40. （清）张云翮、舒鹏翮纂修：康熙《新平县志》，康熙五十一年（1712）刻本之抄本，云南省图书馆藏。

41. （清）管伦纂辑：康熙《姚州志》，康熙五十二年（1713）刻本之晒蓝本，云南省图书馆藏。

42. （清）章履成修纂：康熙《元江府志》，康熙五十三年（1714）刻本之抄本，云南省图书馆藏。

43. （清）赵弘任修纂：康熙《广西府志》，康熙五十三年（1714）抄本，云南省图书馆藏。

44. （清）李月枝修纂：康熙《寻甸州志》，康熙五十九年（1720）刻本之抄本，云南省图书馆藏

45. （清）范溥修、田世容纂修：雍正《顺宁府志》，雍正三年（1725）抄本，云南省图书馆藏。

46. （清）管伦纂、夏治源增辑：雍正《师宗州志》，雍正七年（1729）年刻本，云南省图书馆藏。

47. （清）徐树闳、张问政修纂：雍正《景东府志》，雍正八年（1730）抄本，云南省图书馆藏。

48. （清）张无咎、夏冕纂修：雍正《临安府志》，雍正九年（1731）刻本，云南省图书馆藏。

49. （清）汤大宾、赵震等修纂：乾隆《开化府志》，乾隆二十三年（1758）刻本之抄本，云南省图书馆藏。

50. （清）方桂、胡蔚纂修：乾隆《东川府志》，高国祥、林超民等主编《中国西南文献丛书·第一辑·西南稀见方志文献》第二十六卷，兰州大学出版社，2004。

51. （清）饶梦铭、陈云龙修纂：乾隆《宣威州志》，乾隆四十四年（1779）刊本之重辑石印本，云南省图书馆藏。

52. （清）范溥、田世容原修，刘靖续纂修：乾隆《顺宁府志》，乾隆二十六年（1761）刻本之抄本，云南省图书馆藏。

53. （清）张大鼎纂修：嘉庆《阿迷州志》，凤凰出版社选编《中国方志集成·云南府县志辑》第 14 册，2009。

54. （清）郑绍谦原纂，李熙龄纂修：道光《普洱府志》，咸丰元年（1851）刻本，云南省图书馆藏。

55. （清）陈宗海修，陈度等纂：光绪《普洱府志稿》，光绪二十六年（1900）刻本，云南省图书馆藏。

56. （清）钮方图修，侯允钦纂：咸丰《邓川州志》，凤凰出版社选编《中国方志集成·云南府县志辑》第 76 册，2009。

57. （清）陈宗海修，李福宝等纂：光绪《丽江府志》，光绪二十一年（1895）抄本，云南省图书馆藏。

58. （清）蔡毓荣修纂：康熙《四川总志》，云南省图书馆藏。

59. （清）卫既齐、吴中藩等修纂：康熙《贵州通志》，云南省图书馆藏本。

60. （清）伯麟编绘，揣振宇主编《滇省夷人图说·滇省舆地图说》，中国社会科学出版社，2009。

61. （清）永瑢、纪昀等编《四库全书总目》，商务印书馆，1933。

62. （清）刘彬：《永昌土司论》，《小方壶斋舆地丛抄》，上海著易堂，光绪二十年（1894）。

63. （清）钱曾撰《读书敏求记》，丁瑜点校，书目文献出版社，1984。

64. 云南通志馆汇辑《云南通志馆征集云南各县疆域资料》，云南省图书馆藏本，1931。

二 今人著述

1. 谭其骧主编《中国历史地图集》，中国地图出版社，1982。
2. 邹逸麟：《中国历史地理概述》，上海教育出版社，2007。
3. 葛剑雄：《中国历代疆域的变迁》，商务印书馆，1997。
4. 周振鹤主编《中国行政区划通史·总论·先秦篇》，复旦大学出版社，2009。
5. 周振鹤、游汝杰：《方言与中国文化》。上海人民出版社，2006。
6. 姚大力：《读史的智慧》，复旦大学出版社，2010。

7. 安介生：《历史民族地理》，山东教育出版社，2007。

8. 郭声波：《彝族地区历史地理研究》，四川大学出版社，2009。

9. 刘祥学：《壮族地区人地关系过程中的环境适应研究》，广西师范大学出版社，2013。

10. 刘宏煊：《中国疆域史》，武汉出版社，1995。

11. 方国瑜：《中国西南历史地理考释》，中华书局，1987。

12. 方国瑜：《云南史料目录概说》，中华书局，1984。

13. 方国瑜主编《云南地方史讲义》，云南广播电视大学编印本，1983。

14. 方国瑜主编，徐文德，木芹纂录《云南史料丛刊》，云南大学出版社，2001。

15. 方国瑜：《方国瑜文集（第一辑）》，云南教育出版社，2001。

16. 江应梁、林超民：《中国民族史》，民族出版社，1990。

17. 林超民：《林超民文集》第1、2卷，云南人民出版社，2008。

18. 陆韧：《变迁与交融——明代云南汉族移民研究》，云南教育出版社，2001。

19. 陆韧：《现代西方学术视野中的中国西南边疆史》，云南大学出版社，2007。

20. 陆韧、凌永忠：《元明清西南边疆特殊政区研究》，人民出版社，2013。

21. 陆韧：《元明时期的西南边疆与边疆军政管控》，社会科学文献出版社，2015。

22. 马琦：《国家资源：清代滇铜黔铅开发研究》，人民出版社，2013。

23. 尤中：《中国西南的古代民族》，云南人民出版社，1980。

24. 尤中：《尤中文集》，云南大学出版社，2009。

25. 王文光：《中国南方民族史》，民族出版社，1999。

26. 王文光、龙晓燕、陈斌：《中国西南民族关系史》，中国社会科学出版社，2005。

27. 龚荫：《中国土司制度》，云南民族出版社，1992。

28. 云南各族古代史略编写组：《云南各族古代史略》，云南人民出版社，1977。

29. 马曜：《云南简史》，云南人民出版社，1991。

30. 张岂之、郭成康、王天有、成崇德主编《中国历史元明清卷》，高等教育出版社，2001。

31. 王明珂：《华夏边缘：历史记忆与族群认同》，社会科学文献出版社，2006。

32. 王明珂：《羌在汉藏之间——川西羌族的历史人类学研究》，中华书局，2008。

33. 温春来：《从"异域"到"旧疆"：宋至清贵州省西北部地区的制度、开发与认同》，三联书店，2008。

34. 马健雄：《再造的祖先：西南边疆的族群动员与拉祜族的历史建构》，香港中文大学出版社，2013。

35. 〔美〕R.J.约翰斯顿主编《人文地理学词典》，柴彦威等译，商务印书馆，2004。

36. 朱士嘉主编《中国地方志综录》，商务印书馆，1958。

37. 李泰棻：《方志学》，河北人民出版社，1990。

38. 王德恒：《中国方志学》，大象出版社，2009。

39. 〔美〕施坚雅主编《中华帝国晚期的城市》，叶光庭等译，陈桥驿校，中华书局，2000。

40. 〔美〕拉铁摩尔：《中国的亚洲内陆边疆》，唐晓峰译，江苏人民出版社，2010。

41. 〔美〕何罗娜（劳拉·霍斯泰特勒）：《清朝殖民地事业：近代早期中国的人种志与地图》（*LauraHostetler*，*QingColoni - al Enterprise*，*Ethnography and Cartography in Early Modern China*，*Chicago and London*，2001）。

42. 〔澳〕王富文：《中国西南族群：中国人对国内"他者"的观点》（*Tapp Nicholas*、*Cohn Don*，：*The Tribal Peoples of Southwest China*：*Chinese Views of the Other Within*，*White Lotus Co Ltd*，2004）。

43. 〔美〕乔荷曼：《云雾之间：中国在贵州的殖民1200 - 1700》（*John E Herman*，*Amid the Clouds and Mist*：*China's Colonization of Guizhou*，*1200 - 1700*，*Canbridge*，*Massachusetts and London*：*Harvard University Press*，2007）。

44. 王联：《世界民族主义论》，北京大学出版社，2002。

45. 〔美〕沃兹沃斯：《皮亚杰的认知和情感发展理论》，徐梦秋等译，厦门大学出版社，1989。

46. 〔美〕班杜拉：《思想和行动的基础——社会认知论》，林颖等译，华东师范大学出版社，2001。

47. 梁宁建主编《当代心理学理论与重要实验研究》，华东师范大学出版社，2007。

三 论文

1. 谭其骧：《历史上的中国和中国历代疆域》，《中国边疆史地研究》1991

年第 1 期。

2. 黄盛璋：《论民族历史地理学的基本理论问题》，《中国传统文化与现代化》1995 年第 5 期。

3. 白寿彝：《论历史上祖国国土问题的处理》，《中国民族关系史论文集》，民族出版社，1982。

4. 陈玉屏：《关于我国古代民族关系的一个重要理论问题》，《烟台大学学报》（哲学社会科学版）2005 年第 4 期。

5. 刘清涛：《60 年来中国历史疆域问题研究》，《中国边疆史地研究》2009 年第 3 期。

6. 李大龙：《试论中国疆域形成和发展的分期与特点》，《中国边疆史地研究》2011 年第 3 期。

7. 李大龙：《有关中国疆域理论研究的几个问题》，载于周伟州主编《西北民族论丛》第八辑，中国社会科学出版社，2012。

8. 许纪霖：《从边疆看中国：一种不可忽视的历史视野》，《社会科学报》2015 年 8 月 27 日，第 5 版。

9. 姚敏：《民国时期的中国古代边疆研究》，《西北民族大学学报》（哲学社会科学版）2016 年第 3 期。

10. 陆韧：《明代云南汉族移民定居区的分布与拓展》，《中国历史地理论丛》2006 年第 3 期。

11. 陆韧：《清代直隶厅结构》，《中国历史地理论丛》2010 年第 3 期。

12. 陆韧：《明代的国家疆域观及其明初在西南边疆的实践》，《云南师范大学学报》（哲学社会科学版）2010 年第 5 期。

13. 陆韧、彭洪俊：《论明朝西南边疆的军管羁縻政区》，《中国边疆史地研究》2013 年第 1 期。

14. 陆韧：《明朝西南边疆的特殊管控与治理——"信符"与"金字红牌"制探析》，《历史地理》第三十辑，上海人民出版社，2014。

15. 郭声波：《中国历史政区的圈层结构问题》，《江汉论坛》2014 年第 1 期。

16. 朱圣钟：《论民族历史地理学研究的若干问题》，《广西民族研究》2005 年第 1 期。

17. 徐强：《论历史时期民族地理研究的学科属性》，《贵州民族研究》2008 年第 5 期。

18. 刘正寅：《清朝前期民族观的嬗变》，《史学集刊》2014 年第 4 期。

19. 杨洪远：《试析新中国初期中国共产党人的民族观——以反对"大汉族主义"为研究视角》，《西北民族大学学报》（哲学社会科学版）2015 年第 6 期。

20. 马戎：《关于民族定义》，《云南民族学院学报》（哲学社会科学版）2000 年第 1 期。

21. 马戎：《理解民族关系的新思路——少数民族问题的"去政治化"》，《北京大学学报》（哲学社会科学版）2006 年第 6 期。

22. 王东鸣：《关于"民族"与"族群"概念之争的综述》，《广西民族学院学报》（哲学社会科学版）2005 年第 2 期。

23. 郝时远：《中文"民族"一词源流考辨》，《民族研究》2004 年第 6 期。

24. 郝时远：《边疆史地研究与民族问题》，《中国边疆史地研究》2001 年第 1 期。

25. 李振宏：《新中国成立 60 年来的民族定义研究》，《民族研究》2009 年第 5 期。

26. 姚大力：《中国历史上的民族关系与国家认同》，《中国学术》2002 年第 4 期。

27. 姚大力、黄晓峰：《姚大力谈民族与民族主义》，《东方早报》2010 年 8 月 22 日。

28. 姚大力：《中国历史上的国家建构模式与版图构成——兼论少数民族的"家园"问题》《中国历史民族地理研讨会论文集》，复旦大学，2012 年 11 月。

29. 姚大力：《拉铁摩尔的内亚视角》，《读书》2015 年第 8 期。

30. 袁剑：《拉铁摩尔与施坚雅——边疆内亚范式与西南传统中的歧异域互通》，《西南民族大学学报》（人文社会科学版）2014 年第 12 期。

31. 林超民：《"民族"概念管见》，林超民主编《民族学评论第四辑》，云南人民出版社，2015。

32. 庞中英：《族群、种族和民族》，《欧洲研究》1996 年第 4 期。

33. 孙九霞：《试论族群与族群认同》，《中山大学学报》（社会科学版）1998 年第 2 期。

34. 徐杰舜：《论族群与民族》，《民族研究》2002 年第 1 期。

35. 陈连开:《中国民族史研究的基本特点和发展三阶段》,《西北民族研究》1993 年第 2 期。

36. 龚荫:《试论土司制度和改土归流》,《昆明师范学院学报》(哲学社会科学版) 1983 年第 2 期。

37. 林建曾:《试论改土归流政策形成、推行的几个阶段》,《广西民族研究》1988 年第 2 期。

38. 沈海梅:《明清云南改土归流的文化条件》,《思想战线》1997 年第 5 期。

39. 马健雄:《哀牢山腹地的族群政治:清中前期"改土归流"与"倮黑"的兴起》,台北《中研院历史语言研究所集刊》第 78 本,2007 年 9 月。

40. 赵心愚:《罗卜藏丹津反清与丽江的改土归流——试析雍正初丽江改土归流的主要原因》,《西藏大学学报》2008 年第 1 期。

41. 李世愉:《清政府对云南的管理与控制》,《中国边疆史地研究》2000 年第 4 期。

42. 李世愉:《关于"改土归流"一词的使用》,《遵义师范学院学报》2015 年第 3 期。

43. 常建华:《清雍正朝改土归流起因新说》,《中国史研究》2015 第 1 期。

44. 刘纬毅:《试论明代地方志》,《社会科学战线》1983 年第 2 期。

45. 黄燕生:《明代的地方志》,《史学史研究》1989 年第 4 期。

46. 古永继:《明代滇黔桂地区方志书目考》,林超民主编《西南古籍研究(2001 年)》,云南大学出版社,2002。

47. 古永继:《清代滇黔桂地区方志书目考》,林超民主编《西南古籍研究(2004 年)》,云南大学出版社,2005。

48. 王明珂:《由族群到民族:中国西南历史经验》,《西南民族大学学报》(人文社科版) 2007 年第 11 期。

49. 王明珂:《王崧的方志世界——明清时期云南方志的本文与情境》,《新史学》第二卷,中华书局,2013。

50. 葛兆光:《名实之间——有关"汉化"、"殖民"、"帝国"的争论》,《复旦学报》(社会科学版) 2016 年第 6 期。

51. 鲁西奇:《"帝国的边缘"与"边缘的帝国"》,《清华元史》第一辑,2010。

52. 彭文斌:《20 世纪 80 年代以来美国人类学界的中国西南研究》,《西南民族大学学报》(人文社科版) 2007 年第 11 期。

53. 〔美〕何罗娜：《百苗图：近代中国早期民族志》，汤芸译，彭文斌校，《民族学刊》2010 年第 1 期。

54. 〔美〕何罗娜：《百苗图：近代中国早期民族志》，汤芸译，彭文斌校，《民族学刊》2010 年第 2 期。

55. 张增祺：《僰说》，《云南社会科学》1981 年第 4 期。

56. 刘小兵：《滇僰刍议》，《思想战线》1984 年第 4 期。

57. 杨煜达、杨慧芳：《花马礼：16—19 世纪中缅边界的主权之争》，《中国边疆史地研究》2004 年第 2 期。

58. 吴莉苇：《比较研究中的陷阱——评劳拉·霍斯泰勒〈清朝殖民地事业〉》，《史学月刊》2005 年第 6 期。

59. 李林：《"开化"与"殖民"两套诠释话语的论证与困境——兼与 John E Herman 教授商榷》，台北《中研院近代史研究所集刊》，2013 年 6 月。

60. 邹立波、李沛容：《西南边疆在明清史研究中的地位——美国现代学术视野下的中国西南边疆史研究》，《思想战线》2013 年第 6 期。

61. 史晖：《国外苗图收藏与研究》，《民族艺术》2009 年第 4 期。

62. 王强：《明代西南地区改土归流研究》，浙江大学人文学院中国古代史专业硕士学位论文，2010。

63. 施芳：《中国民族史史学研究述论》，云南大学中国少数民族史专业博士学位论文，2012。

64. 许新民：《清朝后期云南封疆大吏的省情认知与国家治理研究》，云南大学历史地理专业博士学位论文，2016。

65. 聂迅：《清代滇东南边疆民族地区国家治理的区域演进与历史进程研究》，云南大学历史地理专业博士学位论文，2016。

后　记

本书是在我博士论文基础上修改而成。历史时期的边疆民族治理是一个宏大的课题，本书聚焦于明清时期政府对西南边疆民族的认知演进过程，研究民族认知如何成为民族治理的基础，民族认知与边疆治理政策施行之间的互动关系。此书中有我对边疆民族治理自己的思考和浅见，但因天资驽钝，时间匆忙，一些问题不及展开而匆忙结束，书中所存缺憾将是我日后进行更深入研究的动力。

在此，我衷心感谢我的导师陆韧教授。2011年起我师从陆韧师攻读云南大学历史地理专业博士学位。学界同行初闻我跟从陆韧师学习，都会同时流露出"你跟从一位那么好的老师学习，要努力啊"和"你跟从一位要求严格的老师学习，要努力啊"的神情。每当此时，我是又骄傲又惴惴，以能成为陆师的学生为荣，也希望自己的学习研究能不坠陆师之名。陆师学识卓越，其严谨的治学风范、独到的学术眼光、蓬勃的学术热情每每令我折服。此书的选题、构架、写作，都离不开陆师的悉心教导。陆师在我懈怠时鞭策我，沮丧时鼓励我，写作跑偏时及时拉我回正途，没有老师的悉心教导，便没有我今天取得的成绩，没有这一本我求学的总结之作。数年来陆师对我的教诲，在老师身边所受的熏陶，从老师身上汲取的治学为人之道，是我宝贵的人生财富，使我终身受益。

我要感谢我的硕士导师陈庆江教授。陈师温文尔雅，明睿博识，对我的求学之路给予了极大的支持。在我论文的每一个阶段，陈师都提出宝贵意见，给我指导，给我鼓励。特别是在论文预答辩时，看到老师写满页面的修改意见与几乎折遍的页角，我满满地感受到了老师对我的关心与爱护。

感谢云南大学林超民教授，研究生阶段旁听林老师的课程，不仅学业受益良多，课间茶点也吃了不少。论文初成后，林老师高屋建瓴的建议给我很大的启发，提升了我论文的理论高度。感谢云南师范大学朱端强教授在文献资料方面给我的指导。

历史地理专业是一个温暖的集体，张轲风副教授、马琦副教授是我可敬可亲的师兄，两位师兄学精业进，与之讨论交流，总能有所收获，遇到困难，也总能得到他们无私的帮助。感谢凌永忠、许新民、彭洪俊、杨海挺、聂迅、林晓雁、夏自金、余华诸位师兄弟姐妹，同门情谊，感怀于心。

谢谢老友张荣美远在异国给我的支持和帮助。

云南省图书馆领导和历史文献部同仁对我求学的支持与关照，我表示衷心的感谢。

感谢我的亲人，她们对我精神的支持、物质的支援、生活的照料，使我可以最终完成学业。本书出版之期，恰逢外婆去世周年。去岁此时，我还在她病床前修改书稿，期望外婆能痊愈，一年过去竟已是天人永隔。外婆一生辛劳，未曾上过学，不能看懂我的书稿。但偶有遗落地板的字纸，她都细心帮我捡起放好。不能让她亲手掂量一下正式出版的我写的书，实是今生一大遗憾。

最后，本书出版得到了云南省哲学社会科学学术著作出版专项经费的资助，谨致谢忱！

钱秉毅

2019 年 9 月中秋夜

图书在版编目（CIP）数据

明清时期对云南民族认知的演进与边疆治理／钱秉
毅著 . -- 北京：社会科学文献出版社，2019. 11
ISBN 978 - 7 - 5201 - 5564 - 9

Ⅰ. ①明…　Ⅱ. ①钱…　Ⅲ. ①少数民族 - 民族问题 -
研究 - 中国 - 明清时代 ②边疆地区 - 行政管理 - 研究 - 中
国 - 明清时代　Ⅳ. ①D691

中国版本图书馆 CIP 数据核字（2019）第 208441 号

明清时期对云南民族认知的演进与边疆治理

著　　者／钱秉毅

出 版 人／谢寿光
组稿编辑／宋月华　杨春花
责任编辑／周志宽

出　　版／社会科学文献出版社·人文分社（010）59367215
　　　　　　地址：北京市北三环中路甲 29 号院华龙大厦　邮编：100029
　　　　　　网址：www. ssap. com. cn
发　　行／市场营销中心（010）59367081　59367083
印　　装／三河市龙林印务有限公司

规　　格／开 本：787mm × 1092mm　1/16
　　　　　　印 张：14　字 数：238 千字
版　　次／2019 年 11 月第 1 版　2019 年 11 月第 1 次印刷
书　　号／ISBN 978 - 7 - 5201 - 5564 - 9
定　　价／148. 00 元

本书如有印装质量问题，请与读者服务中心（010 - 59367028）联系